JN419655

Crazy for

TOEFL

VOCA

I am books

Crazy for TOEFL VOCA

© 2014 I am Books

지은이	아이엠북스 컨텐츠 기획팀
펴낸이	신성현, 오상욱
관리	허윤정
펴낸곳	도서출판 아이엠북스
	153-802 서울시 금천구 가산디지털2로 14 1116호 (대륭테크노타운 12차)
	Tel. (02)6343-0999 Fax. (02)6343-0995

출판등록 2006년 6월 7일 제 313-2006-000122호
ISBN   978-89-6398-026-3 93740

www.iambooks.co.kr

영어 공부에 왕도는 없습니다. 하지만, 특별한 목적을 두고 영어 공부를 할 경우에는 단 시간에 좋은 점수를 얻기 위해 효율적인 학습법이 필요합니다. TOEFL은 미국을 포함한 대학생 수준의 표준 미국식 영어를 이해하고 사용하는 능력을 측정하는 시험입니다. 따라서 다소 전문적인 어휘까지도 익혀야만 하는 어려움이 있습니다. 물론 사전에 있는 어휘를 모두 외우는 것이 가장 좋은 방법이겠지만, 그렇게 하기는 불가능하다고 할 만큼 어려운 일입니다. 따라서 *i*BT TOEFL에서 실제로 출제되었던 기출 단어들을 토대로 학습하는 것이 가장 효율적일 것입니다. 본서는 이에 초점을 두고 기존에 출제되었던 기출 단어를 중심으로 시험에서의 적응력을 향상시키기 위해 노력하였습니다.

그렇다면 어휘를 무작정 외우는 것이 도움이 될까요? 그렇지 않습니다. *i*BT TOEFL에서는 동의군의 단어를 익히는 것이 중요합니다. 실제로 *i*BT TOEFL에서는 전 섹션에 걸쳐 어휘의 의미를 묻거나 단어의 수사학적인 목적을 파악하는 문제가 출제되고 있는 만큼 본서에서는 TOEFL시험에 잘 적응할 수 있도록 꼭 익혀야만 하는 동의어를 제시하여, 실전에 잘 적응할 수 있도록 하였습니다.

매일마다의 학습 분량을 반복하고, 또 반복하십시오. 책상에 앉아서는 물론, 대중교통을 타고 이동 중에, 또 잠깐씩 나는 시간에 눈으로 단어를 익히십시오. 그렇게 하다보면 어느새 여러분의 발목을 잡던 영어가 여러분을 한 단계 업그레이드 시켜줄 것입니다. 해석이 되지 않아 읽고 또 읽었던 문장이 어느새 직독, 직해 되어가고, 또 속도감 있게 문장을 읽어나갈 수 있을 것입니다.

무조건 어휘를 많이 외운다고 TOEFL 점수가 향상되지는 않습니다. 어떻게 짧은 시간에 효과적으로 공부할지를 알아야 합니다. 빈도수 낮은 어휘 암기에 시간과 에너지를 낭비하지 말고, 꼭 나오는 어휘만을 모은 본서로 효율적인 학습을 하여서 *i*BT TOEFL에 빠르게 대처하고 고득점을 맞을 수 있기를 기원합니다.

먼저 표제어를 중심으로 모르는 단어를 체크하면서 외웁니다. 특히 Part 1과 Part 2의 단어는 TOEFL에 자주 출제되었던 단어들을 모아둔 것이므로, 반드시 자신의 것으로 만들 수 있도록 합니다. 표제어를 확실히 파악했다면, 아래에 제시되어 있는 동의어도 함께 외우도록 합니다. 눈으로 스쳐지나듯이 읽어가면서 반복하는 것이 중요합니다.

매일의 분량을 미루지 말고 학습하되, 시간이 된다면 그 전날의 분량, 그 전전날의 분량까지도 함께 복습하는 습관을 들이도록 합니다. 그리고, TOEFL에서는 문장 내 단어의 뜻을 파악하는 능력을 요구하므로, 단어 아래에 제시되어 있는 예문에서 그 단어가 정확히 어떤 의미로 쓰였는지를 반드시 확인할 수 있도록 합니다.

특히 우리가 알고 있는 단어의 뜻 이외에 잘 쓰이지 않는 단어의 뜻을 묻는 경우도 많이 있으므로 단어가 동사, 형용사, 부사 혹은 기타 품사 중에 어떤 것으로 쓰였고, 또 우리가 알고 있는 것 이외에 어떤 의미로 쓰이고 있는지 파악하면서 학습하도록 합니다.

1. *i*BT TOEFL 어휘 두 달 완성

*i*BT TOEFL에 반복적으로 등장하는 단어를 약 두 달 분량으로 구성하여 계획적이고, 수준별로 학습할 수 있도록 하였습니다. 하루에 정해진 분량을 꾸준히 학습할 수 있기 때문에 수험생들은 어휘 수의 부족함을 느끼지 않고, 충분한 연습을 함으로써, 새롭게 바뀐 *i*BT TOEFL에 빠르게 적응하여 고득점을 달성할 수 있습니다.

2. 점수대별 수준 학습 가능

TOEFL에서 고득점을 얻지 못하는 수험생들이 어려운 단어를 처음부터 외우는 일은 만만치 않을 것입니다. 따라서 본서에서는 총 3개의 part로 구분하여 출제 빈도수에 맞추어 공부하고, 점점 늘어가는 실력을 경험할 수 있도록 구성하였습니다.

3. 동의어, 반대어 제시

우선적으로 표제어의 사전적 의미를 아는 것이 중요합니다. 하지만, TOEFL에 적용하기 위해서는 사전적 의미에 따른 동의어 및 반대어 학습도 필요합니다. 이에 기출 빈도가 높은 순대로 동의어와 반대어를 배치하였습니다. 참고로 *i*BT TOEFL의 RC섹션에서 어휘 문제는 "The word ***** in the passage is closest in meaning to"로 제시됩니다.

4. 예문과 해석 제공

*i*BT TOEFL에서 흔히 볼 수 있을 만한 예문과 해석을 제시하여서, 표제어가 문장 내에서 정확하게 어떻게 쓰이는지를 알 수 있게 하였고, 단어뿐만 아니라 독해 능력까지도 향상할 수 있도록 구성하였습니다.

Day 01

❶ **administer**
[ædmínistər]

❷

❸ ① **v. 관리하다, 다스리다**

In 1906, France and the United Kingdom ❺
agreed to administer the islands jointly.
1906년에 프랑스와 영국은 그 섬들을 공동으로 다스리는 데 동의
했다.

❹ 윤 manage, direct, control, conduct, supervise

② **v. 주다, 가하다**

Health administers to have some stability in
one's life.
건강은 인생에서 안정을 갖게 해 준다.

윤 give

aesthetic
[esθétik]

a. 미의

These shoes are more aesthetic than
practical.
이 신발들은 실용적이기보다는 예술적이다.

윤 artistic, cosmetic, sensuous, tasteful, painterly
빤 unaesthetic

affect
[əfékt]

① **v. ~에 영향을 미치다**

Obsessive compulsive disorder can affect a
person's ability to function in society.
강박 신경증 환자의 병은 사회에서 행사하는 인간의 능력에 영향
을 미칠 수 있다.

윤 involve, concern, influence, work, impact

② **v. ~인 체하다, 가장하다**

She affects an English accent, but she is
from America.
그녀는 영국 억양을 가장하지만, 그녀는 미국 출신이다.

윤 assume, pretend

❶ 단어 체크

이미 알고 있는 단어와, 모르는 단어를 체크하도록 구성하고 있습니다.

❷ 표제어

*i*BT TOEFL에 출제되는 단어들 중 특히 출제 빈도가 높은 단어들을 난이도에 따라 배치하였습니다.

❸ 단어 뜻

표제어의 뜻을 TOEFL에서 쓰이는 정의 위주로 품사와 함께 정리하였습니다.

❹ 관련어

유의어, 반대어를 ⑪, ⑪ 로 표시해서 한 단어를 배우면서 유의어와 반대어를 동시에 학습할 수 있도록 하였습니다. 앞에 배치된 유의어의 경우는 대부분 기출 유의어이거나 중요 유의어입니다.

❺ 예문과 예문 해석

*i*BT TOEFL에서 볼 수 있을 것으로 예상되는 예문과 해석을 제시하여 단어가 문맥에서 어떻게 사용되는지 알 수 있도록 하였습니다.

❻ 인덱스

책 마지막 부분에 수록된 인덱스에서는 표제어를 사전처럼 찾아서 이용할 수 있도록 하였습니다.

CBT(Computer-based TOEFL Test)가 듣기 · 문법 · 독해, 쓰기 영역으로 구성된 것에 반해, *i*BT는 인터넷을 기반으로 보는 시험으로, 기존의 문법 영역의 시험 대신 말하기 영역이 추가 되어서 듣기 · 독해 · 말하기 · 쓰기 영역으로 테스트 하고 있다. 미국에서는 2005년 9월에 도입되어서 전세계적으로 이 형태로 도입되고 있으며 우리나라의 경우는 2006년 5월부터 이 형태로 실시되면서 기존의 CBT 방식으로는 더 이상 시험을 치루지 않고 있다.

미국을 비롯하여 영국, 캐나다 등의 영어권 나라의 대학이나 대학원을 입학할 때 평가하는 시험으로, 현재는 입사지원이나 특차 전형, 국내의 대학원 입학시험에도 TOEFL 점수로 영어 시험을 면제하는 곳이 많다.

CBT와 *i*BT의 차이점

	CBT	*i*BT
Skill Tested	*Listening *Structure(Grammar) *Reading *Writing	*Listening *Speaking *Reading *Writing
Test Time	3.5 hours	4 hours
Sec. Listening	1. 11~17개 대화(각 지문 당 1개의 질문) 2. 2~3개 짧은 대화(각 지문당 2~3개의 질문) 3. 4~6개 미니 강의와 토 론(각각 3~6개의 문제) (40~60분 소요)	1. 4~6개의 강의 및 교실 토론(지문당 5~6개의 질문) 2. 2~3개의 대화(5~6개 의 질문) (시간 60~100분 소요)
NEW Sec. Speaking		1. 2개의 speaking tasks – 일반적인 주제에 관한 Speaking 2. 4개의 통합 문제 (Integrated) – Listening / Speaking & Reading / Speaking (20분 소요)
Reading	4~5 지문 (250~350 words) 각 지문당 11개 문제 (70~90분 소요)	3~5 지문 (700 단어) 각 지문당 12~14개 문제 (60~100분 소요)
Writing	1 Independent Task 토픽에 대한 의견 개진하 기(30분 소요)	2 Tasks 1. 1 integrated task 읽고 들은 내용에 근거

	CBT	iBT
Writing		하여 쓰기 (20분 소요) 2. 1 independent task 토픽에 대한 의견 개진 하기 (30분 소요)
Structure (Grammar)	No Grammar Section	20~25 questions (15~20분 소요)
Total Score	120	300
Feed back	Section별 점수와 총점 제공	점수만 제공

Reading

1. Reading Section의 구성

Reading Section의 시험시간은 60~100분이 주어진다. 각 지문 길이는 CBT 형식보다 2배 정도 길어진 약 700단어 정도의 길이로 출제된다. 총 3~5개의 지문이 나오며, 지문 당 문제는 12~14문제이다.

2. 새로운 문제 유형

* Summarizing : Introductory sentence가 문제에 제시되고, 지문을 요약할 수 있는 문장 3개 고르기
* Category Chart : 지문 구조와 세부 내용의 관계를 이해하는 문제
* Sentence Simplification : 지문에서 볼드체의 한 문장의 필수 정보를 적절하게 표현하는 문장 고르기
* Rhetorical Purpose : 단어 혹은 소개하는 내용이 갖는 수사학적인 목적을 파악하는 문제로 저자의 의도 및 목적을 잘 이해해야 하는 문제

3. Reading Section의 공부 방법

1단계 – 정확한 의미 파악과 속독을 위하여 문장을 보는 눈을 길러야 한다. 즉, 주어, 동사, 목적어, 보어, 분사, 도치, 생략, 동격 등 문장을 파악하는 능력을 기르도록 한다.

2단계 – 한 지문에서 전문 용어를 제외하고 모르는 어휘가 5개 이상 나오면 곤란하다. 따라서 토플을 위해 중급 이상과 고급 어휘 약 7,000여개를 별도로 암기하도록 해야 한다. 특히 단어는 동의어 위주로 암기하는 것이 중요하다.

3단계 – 역사, 문학, 예술, 물리학, 천문학 등의 폭넓은 분야의 영어 독서가 필수적이다. 그리고 시험의 특성상 실전 문제 풀이를 해 보는 것이 무엇보다 중요하다.

Listening

1. Listening Section의 구성

Listening Section의 시험시간은 60~90분이 주어지며, 대화 2~3지문에 지문당 5~6문제와 강의 4~6지문에 지문당 5~6문제로 구성된다.

2. 새로이 변경된 점

* 듣기 지문의 길이가 길어졌기 때문에, Note-taking을 할 수 있다.
* CBT의 Short Conversation은 없어지고, Longer Conversation (약 3분)이 출제된다.
* 새로운 유형의 문제가 추가되었다.

– Function & Attitude 문제 : 듣기 지문의 일부를 다시 듣고 화자
 의 의도와 태도 파악하기
– 미국 이외의 영국, 호주 발음도 나온다.
* 점수 배점은 거의 다 1점씩이고, 특별한 문제는 배점이 따로 표시
 된다.
* 강의 지문의 경우는 실제 수업처럼 교수–학생의 질의 · 응답이 포
 함되어 있는 경우가 대부분이다.

3. Listening Section의 공부 방법
1단계 : 시험 준비라는 강박 관념을 버리고 영화, 잡지, 라디오 등을
 통해서 듣기 훈련을 틈틈이 하도록 한다.
2단계 : 큰 소리와 정확한 발음으로 읽으면서 Listening 지문을 외
 우는 것도 큰 도움이 된다.
3단계 : 리스닝 교재의 모범 summary를 보고 자신의 것과 비교하
 면서 보완해야 할 내용을 익히도록 한다.

Speaking

1. Speaking Section의 구성

Speaking Section의 시험시간은 20분이 주어지며, 6개의 문제로 구성된다.

2. 문제 유형

* 경험 또는 의견 말하기 2문제

* 제시된 안건을 읽고, 그 안건에 대한 강의나 대화를 듣고 정리해 서 말하기 – 2문제

* 강의 & 대화를 듣고 요약하여 말하기 – 2문제

3. Speaking Section의 공부 방법

1단계 : 간단한 영어 문장부터 시작해서 자신의 의견을 소리내어 말 하는 연습을 한다.

2단계 : 어느 정도 수준에 다다르면, 녹음 기기를 통해서 본인이 말 하는 것을 녹음하고 다시 들어보는 연습을 한다.

3단계 : 정해진 패턴에 익숙해지도록 실전 문제를 많이 풀어 본다.

Writing

1. Writing Section의 구성

Writing Section의 시험시간은 총 55분(작성시간은 50분)이 주어지며 2문제로 구성된다. 통합형 문제와 독립형 문제로 나뉘는데 통합형 문제의 경우는 읽기 지문을 읽고 관련 강의를 들은 후 요약하여 쓰는 것이고, 독립형 문제의 경우는 하나의 주제문에 대한 찬반의 입장 및 그 이유와 예를 제시해야 한다.

2. 새로이 변경된 점

* 통합형 문제가 출제되며, 읽고 듣기를 하는 동안에 Note-taking 을 할 수 있다.
* 독립형과 통합형 문제 모두 Handwriting을 할 수 없고, 반드시 컴퓨터에 타이핑을 해야 한다.
* 개요 작성과 Brainstorming은 종이에 할 수 있다.

3. Writing Section의 공부 방법

1단계 : 영자 신문이나 외국 서적 등을 보면서 어휘력과 영작 실력 을 익히도록 한다.

2단계 : 두괄식 구성 방식의 문장을 써보도록 한다. 이 때 주장에 뒷 받침하는 근거를 제시해야 한다.

3단계 : 명확한 근거를 간략하고 명료한 문장으로 쓸 수 있는 연습 을 충분히 한다.

목차
(Contents)

Part 01

출제 빈도 1순위 어휘 익히기

Day 01 ~ Day 19

Day 01

administer
[ædmínistər]

① v. 관리하다, 다스리다

In 1906, France and the United Kingdom agreed to administer the islands jointly.

1906년에 프랑스와 영국은 그 섬들을 공동으로 다스리는 데 동의했다.

윤 manage, direct, control, conduct, supervise

② v. 주다, 가하다

Health administers to have some stability in one's life.

건강은 인생에서 안정을 갖게 해 준다.

윤 give

aesthetic
[esθétik]

a. 미의

These shoes are more aesthetic than practical.

이 신발들은 실용적이기보다는 예술적이다.

윤 artistic, cosmetic, sensuous, tasteful, painterly
반 unaesthetic

affect
[əfékt]

① v. ~에 영향을 미치다

Obsessive compulsive disorder can affect a person's ability to function in society.

강박 신경증 환자의 병은 사회에서 행사하는 인간의 능력에 영향을 미칠 수 있다.

윤 involve, concern, influence, work, impact

② v. ~인 체하다, 가장하다

She affects an English accent, but she is from America.

그녀는 영국 억양을 가장하지만, 그녀는 미국 출신이다.

윤 assume, pretend

antidote
[ǽntidòut]

n. 해독제

Leaving the office was a marvellous antidote to the pressures of work.

퇴근은 일의 압박감에 대한 훌륭한 해독제와 같았다.

유 counterpoison

approximately
[əpráksəmətli]

adv. 대략

It costed approximately $300 - I can't remember the exact figure.

그것은 약 300달러였다. 정확한 수치는 기억하지 못하겠다.

유 nearly, about, roughly

bear
[béər]

① v. 지탱하다, 지다

The table is too small to bear up the weight.

그 탁자는 너무 작아서 무게를 지탱하지 못한다.

유 carry, sustain, support, hold up, shoulder

② v. 견디다

He's bearing up well under the strain of losing his job.

그는 직업을 잃은 스트레스 아래서 잘 견디고 있다.

유 tolerate, support, undergo, endure, put up with

③ v. 낳다, 출산하다

He says that she has borne nine babies.

그는 그녀가 9명의 아이를 낳았다고 말한다.

유 give birth to, breed, bring forth, beget

codify
[kádəfài, kóud-]

v. 법전으로 편찬하다, 체계적으로 정리하다

Einstein was the first to draw up and codify a formal aesthetics for the cinema.

아인슈타인은 영화를 위한 형식 미학을 글로 작성하고 성문화한 최초의 사람이다.

유 systematize, classify, code

coherent
[kouhíərənt, -hér-]

a. 시종일관한

The police could not make a coherent story out of his ravings.

경찰은 그가 횡설수설하여 조서를 일관되게 꾸밀 수 없었다.

유 logical, rational, consistent, systematic

compensate
[kámpənsèit]

v. 보상하다

The dispatched workers can sometimes compensate for lack of temporary manpower shortages.

파견 근로자들은 임시직 인력의 부족을 보충해 줄 때가 있다.

유 offset, counter, cancel out, make up for

conspicuous
[kənspíkjuəs]

a. 눈에 띄는

Her first concert was a conspicuous success.

그의 첫 콘서트는 괄목할 만한 성공작이었다.

유 noticeable, outstanding, gross, spectacular

반 inconspicuous

correspondence
[kɔ́:rəspándəns, kár-]

① **n.** 일치, 조화

There is much correspondence between the two states.

두 주 사이에는 일치하는 점이 많다.

유 agreement

② **n.** 통신

He completed his high school education through correspondence courses.

그는 통신 강좌를 통해서 그의 고등학교 교육을 마쳤다.

유 exchange of letters

dispute
[dispjúːt]

① v. 논쟁하다

They disputed my view that Stella wasn't helpless or powerless and never afraid.

그들은 스텔라가 무력하거나 결코 두려워하지 않았다는 내 의견에 이의를 제기했다.

- 유 debate, discuss, argue, disagree, quarrel, wrangle
- 반 agree

② n. 논쟁, 분쟁

The dispute over a new evaluation system for teachers widened last week.

새 교사 평가 제도를 둘러싼 분쟁은 지난 주에 확대되었다.

- 유 argument, quarrel

distinguished
[distíŋgwiʃt]

a. 두드러진, 저명한, 뛰어난

The king conferred knighthoods on several distinguished men.

왕은 몇몇 뛰어난 사람들에게 기사 작위를 수여했다.

- 유 eminent, important, dignified, of importance

durable
[djúərəbl]

a. 영속성 있는

The key to achieving strong, durable plastic bottles are the careful proportioning and mixing of the ingredients.

강하고 내구성이 뛰어난 플라스틱 병으로 만드는 비결은 재료의 신중한 배합에 있다.

- 유 long, serviceable, imperishable

eliminate
[ilímənèit]

v. 제거하다

We had a mandate to eliminate homelessness by requiring everyone to buy a house.

우리는 모든 사람들에게 집을 사라고 요구함으로써 집이 없는 사람이 없도록 하는 명령을 받았다.

- 유 extinguish, get rid of, do away with
- 반 necessitate

extinct
[ikstíŋkt]

① a. 꺼진, 끊어진

He found a picture of him in the extinct fire.

그는 그 꺼진 불에서 자신의 사진을 찾았다.

㋱ extinguished, quenched, put out

② a. 멸종된, 절멸한

The plant was thought to be extinct until a few of them were discovered in the 1970s.

그 식물은 1970년대에 그것들 중 일부가 발견되기까지 멸종되었다고 여겨졌었다.

㋱ died-out, defunct, vanished, wiped-out, gone, lost, terminated

federate
[fédərət]

v. 연합시키다, 연방[연합]에 가입하다

The council could remove funding, federate the school with a successful school.

의회는 그 학교를 성공한 학교와 연합시켜서 기금을 없앨 수 있다.

㋱ unite, unify

inevitable
[inévətəbl]

a. 피할 수 없는

The accident was the inevitable consequence of imperfect replication.

그 사고는 불완전한 응답에서 발생한 피할 수 없는 결과였다.

㋱ unavoidable, unpreventable, certain

influx
[ínflʌks]

n. 유입

The influx of foreign investment has slowed to a trickle.

외국인 투자자금의 유입 속도가 점점 떨어져 그 규모가 급격하게 줄어 들었다.

㋱ arrival, inflow
㋫ efflux, outflow

loom
[lúːm]

v. 어렴풋이 나타나다

A huge shape loomed up out of the darkness.

어둠 속에서 거대한 형체가 어렴풋이 나타났다.

㋱ brood, emerge

mount
[máunt]

① v. 오르다, 타다

The horsemen mounted the horse and rode off even without the saddle.

그 기수는 안장도 없는 말을 걸터타고 달렸다.

유 rise, ascent, climb

② v. 늘다

My debts have mounted up to over a thousand dollars.

내 부채는 1천 달러가 넘게 늘어났다.

유 increase
반 wane

original
[ərídʒənl]

① a. 최초의

Some of the original inhabitants who did not flee also continue to live in the area.

벗어나지 못한 최초의 거주자 중 일부는 또한 그 지역에서 계속 살고 있다.

유 early, first, initial, primary

② a. 독창적인

Developing an original idea for the site is not easy.

그 사이트에 대한 독창적인 아이디어를 내는 것은 쉽지 않다.

유 innovative, creative, imaginative, ingenious

pleasing
[plíːziŋ]

a. 유쾌한, 붙임성 있는

Physical attractiveness is one of her most pleasing traits.

육체적 매력은 가장 호감이 가는 그녀의 특성 가운데 하나이다.

유 good, easy, sweet, charming, delightful
반 displeasing

proper
[prápər]

a. 적당한

His remark is not proper for this occasion.

그의 발언은 이 경우에 적합하지 않다.

유 right, specific, appropriate, correct, victorian, decent
반 improper

roughly
[rʌ́fli]

adv. 대충, 개략적으로

Roughly 200 artists are expected to participate this year.

약 200명의 예술가들이 올해 참가할 전망이다.

윤 nearly, approximately

scarce
[skɛ́ərs]

a. 드문, 부족한

The mayor said food and clean water were scarce in his area.

시장은 그 지역에서는 음식과 깨끗한 물이 귀하다고 말했다.

윤 rare, low, in short supply, short, few and far between
반 abundant

scope
[skóup]

① n. 범위

Such demands are not within the scope of his abilities.

그러한 요구들은 그의 능력 범위 밖에 있다.

윤 extent, range, sphere, area, field

② n. 여지

The veteran diplomat described the scope of the problem.

베테랑 외교관은 그 문제의 여지를 설명했습니다.

윤 opportunity, freedom, capacity

semblance
[sémbləns]

① n. 외관

In semblance he is nothing but a low-life bully.

겉보기에는 그는 단지 약자를 괴롭히는 사람일 뿐이다.

윤 appearance, air, show, guise

② n. 유사

I can't tell you to the semblance of your twin sister.

나는 너와 너의 쌍둥이 여동생이 비슷하게 생겨서 구분이 안 된다.

윤 likeness

alloy
[ǽlɔi, əlɔ́i]

v. 합금하다, 섞다

Copper alloys well, so with different characteristics are used today.

동은 합금하기 쉬워서, 다양한 합금 형태로 오늘날 사용되고 있다.

㈜ mix, blend, debase

barrier
[bǽriər]

n. 방벽, 장애

He said the biggest barrier to people buying the phone had been a price.

그는 사람들이 전화기를 구입하는 데 가장 큰 장벽은 가격이었다고 말했다.

㈜ barricade, obstacle, roadblock, obstruction

capture
[kǽptʃər]

v. 붙잡다, 포획하다

The photographer has managed to capture every nuance of the actor's expression.

그 사진사는 그 배우의 표정에 나타나는 온갖 미묘한 차이를 잡아낼 수 있었다.

㈜ catch, seize, clutch

cohesion
[kouhíːʒən]

n. 점착, 결합

Glutinous rice flour has more cohesion than rice flour.

찹쌀가루가 쌀가루보다 응집력이 있다.

㈜ coherence, bond, unity

coincide
[kòuinsáid]

v. 일치하다

The program is nicely timed to coincide with university's graduation ceremony.

그 프로그램은 때를 잘 맞추어 대학 졸업식과 일치했다.

㈜ concur, co-occur

conduct

[kándʌkt]

① n. 행위, 행실

His conduct aroused great indignation among the workers.

그의 행위는 노동자들의 분개를 샀다.

⊕ behavior

② v. 행동하다

He never failed to conduct himself in the true manner.

그는 반드시 진실된 태도로 처신했다.

⊕ behave, act, comport, deport

③ v. 지휘하다

She was appointed to conduct an official inquiry into the incident.

그녀는 사건의 공식적인 조사를 지휘하라는 임명을 받았다.

⊕ direct, run, be in charge, manage, administer, organize

④ v. 안내하다

The guide conducted us around the ruins of the ancient city.

가이드는 고대 도시의 폐허 주변을 돌며 우리를 안내했다.

⊕ show, guide, lead, escort, accompany

conserve

[kənsə́:rv]

v. 보존하다

Plants respond to their environment or harsh physical treatment by conserving carbohydrates.

나무들은 탄수화물 비축을 통해 그들의 환경이나 가혹한 물리적 자극에 대처합니다.

⊕ preserve, maintain, keep up   ⊕ waste

consummate

[kánsəmèit]

① v. 완성하다

His work as an artist was never consummated by public recognition.

예술가로서의 그의 작품은 결코 대중의 인정을 받는 데까지는 이르지 못했다.

⊕ fulfill, execute, accomplish

② a. 완전한, 뛰어난

She dealt with the problem with consummate skill.

그녀는 그 문제를 노련한 솜씨로 다루었다.

윤 perfect, superb, complete, skilled, unmitigated

conviction
[kənvíkʃən]

n. 확신, 신념

A few theories have emerged that cast doubt on her conviction.

그녀의 확신에 의혹의 그림자를 드리우는 몇 가지 이론들이 나타났다.

윤 strong belief, article of faith

enclose
[inklóuz, en-]

① v. 에워싸다

The walls enclose an area of approximately 38 hectares.

그 담들은 대략 38헥타르 지역을 둘러싸고 있다.

윤 surround, circle, ring, confine, encompass

② v. 동봉하다

I submit the enclosed resume for your consideration.

동봉한 이력서에 대해 고찰해 주시기 바랍니다.

윤 include, insert, put in

enlist
[inlíst, en-]

v. 입대하다

He enlisted in the army when he was 26 and sent to California.

그가 26살 때 그는 입대를 했고, 캘리포니아로 보내졌다.

윤 enroll, join in

entail
[intéil, en-]

v. 수반하다

The creation of the agency entailed great difficulties.

그 기구의 신설은 엄청난 어려움이 따른다.

윤 involve, require

fine
[fáin]

① a. 훌륭한, 멋진

Our city is noted for its fine restaurants.

우리 도시는 멋진 레스토랑들로 유명하다.

⽤ all right, fair, OK, acceptable, satisfactory

② a. 미세한, 고운

Such fine work requires a good eye and a steady hand.

그처럼 정교한 작업은 좋은 눈썰미와 침착한 손길을 요한다.

⽤ slight, subtle, delicate

foundation
[faundéiʃən]

n. 기초

The explosion shook the foundations of a school nearby.

그 폭발은 인근 학교의 기초를 흔들어 놓았다.

⽤ initiation, basis, underpinning

fundamental
[fʌ̀ndəméntl]

① a. 기본적인

It is the fundamental problem that those people are responsible for health of the nation.

이러한 사람들이 국민의 건강을 담당하고 있는 것이 근본적인 문제다.

⽤ basic, foundational, rudimentary, elemental

② a. 중요한

His fundamental concern was for the rights of all individuals.

그의 중요한 관심은 모든 개인의 권리였다.

⽤ essential

illustrate
[íləstrèit, ilʌ́streit]

① v. 설명하다

The following sample illustrates how the body works.

이어지는 예는 신체의 기능을 설명하고 있다.

⽤ exemplify

② **v. 삽화를 넣다**

The cartoonist had nearly had a commission to illustrate a comic cookery book.

그 만화가는 만화로 된 요리책의 삽화를 그리도록 위임을 받다시피 했다.

㈜ picture

inhibit
[inhíbit]

v. 억제하다, 금하다

The country inhibited people from speaking out against the central authorities.

그 나라는 국민이 중앙 정부에 반대하는 목소리를 낼 수 없도록 금하고 있다.

㈜ supress, hinder, limit, forbid

likewise
[láikwàiz]

adv. 같이, 마찬가지로, 게다가

I'm hoping my kids will remember it and think likewise of me.

나는 내 아이들이 그것을 기억하고, 나와 같이 생각하기를 희망한다.

㈜ in the same way, similarly, in addition, besides

limit
[límit]

① **n. 한계**

The government put a limit on the amount of money that banks might create.

정부는 그 은행들이 만들어낼 수 있는 돈의 액수에 제한을 두었다.

㈜ restriction, control, constraint, restraint

② **v. 한정하다**

You will be limited by the amount you have to spend for a week.

당신은 일주일 동안 써야 할 돈 액수의 제한을 받을 것입니다.

㈜ control, restrict, curb, contain, confine

necessary
[nésəsèri]

a. 필요한, 필연의

They were plotting how to obtain the necessary certifications to teach fitness.

그들은 헬스를 가르치기 위해 필요한 자격증을 얻기 위한 방법을 모색하고 있었다.

㈜ essential, indispensable, requisite

partial
[pá:rʃəl]

① a. 일부분의

The coroner performed a partial anatomy on the dead man's body.

그 검시관이 시체의 부분적 해부를 실행했다.

유 part, limited, incomplete, imperfect, fragmentary
반 total

② a. 불공평한

The referee was accused of being partial towards the home team.

그 심판은 홈 팀에 대해 편파적이라는 비난을 받았다.

유 biased, prejudiced, one-side, discriminatory
반 impartial

preserve
[prizá:rv]

v. 보호하다, 보존하다

The best way to preserve the environment is creating wilderness zones.

환경을 보존하는 최상의 방법은 원생 환경보존 지역을 만드는 것이다.

유 protect, shield, save, guard, maintain
반 damage, neglect

progress
[prágrəs, -res]

① n. 전진, 진행

Progress has been hindered by heavy road damage.

심한 도로 피해로 진행이 지체되었다.

유 development, advance, rise, promotion, progression, advancement
반 retreat

② v. 전진하다, 진보하다

The work progressed slowly, due to constant lack of money.

그 일은 끊임없는 자본의 부족으로 인해 느리게 진척되었다.

유 come along, advance, get on, get along, shape up
반 regress, recede

property
[prápərti]

① n. 재산, 소유권

The district officer previously said that citizens would see an average of a 19 percent rise in property tax next year.

그 지역 공무원은 앞서 주민들의 재산세가 내년에 평균 19% 인상될 거라고 말했다.

☆ possessions, belongings, holding, estate

② n. 특성

X-rays have the property of passing through matter.

엑스선은 물체를 투과하는 특성이 있다.

☆ characteristic, nature

radical
[rǽdikəl]

① a. 근본적인

We need a radical change in the social system.

사회 체제의 근본적인 변화가 필요합니다.

☆ fundamental, basic

② a. 과격한

This was a radical proposal at the time, and was not well accepted.

이것은 그 당시 급진적 제안이었고, 잘 받아들여지지 않았다.

☆ extreme, progressive

reflection
[riflékʃən]

n. 반영

A higher rate of unemployment is a reflection of an unstable society.

높은 실업률은 불안정한 사회를 반영한다.

☆ expression, contemplation, observation

scoop
[skúːp]

v. 푸다, 뜨다

The waitress scooped ice-cream into their bowls.

여자 종업원이 아이스크림을 떠서 그들의 그릇에 담아주었다.

☆ lift out, take up

Day 03

anonymous
[ənánəməs]

a. 익명의, 작자 불명의

An anonymous tip eventually alerted officials that about 500 birds were in the pond.

약 500마리의 새들이 호수에 있다는 익명의 제보로 결국 공무원들은 경계 태세를 취했다.

유 unknown, unidentified, unnamed, nameless, faceless
반 onymous

attribute
[ətríbju:t]

① v. ~에 귀착시키다

He attributed the resignation to his recent open-heart surgery.

그는 사임을 최근의 그의 개심술 때문이라고 했다.

유 ascribe, assign

② n. 특성

Muscular body is his only attribute.

근육질 몸매만이 그의 유일한 특성이다.

유 trait, quality, property, characteristic

burden
[bə́:rdn]

① n. 무거운 짐, 짐

Their debt had become an insupportable burden.

그들의 빚은 지탱할 수 없는 짐이 되었다.

유 load, cargo, weight, freight

② v. 짐을 지우다

She didn't want to burden us with her personal matters.

그녀는 자신의 개인적 문제로 우리에게 짐이 되고 싶어하지 않았다.

유 charge, weight, load

compulsory
[kəmpʌ́lsəri]

a. 강제적인

The police resorted to compulsory measures to turn it off, deactivate the gas.

경찰은 가스가 살포되는 걸 막기 위해 강제 수단을 썼다.

⊞ obligatory, forced

congested
[kəndʒéstid]

a. 혼잡한

Also, driving on congested roads results in much higher fuel consumption.

또한, 혼잡한 도로 위에서의 운전은 더 많은 연료 소비를 가져옵니다.

⊞ crowded, packed, jammed, full

contemporary
[kəntémpərèri]

① a. 같은 시대의

Monet was contemporary with Debussy.

모네는 드뷔시와 동시대의 사람이었다.

⊞ coexisting, synchronous

② a. 현대의

The Glass Museum houses a large collection of contemporary glass from all over the world.

유리 박물관은 전 세계의 다양한 종류의 현대 유리를 소장하고 있다.

⊞ present, current, latest, recent

counterpart
[káuntərpà:rt]

n. 대응물, 상대방

Secretary of State Condoleezza Rice has met with her North Korean counterpart.

콘돌리자 라이스 미 국무장관이 북한의 해당 상대를 만났다.

⊞ complement, equivalent

cram
[krǽm]

v. 밀어넣다

Her skull was crammed with too many thoughts.

그녀의 두개골에는 너무 많은 생각들이 가득 들어 있었다.

⊞ jam, ram, chock up, wad

debris
[dəbríː, déibriː]

n. 파편, 잔해

The evidence was from debris found in a cave on the island.

그 증거는 그 섬의 동굴에서 발견된 잔해에 있었다.

㊤ rubble, wreckage, rubbish, remains

element
[éləmənt]

n. 요소

The curriculum is just one element of the offer to young people.

이 교과 과정은 젊은이들에게 제공되는 한 요소에 지나지 않습니다.

㊤ component, constituent, factor, ingredient

eradicate
[irǽdəkèit]

v. 뿌리째 뽑다

Eradicating an action of violence is a great moral calling of our time.

폭력 행위의 근절 노력은 이 시대의 중대한 도덕적 요구입니다.

㊤ get rid of, remove, root up, eliminate, abolish, extirpate

exhaust
[igzɔ́ːst]

① v. 다 써버리다

My patience is pretty well exhausted.

내 인내심은 거의 바닥이 났다.

㊤ consume, use up, deplete

② v. 지치게 하다

He exhausted himself trying to rescue the trapped dog.

그는 덫에 걸린 개를 구하려고 애쓰느라 기진맥진했다.

㊤ tire, fatigue

expand
[ikspǽnd]

v. 넓히다, 확장하다

We had an addition to the family, so I'd like to expand my house a little.

가족이 늘었기 때문에 집을 조금 넓히고 싶다.

㊤ extend, swell, increase

heavy
[hévi]

a. 무거운, 고된

Also, a heavy rainfall left temporary pools of water on the ground, allowing the horses to drink.

또한, 폭우는 땅에 임시 물웅덩이를 남겼고, 말들이 물을 마실 수 있게 되었다.

유 ponderous, bulky, massive, severe
반 light

inappropriate
[ìnəpróupriət]

a. 부적당한, 타당하지 않은

Some people thought this music video was inappropriate for television.

몇몇 사람들은 이 뮤직 비디오를 TV로 방영하기에는 부적절하다고 생각했다.

유 wrong, improper, incongruous, unbefitting
반 appropriate

incorporate
[inkɔ́ːrpərèit]

v. 합병하다

This smaller firm will become incorporated with the big name company.

이 중소기업은 그 대기업과 합병할 것이다.

유 include, contain, comprise
반 disintegrate

insolent
[ínsələnt]

a. 건방진

In the workplace, he was the sort of man that co-workers would describe as insolent.

직장에서 그는 동료들이 건방지다고 묘사하는 종류의 사람이었다.

유 impertinent, impudent

intricate
[íntrikət]

a. 얽힌, 복잡한

In a sense, the song is a fast-tempo ballad, with an intricate plot for a short song.

어떤 의미에서 그 노래는 짧은 노래에 비해 구성이 복잡한 빠른 템포의 발라드이다.

유 complicated, complex, tangled

lucid
[lúːsid]

a. 알기 쉬운, 명쾌한

His writings on the social and economic value of cities are lucid and to the point.

사회와 도시의 경제적 가치에 대한 그의 글들은 명쾌하고 적절하다.

유 clear, obvious

mutual
[mjúːtʃuəl]

a. 서로의

Maintaining a friendship relies on mutual trust.

우정의 유지는 상호 신뢰에 의존하고 있다.

유 shared, interactive, reciprocative, common
반 nonreciprocal

pigment
[pígmənt]

n. 안료, 색소

Only natural pigments are used to dye the dress.

그 옷을 염색하는 데에는 천연 염료만 쓴다.

유 color, paint

proficient
[prəfíʃənt]

a. 익숙한, 능숙한

She is also proficient in playing the piano of which her first composition was created at the age of 11.

그녀는 또한 피아노 연주에 능숙하고 그녀의 첫 작곡은 11살에 만들어졌다.

유 skilled, expert

return
[ritə́ːrn]

① v. 되돌아가다

The body constantly returns blood to the heart through veins.

신체는 끊임없이 혈액을 정맥을 통해서 심장으로 되돌려 보낸다.

유 come back, go back, reappear, reoccur, come again

② v. 돌려주다

Please review the attached business plans and return it to me.

첨부한 사업 계획을 검토한 후 저에게 돌려주세요.

유 restore, replace, put back

③ n. 귀환, 순환

Her return to the company is now regarded as a certainty.

그녀가 그 회사로 복귀하는 것은 이제 확실한 사실로 여겨지고 있다.

유 refund, rejoinder

sacred
[séikrid]

a. 신성한

Giving a favorable reception about people in politics is among our most sacred traditions.

정치판에서 사람들에 대해 호평을 하는 것은 우리의 가장 신성한 전통 가운데 하나이다.

유 holy, blessed, hallowed, divine, consecrated, religious

scale
[skéil]

① n. 규모, 정도

Without this, people would be starving on a grand scale in Africa and Asia.

이것 없이는, 아프리카와 아시아에서 사람들이 광대한 규모로 굶어죽을 것이다.

유 extent, scope, range, degree

② v. 오르다

At last he scaled up the bamboo ladder of the structure and disappeared from view.

마침내 그는 그 건물의 대나무 사다리를 타고 올라가서 시야에서 사라졌다.

유 climb, mount, climb up, go up

scruple
[skrú:pl]

n. 양심의 가책

He had no scruples about using all the possible dirty tricks to win.

그는 이기기 위해 가능한 온갖 부정공작을 한 것에 대해 전혀 양심의 가책을 받지 않았다.

유 qualm, hesitation, misgiving

sensational
[senséiʃənl]

a. 세상을 깜짝 놀라게 하는

The performance given by the famous pop singer was sensational.

그 유명 가수의 공연은 세상을 깜짝 놀라게 했다.

㊎ exciting, impressive, shocking, lurid
㊀ unsensational

sharp
[ʃáːrp]

① **a.** 날카로운

Take a sharp knife and cut around the edge of that circle.

날카로운 칼을 가지고 그 원의 가장자리를 자르세요.

㊎ keen, acute
㊀ blunt, dull

② **a.** 급격한

The retail trade is witnessing a sharp fall in sales.

소매 거래의 판매량이 급격히 줄어들고 있다.

㊎ sudden

spacious
[spéiʃəs]

a. 넓은

I felt as though my room had become spacious once I got rid of the closet.

옷장을 치웠더니 방이 한결 넓어진 것 같다.

㊎ commodious, capacious, roomy, large, big, ample

tenet
[ténit]

n. 교의, 신조, 주의

Basic tenets should always be open to a challenge anyway.

기본적인 주의들은 어쨌든 도전에 항상 열려 있어야만 한다.

㊎ doctrine, dogma, principle

absorb
[æbsɔ́:rb, -zɔ́:rb]

v. 흡수하다

These root hairs serve to absorb water and minerals for the plants.

이러한 뿌리털들은 식물을 위해 수분과 무기질을 흡수하는데 사용된다.

유 soak up, suck up, sponge up, swallow, digest

advantageous
[æ̀dvəntéidʒəs]

a. 유리한

It is notorious that it is more advantageous to pay by credit card.

신용카드로 지불하는 것이 유리하다는 사실을 알게 될 것입니다.

유 beneficial, preferential, discriminatory, expedient

advocate
[ǽdvəkèit]

① v. 옹호하다

Baduk is also advocated as a way of enhancing mental prowess.

바둑은 또한 지적인 능력을 향상시키는 방법으로도 옹호되고 있다.

유 support, recommend, urge

② n. 지지자

Advocates of on-line lectures cite various advantages.

온라인 강좌 지지자들은 다양한 이점들을 언급하고 있다.

유 supporter, upholder, backer, spokesperson

antiseptic
[æ̀ntəséptik]

a. 살균의, 청결한

Another benefit is that it acts as a natural antiseptic cream.

다른 장점은 그것은 천연 소독 크림으로 작용한다는 것이다.

유 clean, sterile, disinfectant, aseptic

assemble
[əsémbl]

① v. 모으다

The members are to assemble at ten o'clock on the 8th on the playground to attend the homecoming game.

회원들은 동창회 체육대회에 참석하기 위해 8일 10시에 운동장으로 집합해야 한다.

유 get together, gather, collect, congregate, amass
반 scatter, break up

② v. 조립하다

The chair is delivered in pieces and you have to assemble it yourself.

의자는 부품들로 배달되고 당신이 직접 조립해야 한다.

유 put together, build, set up, construct

assist
[əsíst]

v. 거들다, 원조하다

My life's work is to assist people in learning how they can create the lives and relationships they've always dreamed of.

내 필생의 사업은 사람들이 어떻게 하면 삶과, 그들이 항상 꿈꾸었던 관계들을 창출해 낼 수 있는지를 배우도록 도와주는 것이다.

유 help, support, aid, lend a hand, cooperate with
반 hinder

assumption
[əsʌ́mpʃən]

n. 사실이라고 생각함, 가정

The index is based on a series of false assumptions.

그 지표는 일련의 잘못된 가정에 근거를 두고 있다.

유 theory, possibility, hypothesis

attire
[ətáiər]

n. 복장, 옷차림

All members dressed in proper attire to imitate the original members.

모든 회원들은 기존 회원들을 모방하기 위해서 적절한 옷차림을 입었다.

유 clothing, dress, wear, outfit, wardrobe

avid
[ǽvid]

a. 욕심 많은, 탐욕스런, 열심인

The Germans are avid consumers of fast food, second only to Britain in Europe.

독일인은 유럽에서 영국인 다음으로 패스트 푸드에 혈안이 되어 있는 소비자들이다.

㊀ keen, eager, enthusiastic, fervent, zealous, passionate

cluster
[klΛ́stər]

v. 밀집하다

These galleries are often found clustered together in large urban centers.

이러한 화랑들은 종종 대도시 중심가에 함께 밀집되어져 있다.

㊀ aggregate, bunch, bundle, collect, gather, cumulate

conceal
[kənsíːl]

v. 숨기다

She did nothing to conceal her scorn for the others.

그녀는 다른 사람들에 대한 그녀의 멸시를 숨기려고 하지 않았다.

㊀ hide, cover, screen, obscure, disguise
㊁ reveal, expose

deposit
[dipázit]

v. 맡기다, 예금하다

Remember, the more money you deposit, the higher your interest rates will be.

기억하세요. 더 많은 돈을 예금할수록 이자율은 더 높아질 것입니다.

㊀ put, set, lay, place, pose, position

encourage
[inkə́ːridʒ, en-]

① v. 격려하다

My soul mate continued to encourage me, though usually from a distance.

내 배우자는 멀리서나마 계속 나를 격려해 주었다.

㊀ cheer, stimulate, motivate, inspire, invigorate

② v. 장려하다

The art academy encourages free expression in painting, photo, and creative writing.

그 예술원은 그림, 사진, 창작 글쓰기로 자유로운 표현을 장려하고 있다.

㊀ make, get, cause, induce

engage
[ingéidʒ, en-]

① v. 약속하다, 약혼시키다, 예약하다

He's been engaged to conduct a series of concerts at the Albert Hall.

그는 앨버트 홀에서 일련의 콘서트를 지휘하도록 계약이 되었다.

유 promise, contract, reserve

② v. 고용하다

We engaged her to look after our babies.

우리는 그녀를 우리의 아이들을 돌보게 하려고 고용했다.

유 hire, employ 반 fire

fragment
[frǽgmənt]

n. 부서진 조각, 파편

Fragments of the couch were found in the kitchen.

소파에서 떨어져 나간 조각들이 부엌에서 발견되었다.

유 flake, shard, splinter, shred

furthermore
[fə́:rðərmɔ̀:r]

adv. 더욱이, 게다가

Furthermore, the predicted summit will not go ahead as scheduled

게다가, 예정된 정상 회담이 계획대로 진행되지 않을 것이다.

유 what's more, besides, additionally, as well

hygiene
[háidʒi:n]

n. 위생, 위생학

Make sure to also include personal hygiene products such as women's sanitary napkins.

또한 여성 생리대와 같은 개인 위생 용품을 포함하도록 확인하세요.

유 sanitation

locomotion
[lòukəmóuʃən]

n. 운동, 이동

Walking is the primary means of human locomotion.

걷는 것은 인간의 이동에 있어 주요한 수단이다.

유 motive power, motivity, movement

luster
[lʌ́stər]

n. 광택

Despite their age, these productions have lost none of their original luster.

그것들의 기한에도 불구하고, 이 제품들은 그들 원래의 광채를 조금도 잃어버리지 않았다.

유 brightness, shininess, sheen

markedly
[máːrkidli]

adv. 현저하게, 두드러지게

The number of senior citizens living alone has increased markedly in recent years.

최근 몇 년 동안 혼자 살고 있는 노인의 수가 현저하게 증가했다.

유 significantly

obligation
[àbləgéiʃən]

n. 의무

The bank is under no obligation to do anything to help you if things go wrong.

그 은행은 일이 잘못될 경우 당신을 도울 어떠한 대응도 할 의무가 없다.

유 duty, responsibility

persist
[pərsíst, -zíst]

v. 고집하다, 주장하다

The current regime persists in the unwelcome real estate policy.

현 정권은 인기 없는 부동산 정책을 고집하고 있다.

유 keep going, hang on, persevere, prevail, endure

plentiful
[pléntifəl]

a. 많은, 풍부한

This is plentiful in greens such as the parsley and the lettuce this year.

올해는 파슬리와 상추와 같은 채소들이 풍성이다.

유 abundant, copious, ample, profuse
반 scarce

renown
[rináun]

n. 명성

He is an digital artist of worldwide renown.

그는 디지털 아티스트로서 세계적 명성이 있다.

유 fame, repute, celebrity, eminence, distinction

replace
[ripléis]

① v. 제자리에 놓다

Make sure you replace the phone onto the base after you are done talking.

통화가 끝난 후에 전화기를 원래 있던 제자리에 놓으세요.

유 put back, return, restore

② v. 대신하다, 대체하다

Military rule has now replaced Democratic government.

군사 통치가 지금은 민주 정치로 대체되었다.

유 succeed, follow after, come after, substitute for

robust
[roubʌ́st, róubʌst]

a. 강건한

The long filming made considerable inroads on his previously robust physique.

오랜 촬영으로 인해 그의 이전의 강건한 체격은 상당히 위축되었다.

유 healthy, vigorous, powerful, muscular, sturdy

satisfy
[sǽtisfài]

v. 만족시키다

The company varies its soup recipe to satisfy the needs of specific markets.

그 회사는 특정 시장을 만족시키기 위해 수프의 제조방법을 다양화시켰다.

유 quench, fulfill, gratify, appease, assuage, indulge

significant
[signífikənt]

① a. 중요한

This agreement is a significant stride in the pay talks.

이번 합의는 임금 협상에서 중요한 진전이다.

유 important, momentous, impressive, serious

② a. 의미있는

The journey remained in his mind as significant.

그 여행은 그의 마음 속에 깊은 의미로 남아 있었다.

유 meaningful, expressive, indicative

startle
[stá:rtl]

v. 깜짝 놀라게 하다

It was startling to realize that we were completely cut off from the base.

우리가 기지와 연락이 완전히 차단되었다는 것을 알고 깜짝 놀랐다.

㈜ frighten, alarm, surprise, astonish, shock

terminate
[tá:rmənèit]

v. 끝내다

The city will have to pay close to $500,000 to terminate the contract for the program.

그 도시는 그 프로그램을 위한 계약에 종지부를 찍기 위해 50만 달러에 가까운 돈을 지불해야만 할 것이다.

㈜ conclude, finish, wind up, discontinue, cease
㈝ begin, start, commence, initiate

treasure
[tréʒər]

v. 소중히 하다

They treasured their past customs, tradition, and culture.

그들은 과거의 풍습과 관습, 그리고 문화를 소중하게 여겼다.

㈜ care for, cherish, hold dear

typical
[típikəl]

a. 전형적인

In a typical middle-class family, the child's first day of school is usually an occasion for celebration.

전형적인 중산층의 가정에서는 아이들의 첫 등교 날은 대개 축하할 만한 일이다.

㈜ standard, conventional, normal, general, customary

unequal
[ʌníːkwəl]

a. 동등하지 않은, 균형을 잃은

The civic groups finally gave up the unequal struggle and went home.

시민 단체들은 결국 균형이 맞지 않는 투쟁을 포기하고 귀가했다.

㈜ incapable, deficient, incompetent, nonequivalent
㈝ equal, adequate

Day 05

admire
[ædmáiər, əd-]

v. 감탄하다, 동경하다

I admire the clear, logical presentation of her arguments.

나는 그녀 주장의 분명하고 논리적인 표현에 탄복한다.

유 approve of, respect, appreciate, applaud, complement
반 disapprove, despise

artificial
[à:rtəfíʃəl]

a. 인조의, 인공적인

The artificial turf is a brainchild of the city planner.

그 인공 잔디는 그 도시 계획 입안자가 생각해낸 것이다.

유 synthetic, false, man-made, fake, imitation
반 natural

core
[kɔ́:r]

n. 핵심, 중심

Their core philosophy is that sincere attitudes create happy customers.

그들의 중심 철학은 성실한 태도가 행복한 고객을 만든다는 것이다.

유 center, heart, nucleus, essence, substance

cover
[kʌ́vər]

v. 포함하다

The insurance policy does not cover damage caused by some natural calamity.

그 보험 약관은 천재지변에 의한 손상은 포함하지 않는다.

유 include, contain, involve, embrace, comprise

crawl
[krɔ́:l]

v. 기어가다

Crabs were crawling slowly on the ground.

게들이 땅에서 천천히 기어 다니고 있었다.

유 creep

customary

[kʌ́stəmèri]

a. 습관적인, 관례의

She gave the customary speech of thanks to the class teacher.

그녀는 담임 선생님에게 관례적인 감사의 말을 했다.

유 habitual, usual, conventional

deliberate

[dilíbərət]

① a. 신중한

The making of a figure skater is a deliberate process.

피겨 스케이트 선수를 만들어 내는 것은 아주 신중한 과정입니다.

유 careful, cautious

② a. 고의의

The error wasn't deliberate but due to oversight.

그 실수는 의도적인 것은 아니었고 무심결에 저질러진 것이었다.

유 intended, conscious, wilful, calculated

desire

[dizáiər]

① v. 몹시 바라다, 요구하다

I desire that the meeting be postponed.

회의가 연기되기를 요망합니다.

유 want

② n. 욕구, 욕망

The displaced people were filled with the desire to see their homeland again.

실향민들은 고향을 다시 보고 싶다는 열망으로 가득 차 있었다.

유 need, wish, temptation, inclination

employ

[implɔ́i, em-]

v. 쓰다, 고용하다

Most schools employ a dietician to offer meals for the students.

대부분의 학교는 학생들에게 식사를 제공해 주기 위해 영양사를 고용한다.

유 hire, recruit engage, retain

enormous

[inɔ́ːrməs, e-]

a. 거대한

Archaeologists have unearthed an enormous ancient city built by some ancient civilization.

고고학자들은 여러 고대 문명에 의해 세워진 거대한 고대 도시를 발굴했다.

유 massive, huge, vast, immense, gigantic, excessive
반 minute, tiny

hiatus

[haiéitəs]

n. 틈, 중단, 끊어짐

The workers' strike caused a hiatus in car production.

노동자들의 파업으로 인해 차 생산이 중단되었다.

유 gap, break, interruption

inherent in

phr. 내재된, ~에 고유한

Happiness is always inherent in our mind.

행복은 언제나 우리들 마음 속에 내재해 있다.

유 characteristic of

limited

[límitid]

a. 한정된

We will also provide only a limited number of results, approximately 1 month prior.

우리는 또한 대략 1달 이전에 단지 제한된 결과만을 제공할 것이다.

유 narrow, restricted, controlled
반 unlimited

lodge in

phr. ~에 박히다

The prisoners of war are being lodged in an old army camp.

그 전쟁 포로들은 낡은 군대 캠프 속에 수용되어 있다.

유 embed

massive

[mǽsiv]

a. 거대한, 큰 덩어리의

Europe witnessed massive political change in the late 1980s.

유럽은 1980년대 후반에 거대한 정치적 변화를 겪었다.

유 huge, immense, enormous, vast, extensive, gigantic

milestone
[máilstòun]

v. (역사·인생 등의) 획기적인 사건

The case was a milestone in the development of nuclear power plants.

그 사건은 원자로 발전소의 개발에 중대시점이었다.

murmur
[mə́ːrmər]

v. 낮은 목소리로 말하다, 투덜거리다, 중얼거리다

He was delirious, murmuring about his honeymoon.

그는 신혼여행에 대해 황홀한 듯이 중얼거렸다.

⬥ babble, burble, whisper, rustle, mumble, drone

pare
[pέər]

v. 껍질을 벗기다, 삭감하다

She pared off orange-colored peel with a knife.

그녀는 주황색의 그 두꺼운 껍질을 칼로 깎았다.

⬥ peel, skin, trim

pungent
[pʌ́ndʒənt]

a. 톡 쏘는, 찌르는, 신랄한

These oils are quite pungent and give their own flavour to the food.

이러한 오일들은 꽤 자극적이지만 그것들 고유의 향미를 음식에 남긴다.

⬥ tasty, sarcastic, piquant

purchase
[pə́ːrtʃəs]

① v. 사다, 획득하다

Employees are encouraged to purchase shares in the firm.

직원들은 회사의 주식을 사도록 권유받고 있다.

⬥ take, pay, choose, select, pick out
⬥ sell

② n. 구매, 구입물

After all, many vehicle purchases are emotional decisions, he says.

결국, 많은 자전거 구입은 감정적 결정이라고 그는 말한다.

⬥ acquisition

random
[rǽndəm]

a. 닥치는 대로의, 되는 대로의

Human society is full of irregularity and random alteration.

인간 사회는 불규칙성과 무작위의 변화로 가득 차 있다.

유 fortuitous, serendipitous, adventitious, arbitrary, unplanned

render
[réndər]

① v. …을 ~하게 하다

His high position in the company renders him immune from criticism.

그는 회사에서 지위가 높아서 비판받지 않는다.

유 make

② v. 주다, 해 주다

Account sales is to be rendered monthly together with a remittance in settlement.

매상 계정서는 결재 송금액과 함께 매월 제출해 주십시오.

유 give, provide

③ v. ~을 표현하다, 번역하다

The artist had rendered the stormy sea in dark greens and browns.

그 화가는 거센 파도를 어두운 초록색과 갈색으로 그려내었다.

유 represent

repel
[ripél]

① v. 쫓아내다

Army officers and police were prepared to repel the demonstrations.

군 장교들과 경찰은 데모 행진하는 사람들을 쫓아낼 준비를 하고 있었다.

유 repulse, drive back, push back, frustrate
반 welcome

② v. 거절하다

He didn't repel my dinner invitation.

그는 내 저녁식사 초대를 거절하지 않았다.

유 reject, decline, turn down

③ v. 혐오감을 주다

School violence repels most people.

학교 폭력은 대부분의 사람들에게 혐오감을 준다.

유 revolt, disgust, sicken, nauseate
빈 attract, delight

restrict
[ristríkt]

v. 제한하다

Recent laws have tended to restrict the freedom of the press.

최근의 법들은 언론의 자유를 억압하는 경향을 띠어 왔다.

유 limit, regulate, control, hinder, impede, restrain

rupture
[rʌ́ptʃər]

① n. 파열, 터짐, 결렬, 단절

The talk between these two nations came to a rupture.

이들 두 나라의 협상은 결렬되었다.

유 breach, break, severance, rift

② v. 터뜨리다, 파열시키다

He ruptured himself trying to lift a refrigerator.

그는 냉장고를 들어 올리느라고 거의 파열이 될 뻔했다.

유 break apart, tear, snap, burst

sequence
[síːkwəns]

① n. 연달아 일어남, 연속

The third chapter describes the strange sequence of events that lead to his conviction.

세 번째 장은 그를 전과자로 만든 일련의 이상한 사건들을 그려내고 있다.

유 series, string

② n. 순서

The check digit would still be correct for that sequence of 0s and 1s.

체크디지트(검사 숫자)는 여전히 0과 1의 순서를 바꾼다.

유 order

shatter

[ʃǽtər]

v. 산산이 부수다

The roar of the avalanche shattered the calm, sunny morning.

눈사태의 굉음이 햇살이 비치는 고요한 아침을 산산이 깨뜨려버렸다.

㊬ smash, break, splinter, fracture

slaughter

[slɔ́:tər]

v. 학살하다

Men, women, and children were slaughtered and whole villages destroyed.

남자, 여자와 아이들이 살육되고 마을 전체가 파괴되었다.

㊬ massacre, butcher, mow down

spur

[spə́:r]

① n. 박차, 자극

The rider dug his spurs into the horse's flank.

그 기수는 말의 옆구리에 박차를 가했다.

㊬ goad, prod, stimulus

② v. 박차를 가하다, 몰아대다

The band has been spurred on by the success of their last single.

그 밴드는 그들의 지난 번 싱글판의 성공으로 활기를 띠고 있었다.

㊬ encourage, promote, goad, stimulate

style

[stáil]

① n. 방법, 스타일

Style of art include abstract art, Naturalism, Expressionism, and Romanticism.

예술 양식들은 추상 예술, 자연주의, 표현주의와 낭만주의를 포함한다.

㊬ manner, mode, way, fashion

② n. 문체

His style of writing are considered as very modern, righteous and vivid.

그의 문체는 매우 현대적이고, 바르며 선명하다고 여겨지고 있다.

㊬ expressive style

Day
06

absolute
[ǽbsəlùːt, ⌐-⌐]

a. 절대적인, 완전한

The day of absolute liberty seems to be latter Lammas.

절대적인 자유의 날은 결코 오지 않을 날처럼 보인다.

㈜ complete, unqualified, entire, utter, perfect
㈝ relative

adjacent
[ədʒéisnt]

a. 이웃의, 인접한

The new hospital will be built adjacent to the old one and is due to be completed in 2010.

새 병원은 예전 병원과 인접한 곳에 지어질 것이며, 2010년까지 완공될 것이다.

㈜ adjoining, neighboring, near, bordering

advance
[ædvǽns, əd-]

v. 나아가다, 진보하다

Peckinpa's advanced ideas have made her the enfant terrible of the cinematic world.

펙킨파(감독)는 진보적인 사상 때문에 영화계의 무서운 아이가 되었다.

㈜ progress, improve, develop

alternative
[ɔːltə́ːrnətiv, æl-]

① n. 둘 중에서의 선택, 대안

Dissatisfied supporters want an alternative to the two main parties.

실망한 지지자들은 그 두 주요 정당을 대체할 정당을 원하고 있다.

㈜ choice, option, preference, election, substitute

② a. 하나를 택해야 할, 대신의

As an alternative therapy, acupressure hasn't been proven effective with all ailments.

대안적 치료법으로서, 지압은 모든 질환에 효과가 있다고 증명되지 않았다.

㈜ another, other, second, substitutive

anticipate
[æntísəpèit]

v. 예기하다, 기대하다

Nobody could have anticipated the population growth.

인구 증가에 대해 아무도 예상할 수 없었다.

⑧ expect, foresee, pre-empt, forestall

arduous
[áːrdʒuəs]

a. 고된

After the arduouss journey, they found themselves neglected by their children.

힘사운 여행 후에, 그들은 자신들이 자식들에게 버림받았다는 것을 알게 되었다.

⑧ difficult, hard, laborious, burdensome, exhausting
⑪ easy, effortless

behavior
[bihéivjər]

n. 행동, 행실

The book is about human behavior and the process of learning.

그 책은 인간 행동과 학습 과정에 관한 책이다.

⑧ conduct, doings

careful
[kέərfəl]

a. 조심성 있는, 조심스러운

You should be more careful when seeking someone's approval.

누군가의 승인을 구하고자 할 때에 당신은 더욱 조심해야 합니다.

⑧ cautious, heedful, alert, vigilant, wary, prudent

change
[tʃéindʒ]

① v. 바꾸다

Tell them how much you care about them, do anything to change their mind.

당신이 그들을 얼마나 걱정하는지 그들에게 말하세요. 그들의 마음을 바꾸기 위해서 말이죠.

⑧ alter, adapt, shift, vary

② v. 교환하다

I wouldn't change places with you even if I could.

나는 심지어 내가 그럴 수 있다 해도 당신과 교대하지 않을 것이다.

⑧ fluctuate, swing, alternate

composed
[kəmpóuzd]

① a. 침착한

Her voice trembled and she steeled herself to remain composed.

그녀의 목소리는 떨렸고, 그녀는 침착한 채로 있기 위해 냉혹하게 마음을 먹었다.

유 calm, tranquil

② a. ~으로 구성되어

The bank is composed of three major foreign shareholders.

그 은행은 3개 외국인 대주주로 구성되어 있다.

유 formed

constrain
[kənstréin]

① v. 강요하다

They were too constrained to support one side.

그들은 한쪽을 지지하라고 심하게 강요 당했다.

유 force, compel, drive, impel, oblige

② v. 억제하다

Work has been constrained by insufficient space and poor facilities.

불충분한 공간과 빈약한 시설 때문에 작업이 제한을 받아왔다.

유 restrict, hold back, restrain

contrive
[kəntráiv]

v. 고안하다, 궁리하다

He contrived that his mother should leave early that day.

그는 그의 어머니가 그날 일찍 떠나도록 궁리하였다.

유 invent, devise, excogitate, improvise

cut
[kʌ́t]

v. 자르다, 절단하다

She cut her hair and registered her name as 'Ab Hoffman' in the baseball team.

그녀는 그녀의 머리를 자르고, 그녀의 이름을 야구팀에 앱 호프만으로 등록했다.

유 slash, sever

disseminate
[disémənèit]

v. 흩뿌리다, 퍼뜨리다

By the 14th century, lutes had disseminated throughout Italy.

14세기 즈음에 시멘트가 이탈리아에 확산되었다.

유 circulate, distribute, propagate, broadcast, spread

equivocal
[ikwívəkəl]

a. 애매한

His speech about the artist and his works was equivocal.

그 예술가와 그의 작품에 대한 그의 설교는 애매모호했다.

유 ambiguous

extend
[iksténd]

① v. 뻗다, 뻗치다

His fame as an artist extends beyond the seas.

예술가로서 그의 명성은 해외로 뻗쳐 있다.

유 stretch, reach

② v. 연장하다

He allowed the department store to extend its regular hours on Sundays.

그는 일요일에 백화점 정규 개방 시간을 연장하는 것을 허용했다.

유 prolong, increase, lengthen

harsh
[háːrʃ]

a. 거친, 가혹한

But in his cheerful disposition, he also acknowledges a harsh reality

그러나 그는 특유의 밝은 심성으로, 가혹한 현실도 인정한다.

유 severe, hard, bleak
반 fine

improve
[imprúːv]

① v. 개선하다

I cannot change the past, but I can change and improve my future.

나는 과거를 바꿀 수는 없지만, 내 미래를 변화시키고, 향상시킬 수는 있다.

유 enhance, reform, refine, enrich

② v. 나아지다

It is widely expected that global business will continue to improve, but recent data have showed only a feeble increase.

세계 경기가 계속해서 나아질 것이라는 기대가 확산되고 있지만, 최근 자료에서는 오직 미약한 증가로 나타났다.

윤 get better, pick up, look up
반 worsen

initiate
[iníʃièit]

v. 시작하다

In February 2009, the scheme was initiated to deal with severe snow in the east of the region.

2009년 2월에 있었던 그 계획은 그 지역의 동쪽 지방의 폭설을 대응하기 위해서 시작되었다.

윤 originate, start, begin

intimate
[íntəmət]

a. 친밀한

I have an intimate relationship with various intelligence agencies.

나는 다양한 정보 기관과 친밀한 관계를 갖고 있다.

윤 familiar, close, friendly

magnitude
[mǽgnətjùːd]

n. 크기, 거대함

The sheer magnitude of the project seemed overwhelming.

그 계획의 방대함은 그저 기가 질릴 정도였다.

윤 size, extent, greatness, largeness

obliterate
[əblítərèit]

v. 지우다, 말소하다

The friction created by sand grains obliterated the writing on the temple walls.

모래 알갱이들이 만들어낸 마찰로 사찰 벽의 글자들이 지워졌다.

윤 delete, efface, destroy, blot out, veil, hide

ordinary
[ɔ́:rdənèri]

a. 평상의, 보통의

Instead of being rounded like ordinary skin cells, melanocytes are shaped like star-shaped cells.

보통의 피부 세포가 원형인 반면, 멜라닌 세포는 별 모양처럼 생겼습니다.

윤 common, routine, indifferent, mundane, unexceptional
반 special, extraordinary

out of question

phr. 불가능한

Buying a new apartment is out of question for me.

내가 새 아파트를 산다는 것은 불가능하다.

윤 beyond all question

period
[píəriəd]

n. 시대

The Elizabethan period was the golden age of English drama.

엘리자베스 시대는 영국 드라마의 황금 시대였다.

윤 century, decade, day, time, era, age

reminisce
[rèmənís]

v. 추억하다, 추억에 잠기다

After keeping leaves you may reminisce about the good old days when you see them again.

잎을 책에 끼워 말린 후에 그것들을 다시 보면 그리운 옛날을 추억하게 될지도 모른다.

윤 remember, recollect

solitary
[sɑ́lətèri]

a. 혼자의, 고독한

His other songs are mostly about the endless sea and the solitary life in faraway lands.

그의 다른 노래들은 대부분 끝없는 바다와 이역에서의 고독한 생활에 관한 것이다.

윤 introverted, isolated, remote, lonely

sparse
[spáːrs]

a. 희박한

Television coverage of the event was rather sparse.

그 사건에 대한 텔레비전 보도는 상당히 빈약했다.

유 distributed, scarce, scanty
반 dense

speck
[spék]

① n. 작은 점, 얼룩

There wasn't a speck of dust anywhere in the room.

그 방 어디에도 먼지 한 점이 없었다.

유 spot, pinpoint, splotch

② n. 작은 조각, 미세한 조각

There was not a speck of cloud in the clear blue sky.

활짝 갠 푸른 하늘에는 한 조각의 구름도 없었다.

유 particle, atom

suspend
[səspénd]

① v. 매달다

A bunch of bananas, suspended from the ceiling, is beyond the monkey's reach.

천장에 달려있는 바나나 한 송이가 그 원숭이의 손에 닿지 않는다.

유 hang

② v. 중지하다

Rail services are suspended indefinitely because of the strike.

파업 때문에 철도 운행이 무기한 중단되었다.

유 break, interrupt, freeze, cease

tangible
[tǽndʒəbl]

a. 만져서 알 수 있는, 실체적인

There is tangible evidence that growth in the United States is slowing down.

미국의 성장이 감속하고 있다는 물증이 있다.

유 corporeal, real, concrete, perceptible, tactile
반 intangible

Day 07

argue
[áːrgjuː]

v. 논쟁하다

In fact Mary and I sometimes argue with each other on various points.

사실 메리와 나는 때때로 다양한 점에 대해서 서로 논쟁하다.

⟲ dispute, debate, claim

assume
[əsúːm]

① v. 사실이라고 보다

He assumed that they might arrive at any given time.

그는 그들이 언제든 도착할 것이라고 생각했다.

⟲ think, suppose, presume

② v. 맡다, 취하다, 띠다

The president triggered the crisis more than 1 year ago when he fired the elected government and assumed absolute power.

대통령은 1년 전 선출된 의회를 해산하고 절대 권력을 장악하면서 위기를 맞았습니다.

⟲ undertake, take on

assure
[əʃúər]

v. 보증하다, 안심시키다

He, of course, assured me he understood me better than anyone.

그는 내게 물론 그가 나를 누구보다도 더 잘 이해했다고 장담했다.

⟲ convince, guarantee, ensure, insure, secure

attain
[ətéin]

v. 달성하다, 도달하다

She has attained some success as a singer, and has had several hit albums throughout the world.

그녀는 가수로서 어느 정도의 성공을 달성했고, 전 세계적으로 여러 개의 히트 앨범을 가지고 있었다.

⟲ achieve, accomplish, reach

chance
[tʃǽns, tʃɑ́:ns]

n. 기회, 가망

There's a fair chance that we might win this time.

우리가 이번에는 우승할 가능성이 꽤 있다.

㊠ opportunity

clout
[kláut]

n. 권력, 영향력

My father carries considerable clout within the Democratic Party hierarchy.

나의 아버지는 민주당직에서 상당한 권력을 갖고 있다.

㊠ advantage, vantage, influence, pull

commodity
[kəmάdəti]

n. 상품

Today, hygiene products are the biggest-selling commodity on the web.

요즘은 인터넷에서 가장 잘 팔리는 상품은 단연 위생 용품들이다.

㊠ trade goods, goods, product

comprehensive
[kὰmprihénsiv]

a. 포괄적인, 종합적인

This is a leading company that offers a comprehensive benefits package and a progressive environment.

이곳은 종합적인 복지 혜택과 진보적 환경을 제공하는 선도 기업입니다.

㊠ complete, extensive

daub
[dɔ́:b]

v. 흠뻑 바르다, 칠하다

He daubed some grease on the viewing stone.

그 사람은 수석에 기름칠을 했다.

㊠ coat, cover, plaster

difference
[dífərəns]

n. 다름, 차이

It's easy to tell the difference between milk and soya milk.

우유와 두유 사이의 차이를 구별하기는 쉽다.

㊠ variation, contrast, distinction, imbalance, variance
㊡ sameness

domain
[douméin, də-]

n. 영토, 영역

The study is my husband's domain; he doesn't like me interfering there.

서재는 내 남편의 영역이다. 그는 내가 그곳에 간섭하는 것을 좋아하지 않는다.

윤 region, sphere, area, land

elaborate
[ilǽbərət]

① a. 공들인

Their report on the health service is considerably more elaborate than ours.

건강 보험에 대한 그들의 보고서는 우리의 것보다 상당히 정성껏 작성되어 있다.

윤 careful

② a. 정교한

They used elaborate scenarios to prove their point.

그들은 자기네 주장을 뒷받침하기 위해 정교한 시나리오를 이용했다.

윤 detailed, intricate, ornate, ostentatious

evident
[évədənt]

a. 분명한

The candidate's opinion of the subject was clearly evident in late night's debate.

그 주제에 대한 그 후보의 생각은 지난 밤 열린 토론에서 분명히 제 드러났다.

윤 obvious, noticeable, plain

flaw
[flɔ:]

n. 결점, 결함

We have got to understand that the way he behaves is not a serious flaw.

우리는 그의 행동 방식이 심각한 결함이 아니라는 것을 먼저 이해해야만 합니다.

윤 defect, fault

fulfill
[fulfíl]

① v. 다하다, 이행하다

He finally fulfilled her demands for a date at the drive-in theater.

그는 마침내 자동차 극장에서 데이트 하자는 그녀의 요구를 이행했다.

윤 carry through, accomplish, execute, carry out, action
반 fall short of

② v. 만족시키다

The team is failed to fulfill their intended purpose and were disbanded.

그 팀은 그들이 의도한 목적을 충족시키지 못하고, 해산되었다.

㈜ satisfy, meet

hallmark
[hɔ́:lmà:rk]

n. 특질, 특징

This autobiographical accent became a hallmark of his criticism.

이 자서전의 어투는 그의 비평의 특징이 되었다.

㈜ feature, characteristic

ideal
[aidí:əl]

a. 이상적인, 전형적인

This hair style is ideal for women with fine, straight hair.

이 헤어 스타일은 머릿결이 좋고, 생머리인 여성들에게 이상적이다.

㈜ perfect, supreme, absolute

inhabit
[inhǽbit]

v. 살다, 거주하다

One of the largest population on earth to be inhabited by penguins was the Antarctica.

지구상에서 가장 많은 펭귄들이 거주하게 된 지역 중 하나는 남극이다.

㈜ populate, dwell, live

innovation
[ìnəvéiʃən]

n. 혁신

For some of the politicians, innovation itself was a goal.

정치가들 중 몇몇에게는 혁신 자체가 목표였다.

㈜ invention, creation, novelty

loathe
[lóuð]

v. 몹시 싫어하다

Far from enjoying the bath, he loathes it.

목욕을 즐기기는커녕 그는 목욕을 질색한다.

㈜ dislike, hate, abhor

maintain

[meintéin,
mən-]

① v. 지속하다, 유지하다, 간수하다

Living organisms and marine life maintain a state of balance called "homeostasis."

생명체와 해양 생물은 '생체 항상성' 이라 불리는 균형의 상태를 유지하다.

⊕ preserve, sustain, extend, prolong

② v. 주장하다

He maintained that she had never read a book in her life.

그는 그녀가 그녀 인생에서 책을 읽어본 적이 없다고 주장했다.

⊕ affirm, contend, claim

mimic

[mímik]

v. 모방하다

He is convinced that I can mimic anything I hear.

그는 내가 듣는 것은 무엇이든 흉내를 낼 수 있다고 확신하고 있다.

⊕ imitate, copy

noticed

[nóutist]

adj. 주목 받는

The basic of drawing a picture is to get your work noticed.

그림 그리는 일의 기초는 당신의 그림을 눈에 띄게 하는 것입니다.

⊕ observed

previous

[prí:viəs]

a. 앞의, 이전의

Just as in his previous school, he overcame these difficulties and won a silver medal for his accomplishments.

그의 이전 학교에서처럼, 그는 이러한 어려움들을 극복하고 그의 성과로 은메달을 획득했다.

⊕ prior, former, preceding, foregoing, past, onetime

recover

[rikʌ́vər]

v. 되찾다, 회복하다

It took me several days to recover from the experience.

그 경험으로부터 회복하는 데 며칠이 걸렸다.

⊕ get back, redeem, retrieve, get better, heal, improve

region
[ríːdʒən]

n. 지방, 지역

The world's poorest region was plagued by the worst floods ever recorded.

세계 최빈 지역에 사상 유례 없는 최악의 홍수가 휩쓸고 지나갔다.

유 area, district, domain

release
[rilíːs]

v. 석방하다, 풀어놓다

The enemy soldiers will only release their hostages on certain conditions.

그 적군들은 특정한 조건에서만 인질들을 풀어 줄 것이다.

유 let go, free, liberate
반 hold, confine

rendering
[réndəriŋ]

n. 표현, 연출, 번역, 번역문

This is a rendering in German of the original Arabic.

이것은 원작이 아랍어로 된 독일어 번역본이다.

유 performance, public presentation, rendition

search
[sɔ́ːrtʃ]

v. 찾다, 수색하다

Flying squirrels leap through the trees in search of food.

날다람쥐들은 나무 사이를 뛰어다니며 먹이를 찾는다.

유 pursuit, quest, hunt, look

secrete
[sikríːt]

v. 분비하다

Spiders are not poisonous, but they secrete poisonous substances as a means of defence.

거미는 독성이 있지는 않지만, 방어 수단으로 독성 물질을 분비한다.

유 produce

stick
[stík]

v. 찌르다, 달라붙다

Most small farm owners here are reluctant to adopt technologies and stick to their old farming style.

국내 농가 대부분은 기술을 도입하지 않고, 구식의 농업 방식을 고수하고 있습니다.

윤 attach, cling, adhere

suggest
[səgdʒést]

① v. 암시하다

These and other genetic misfires suggest that the breakthrough is likely to spark renewed debates over the issue of human cloning.

이런 저런 유전자 조작의 실패는 인간 복제에 대한 논쟁이 다시 불붙을 거라는 것을 암시한다.

윤 imply, implicate, point to

② v. 제의하다

My family doctor suggest taking no more than 1 pill daily.

우리 집 주치의는 하루 한 알 이상 복용하지 말도록 권장하고 있습니다.

윤 propose

tactile
[tǽktil, -tail, -tl]

a. 촉각의, 촉각을 가지고 있는

The fine arts materials used by the contemporary artist have a strong tactile quality.

그 현대 미술가가 쓰는 공예 미술 재료들은 강한 촉감을 주는 것이다.

윤 tangible, tactual, touchable

thrive
[θráiv]

v. 번영하다, 무성해지다

The place has developed from a small village into the thriving textile city.

그곳은 작은 마을에서 번성하는 직물 도시로 발달했다.

윤 flourish, prosper, boom, burgeon

wealth
[wélθ]

n. 부, 재산, 풍부

Her wealth and reputation gave her an entree into upper-class circles.

그녀는 부와 명성 덕분에 상류 사회에 출입할 수 있었다.

윤 affluence, abundance

Day 08

advisor
[ædváizər, əd-]

n. 충고자, 고문

She doubles as the company's certified public accountant and tax advisor.

그 여자는 그 회사의 공인 회계사와 세금 고문을 겸직한다.

㈜ consultant, counsellor, mentor, guide

approach
[əpróutʃ]

① v. ~에 다가가다, 가까이 가다

When a comet approaches the Sun, the Sun heats and melts it.

혜성이 태양에 접근하면 태양은 혜성을 가열시켜서 녹인다.

㈜ touch, approximate, move toward, border on

② n. 접근법, 방법

The low birth rate is really a crucial problem for the future that requires a multifaceted approach.

저 출산율은 미래를 결정할 참으로 중대한 문제로서 다양한 측면에서의 접근이 필요하다.

㈜ approach path, glide path, method

assert
[əsə́:rt]

v. 단언하다, 주장하다

The effects of the two companies' plans vary greatly, he asserted.

양사의 계획이 가져올 결과는 매우 다양하다고 그는 주장했다.

㈜ declare, asseverate, maintain

assort
[əsɔ́:rt]

v. 분류하다

It took three days to assort the agglomeration of miscellaneous items he had collected on the voyage.

그가 항해 중에 수집한 잡다한 물품들을 분류하는 데 3일이 걸렸다.

㈜ classify, categorize

astonish

[əstániʃ]

v. 깜짝 놀라게 하다

We all were astonished when the baby
spoke in English for the first time.

우리는 모두 아기가 처음으로 영어로 말했을 때 놀랐다.

⊕ surprise, amaze, astound

be rooted in

phr. ~에 원인이 있다, ~에 뿌리 박고 있다

Fascism was firmly rooted in his mind.

파시즘은 그의 마음에 확고하게 뿌리를 내리고 있었다.

⊕ originate from

comprise

[kəmpráiz]

v. 포함하다

Blacks comprise less than 8 percent of
the population of San Francisco.

흑인들이 샌프란시스코의 인구에서 차지하는 비율은 8퍼센트
가 되지 않는다.

⊕ consist of

consciously

[kánʃəsli]

adv. 의식하여, 의식적으로

Nothing is more dangerous than the
destruction of this traditional framework,
as it was consciously aimed at by Nazism.

나치가 목표로 삼았던 것처럼 의도적으로 전통의 틀을 파괴하
는 것처럼 위험한 행동은 없다.

⊕ intentionally

considerable

[kənsídərəbl]

① a. 상당한, 꽤 많은

There is considerable public disquiet
about the safety of the newly-built high
rise building.

새로 지은 고층 빌딩의 안전성에 대해 대중들의 상당한 우려가
있다.

⊕ large, big, sizeable, hefty

② a. 중요한

She is a considerable person in the
economic reform movement.

그녀는 정치 개혁 운동에 중요한 인물이다.

⊕ important, significant, substantial

detach
[ditǽtʃ]

v. 분리하다

This will effectively detach the database from the transaction manager.

이것은 효과적으로 데이터 베이스를 트랜잭션 관리자로부터 분리할 수 있습니다.

㊒ remove, separate

devote
[divóut]

v. 바치다

The philosopher devotes most of their time to develop political philosophy.

그 철학가는 정치 철학 연구에 대부분의 시간을 바친다.

㊒ dedicate, commit, give over to

edition
[idíʃən]

n. (초판·재판의) 판

She has since appeared in numerous videos and special edition catalogs.

그녀는 여태껏 수 많은 비디오와 카탈로그 특별판에 나왔었다.

㊒ impression, printing, version

environment
[inváiərənmənt, en-]

n. 환경

We should nurture our children in a loving environment.

우리는 자녀들을 사랑의 환경에서 양육해야 한다.

㊒ setting, surroundings, background, backdrop

eventually
[ivéntʃuəli]

adv. 결국

Eventually the escalator was added because some visitors were having difficulties with the stairs.

몇몇 손님들이 계단을 오르내리는 데 곤란을 겪었기 때문에 결국 에스컬레이터가 추가 설치되었다.

㊒ finally, ultimately, in time

fluster
[flʌ́stər]

v. 떠들썩하다, 어리둥절하다

Wife's sudden question flustered him and he stammered his reply.

부인의 갑작스러운 질문에 그는 당황하여 답변을 머뭇거렸다.

㊒ confuse, disconcert, flurry, ruffle

habitat
[hǽbitæt]

n. 서식지

The River Derwent is the habitat for many different animals such as otters and fish.

더웬트 강은 수달과 물고기와 같은 많은 다양한 동물들의 서식지이다.

㈌ territory, home, haunt

monopolize
[mənápəlàiz]

v. 독점하다

In the early 1950s, the foreign trade system was monopolized by the state.

1950년대 초기에, 외국 무역 체제는 그 국가에 의해 독점되었다.

㈌ dominate

object
[ábdʒikt, -dʒekt]

① n. 물건, 대상, 목적, 목적어

The artist showed many different views of a person or an object at the same time.

그 예술가는 한 사람이나 한 물체에 대해 여러 가지 다른 모습들을 동시에 보여 주었다.

㈌ goal, aim, objective, target

② v. 반대하다

There is ample reason why she should object.

그녀가 반대해야 할 충분한 이유가 있다.

㈌ reject, protest

outstanding
[àutstǽndiŋ]

① a. 눈에 띄는

For his outstanding achievement, he received a standing ovation.

그의 놀라운 업적으로, 그는 기립 박수를 받았다.

㈌ striking, impressive, remarkable, prominent, excellent

② a. (부채 등이) 미 결제의

You have a total outstanding balance of five hundred dollars with us.

당신은 총 500달러가 체불되어 있습니다.

㈌ unpaid, unsettled

parcel out

phr. 나누다, 분배하다

The work was parcelled out among the staff.

그 일은 직원들에게 분배되었다.

유 distribute, administer

parody
[pǽrədi]

n. 패러디, 풍자적인 개작

An apparently insignificant topic of political parody is shaking the already fuming political community.

정치 패러디라는 분명 사소한 문제가 이미 심각한 대립 국면의 정계를 흔들고 있다.

유 spoof, mockery, lampoon

postulate
[pástʃulèit]

v. 가정하다, ~라고 주장하다

They postulated that the collision had been caused by sudden rush of the car.

그들은 그 충돌이 급발진 때문이었다고 주장했다.

유 contend, claim, propose

profound
[prəfáund]

a. 깊은, 심오한

Musical uses the profound power of music to communicate feelings and to express emotions.

뮤지컬은 음악의 심오한 효과를 이용하여 감동을 전달하고 감정을 표현합니다.

유 important, significant, deep, intense, thoughtful

reliance
[riláiəns]

n. 신뢰, 의지

Heavy reliance on the exports of industrial goods has left the nation vulnerable to manipulation by foreign interests.

그 나라는 지나치게 공산품 수출 의존도가 높은 결과 외국의 이익 집단에 의한 시장 조작에 취약해졌다.

유 trust, dependence

replenish
[ripléniʃ]

v. 보충하다, 공급하다

The clothing store replenishes its stock every morning.

그 옷가게는 매일 아침 상품 재고를 다시 채운다.

유 refill, fill again, restore

represent

[rèprizént]

① v. 나타내다

This represents a 8% increase from the previous year.

이것은 지난해에 비해 8퍼센트 증가함을 나타낸다.

㈜ symbolize, stand for, mean, betoken

② v. 대표하다

The man was chosen to represent the R&D department at the conference.

그 남자는 그 회의에서 R&D 부서를 대표하도록 선출되었다.

㈜ act for, appeal for, speak for

retard

[ritá:rd]

v. 속력을 늦추다, 지체시키다

The growing dangers of inflation would severely retard economic growth.

물가 상승 압력은 경제 성장을 심각하게 지연시킬지도 모른다.

㈜ delay

revolutionize

[rèvəlú:ʃənàiz]

v. 혁명을 일으키다

More efficient use of modern technology could revolutionize the traditional agricultural sector.

현대의 기술을 더욱 효율적으로 이용하면 전통적인 농업 분야의 혁신을 가져올 수 있을 것이다.

㈜ overturn, change, alter, modify

rough

[rʌf]

a. 울퉁불퉁한

Of course, it becomes more risky on rougher roads or with heavy loads.

물론, 몹시 울퉁불퉁한 길 위에서나 무거운 짐이 있을 때 위험은 더해진다.

㈜ uneven, irregular, bumpy, rugged

shield

[ʃi:ld]

n. 보호물 v. 보호하다

Hair is nature's way of shielding our bodies against the slings and arrows of the world.

털은 외부 세계의 가혹한 충격으로부터 우리 몸을 보호해 주는 천연 방어벽입니다.

㈜ v. protect, screen, defend, safeguard

standard
[stǽndərd]

① n. 표준, 기준

The standard manuals will be released to related government agencies by the end of this month.

표준 매뉴얼은 이 달 말까지 정부 관련 기관에 배포될 예정이다.

⟲ yardstick, benchmark, gauge, measure, criterion, norm

② a. 표준의, 보통의

The P210 as a standard model was delivered for the first time in 1949 to the Swiss army.

표준 모델로서 P210은 1949년 스위스 군대에 최초로 전달되었다.

⟲ usual, ordinary, normal, average, regular, fixed

suitable
[súːtəbl]

a. 적당한

Many stores sell meat substitutes suitable for vegetarians.

많은 상점들은 채식주의자들에게 적당한 고기 대용품들을 판다.

⟲ acceptable, appropriate, proper
⟳ unfit, inapt

understand
[ʌ̀ndərstǽnd]

v. 이해하다

In order to understand situation, you have to examine the details.

그 상황을 이해하려면, 세부 사항들을 살펴보아야 할 것이다.

⟲ apprehend, comprehend, grasp, see, perceive

vanish
[vǽniʃ]

v. 사라지다

On 6 August 1944, a ship named the Island Queen vanished completely from Grenada.

1944년 8월 6일, 아일랜드 퀸이라고 이름 붙여진 배가 그레나다로부터 완전히 사라졌다.

⟲ disappear, evaporate, disperse, fade

Day 09

abundance
[əbʌ́ndəns]

n. 풍부

In this area, the farmers grow an abundance of food for people to eat.
이 지역에서, 농부들은 사람들이 먹기에 풍부한 식량을 재배한다.

유 copiousness, teemingness, profusion

accommodate
[əkámədèit]

① v. 숙박시키다, 수용하다

The college can accommodate up to approximately 400 students.
그 대학은 대략 400명의 학생들을 수용할 수 있다.

유 house, board, lodge, provide shelter for

② v. 적응시키다

He couldn't accommodate himself to new surroundings.
그는 새로운 환경에 순응하지 못했다.

유 adapt, adjust, modify

aim
[éim]

① v. 목표 삼다

Since it's difficult to win the market by quality, we aim to differentiate our products in terms of price.
품질로는 시장에서 이길 수 없기 때문에, 가격으로 제품을 차별화하는 것을 목표로 하고 있다.

유 target, attempt

② n. 목적

Our aim was also to give them some advice on organizational issues.
우리의 목적은 또한 조직 관련 문제에 그들에게 조언을 주는 것이었다.

유 purpose, goal, objective

aimlessly
[éimlisli]

adv. 목적 없이

Don't stop talking, but don't just talk aimlessly.

말하는 것을 멈추지 마시오, 하지만 단순히 목적 없이 말하지도 마시오.

㊌ purposelessly

ambling
[æmbliŋ]

a. 느린 걸음걸이의

We passed by a red deer ambling down the road.

우리는 붉은 사슴이 느릿느릿 길을 걸어 가는 옆을 지나쳐 갔다.

㊌ slow

annihilate
[ənáiəlèit]

v. 전멸시키다

A few months later, the movement was all but annihilated.

몇 달 후에, 그 움직임은 거의 전멸하다시피 했다.

㊌ eliminate, remove, extinguish, eradicate

architecture
[á:rkətèktʃər]

n. 건축, 건축학

Modern Greek architecture has followed the international architecture trends.

현대의 그리스 건축은 세계적 건축 동향을 따르고 있다.

㊌ building, edifice

article
[á:rtikl]

① n. 기사

The article was misleading, and the magazine has apologized.

그 기사는 오보여서, 잡지사는 사과했다.

㊌ editorial, piece, column, feature

② n. 물품

This article is especially useful if you are going to a concert or event where a band that you are not especially familiar with is playing.

이 물품은 당신이 특히 익숙하지 않은 밴드가 연주하는 콘서트나 행사에 가게 될 경우 특히 유용하다.

㊌ item, object

associated
[əsóuʃièitid, -si-]

a. 연합한, 조합의

They are mostly associated with the early days of computing, but the technology is still in use.
그것들은 대개 컴퓨터 사용의 초기 시절과 관련되어 있지만, 그 기술은 여전히 사용되고 있다.

㊧ connected

average
[ǽvəridʒ]

n. 평균

Ticket prices for piano concerts are approaching $70 on average.
피아노 콘서트 관람권은 평균 70달러 선에 이르고 있습니다.

㊧ norm, mean

be at odds with

phr. ~와 사이가 나쁘다, ~와 불화하다

The couple argue and are always at odds with each other.
그 부부는 항상 엇갈리고 서로 다툰다.

㊧ disagree with

broad appeal

phr. 폭넓은 인기, 대중적으로 인기있는

Jurassic Park by Steven Spielberg is a film with broad appeal.
스티븐 스필버그가 만든 쥬라기 공원은 아주 대중적인 영화이다.

㊧ wide popularity

crucial
[krúːʃəl]

a. 결정적인, 중대한

Certain genes play a crucial role in chronic fatigue syndrome.
특정 유전자들은 인간의 만성피로 증후군에 중요한 역할을 한다.

㊧ decisive, critical, determining, central

distinguish
[distíŋgwiʃ]

v. 구별하다

I could hardly distinguish the car in front because of the darkness.
어두워서 앞에 있는 자동차를 거의 식별할 수가 없었다.

㊧ discern, classify, separate, differentiate

duplicate

[djúːplikət]

① n. 복제, 사본

The official said that he wanted the reports on duplicates.

그 공무원은 사본에 관한 보고를 받고 싶다고 말했다.

☞ copy

[djúplikeit]

② v. 복사하다, 복제하다

Forty-six percent of software programs were illegally duplicated, generating damage worth $500 million last year.

작년 소프트웨어 프로그램의 46퍼센트가 불법으로 복제되어 5억불의 피해를 냈다.

☞ reproduce, copy, reduplicate

edge

[édʒ]

n. 가장자리, 끝

This line starts at the edge of the palm under the index finger and flows across the palm towards the outside edge.

이 손금은 두 번째 손가락 아래의 가장자리에서 시작해서 손바닥 반대 쪽 바깥 가장자리를 향해 지나간다.

☞ end, side, perimeter, fringe, periphery

elude

[ilúːd]

v. 피하다

In doing so, he eluded the enemy's guns altogether and escaped in safety.

그렇게 함으로써, 그는 적의 총격을 완전히 피해서 안전한 곳으로 달아났다.

☞ avoid, get away from, dodge, evade, escape

emerge

[imə́ːrdʒ]

v. 나오다, 나타나다

When bees emerge from the eggs, they do not look like their final winged body.

꿀벌들은 알에서 나왔을 때, 최종 단계처럼 날개가 있는 몸을 갖고 있지 않다.

☞ appear, come up, surface, present itself

entire
[intáiər, en-]

a. 전체의

His remarks have cast doubts on our entire
project.

그의 발언 때문에 우리가 하고 있는 사업 전체가 의심을 받았다.

㈜ whole, complete

evenly
[í:vənli]

adv. 고르게, 동등하게

The two teams are quite evenly matched but
this time Arsenal came off second-best.

두 팀은 비교적 동등하게 경기하지만 이번에는 아스날이 졌다.

㈜ equally

extensive
[iksténsiv]

a. 넓은

There is an extensive arboretum in the north.

북쪽에 광대한 수목원이 있다.

㈜ spacious, large, sizable, vast, commodious

faint
[féint]

a. 희미한

In the distance, we hear the faint, but rising
wail of sirens.

멀리서, 희미한 사이렌 소리가 왱하고 울리는 소리가 들린다.

㈜ indistinct, unclear, dim, obscure

indicate
[índikèit]

v. 나타내다, 표시하다

Our customer has requested a receipt by mail
to indicate that you have read this message.

거래처에서 당신이 메시지를 읽었는지 여부를 나타내는 확인 메일을
요청했습니다.

㈜ point, designate, show

interfere
[ìntərfíər]

v. 방해하다, 간섭하다

The nuclear weapons program may interfere
with that plan.

핵무기 개발 계획이 이 계획을 방해할지도 모릅니다.

㈜ intervene, disrupt, step in, interpose

last
[lǽst, láːst]

① a. 최후의

The marathon runner made a remarkable spurt at the last minute.

마라톤 선수가 놀랄만한 막판 스퍼트를 했다.

윤 final, closing, later, eventual, ultimate 반 first

② v. 계속하다

The teenage years are very important for starting healthy habits that will last a lifetime.

10대 시절은 일생동안 지속되게 할 건강한 습관을 시작하는 데 중요하다.

윤 continue

meditate
[médətèit]

v. 명상하다, 숙고하다

Until the age of 86, she continued to meditate at six o'clock every morning to relax and clear her mind.

86세까지, 그녀는 긴장을 풀고 마음을 맑게 하기 위해서 매일 아침 6시에 명상을 계속해왔다.

윤 chew over, think over, ponder, excogitate, contemplate

project
[prɑ́dʒekt, -dʒikt]

① n. 계획, 기획

The project aims to lessen the antagonism between these two states.

그 계획은 이 두 국가 간의 적대심을 완화시키는 데 그 목적이 있다.

윤 plan, scheme, program, enterprise

② v. 돌출하다

The historic Cape Brown Lighthouse projects far into the sea.

유서 깊은 케이프 브라운 등대가 바다 멀리까지 돌출해 있다.

윤 extend, protrude

prospective
[prəspéktiv]

a. 예상된

We couldn't derive the prospective results from the stock market.

우리는 증시에서 예기된 결과를 거둘 수 없었다.

윤 likely, future, potential 반 retrospective

reduce
[ridjúːs]

v. 줄이다, 감소시키다

Dark chocolate is a potent antioxidant and can help reduce blood pressure.

다크 초콜릿은 강력한 산화방지제로, 혈압을 낮추는 데 도움을 줄 수 있다.

유 lower, minimize, decrease, bring down, turn down

rich
[rítʃ]

a. 풍부한

A rich variety of dialects still consists in the country.

풍부하고 다양한 방언들이 이 나라에 여전히 존재한다.

유 well-provided, fertile, copious, abundant
반 sparse

secure
[sikjúər]

① a. 안전한, 튼튼한

His place in the history of the University of California and of American higher education is secure.

캘리포니아 대학과 미국의 고등교육에서의 그의 위치는 확고합니다.

유 safe, unharmed, undamaged, protected
반 insecure

② v. 확보하다

They've secured the necessary financial backing for the project.

그들은 그 프로젝트에 필요한 재정적 후원을 확보하였다.

유 obtain, procure
반 unfasten

steadily
[stédili]

adv. 착실하게, 지속적으로

The cost of the model has steadily increased all year.

그 모델의 가격은 일년 내내 지속적으로 상승했다.

유 continuously, constantly
반 unsteadily

accomplish
[əkámpliʃ, əkʌ́m-]

v. 이루다, 성취하다

They planned thoroughly how they would accomplish their mission.

그들은 어떻게 임무를 완수할 것인 지에 대해 철저하게 계획했다.

⑪ achieve, work out, carry out, fulfill, perform
⑫ fail, give up

accumulate
[əkjú:mjulèit]

v. 모으다, 축적하다

After having accumulated some financial capital, he began purchasing land and buildings.

약간의 자본이 축적되면서, 그는 땅과 빌딩 구입을 시작했다.

⑪ roll up, collect, pile up, amass, compile

arouse
[əráuz]

v. 자극하다, 유발시키다

An exhibition of his portraits timed with the publication of his photo and DVD album, "The message", aroused a lot of interest.

그의 사진과 DVD 앨범의 출판과 때를 같이 하여 열린 인물사진 전시회 '메세지' 는 많은 흥미를 불러 일으켰다.

⑪ excite, stimulate

attract
[ətrǽkt]

v. 끌다, 유인하다

At mating time, she becomes a bright orange color attract or repel potential suitors.

짝짓기 철이면 그것은 잠재적인 구혼자들을 유혹하거나 물리치기 위해 밝은 주황색이 됩니다.

⑪ allure, entice, tempt, fascinate, charm

component

[kəmpóunənt, kam-]

n. 구성 요소

Plasma-display panels(PDP) are the
principal component in flat-screen
televisions, one of the fastest growing
segments of electronic appliances market.

PDP는 평면 TV의 주요 구성 요소로서 전자제품 시장에서 가장
빠르게 성장하고 있는 부문의 하나이다.

윤 constituent, element, factor, ingredient

confine

[kənfáin]

v. 한정하다, 제한하다

There may be no particular place which
selling the new drug is confined.

신약 판매가 어떤 장소에 한정되어 있지는 않다.

윤 restrict, restrain, trammel, limit, bound
반 free

controversy

[kántrəvə̀:rsi]

n. 논쟁

There has been a lot of controversy about
the use of steroids in sports.

스포츠에서 사용하는 스테로이드에 관해서 많은 논쟁이 일어나
고 있다.

윤 dispute, debate, disagreement, dissension, contention
반 accord, harmony

create

[kriéit]

v. 창조하다, 만들어 내다

Using fresh ingredients, he was able to
create an unbelievably delicious meal.

그는 신선한 재료만을 사용해서 최고로 맛있는 음식을 만들어
낸 수 있었다.

윤 generate, originate, invent, initiate, engender, produce

destroy

[distrɔ́i]

v. 파괴하다

Hurricanes destroy crops, buildings,
towers, and houses.

허리케인은 농작물과 건물, 탑과 집들을 파괴한다.

윤 ruin, demolish, devastate, ravage, annihilate
반 constructy

diffuse
[difjúːz]

v. 퍼뜨리다

Different media is a powerful means of diffusing knowledge.

다양한 미디어는 지식을 퍼뜨리는 강력한 도구이다.

⑪ spread, distribute

dimly
[dímli]

adv. 어스레하게

The room is dimly lit only by the light from the window.

그 방은 단지 창문으로부터 빛이 어스레하게 비쳤다.

⑪ faintly, indistinctly, fuzzily

endurance
[indjúərəns, en-]

n. 인내, 내구성

She is physically very strong and athletic and has great physical endurance.

그녀는 육체적으로 매우 강하고, 강건하며, 굉장한 지구력을 가지고 있다.

⑪ patience, tolerance, stamina

exotic
[igzátik]

a. 이국적인

There's a growing tendency to prefer the exotic beauty that transcends race or nation.

인종과 국가를 초월하는 이국적 아름다움을 선호하는 경향이 높아지고 있습니다.

⑪ foreign, strange, unusual

finish
[fíniʃ]

v. 끝내다

People begin and finish their day by listening the weather forecast and traffic conditions, and today's news.

사람들은 그들의 하루를 일기예보와 교통 상황, 그리고 오늘의 뉴스를 듣는 것으로 시작하고 마친다.

⑪ complete, end, terminate

govern
[gʌ́vərn]

v. 다스리다, 지배하다

Competition implies a set of rules that govern the other's mind.

경쟁은 상대방의 마음을 다스리는 일련의 법칙을 뜻한다.

⑪ rule, reign over, administer, lead, control, command

initial
[iníʃəl]

a. 처음의

The initial jolt last about 20 seconds, but officials at the meteorological agency warned more aftershocks.

초기 지진은 약 20초 동안 지속되었지만, 기상청 관계자들은 여진이 더 있을 것이라고 경고했다.

유 first, original

integral
[íntigrəl, intég-]

a. 없어서는 안 될, 절대 필요한

Agriculture is an integral aspect of the nation's economic future.

농업은 향후 국가 경제에 필수 부분이다.

유 essential, intrinsic, crucial

integrate
[íntəgrèit]

v. 통합하다

He's a research scientist working on how to integrate new technology into our daily lives.

연구 과학자인 그는 신 기술을 일상생활에 침목시키는 연구를 하고 있습니다.

유 incorporate, unify, synthesize
반 disintegrate, segregate

lash
[læʃ]

v. 묶다, 매다

Sailors lashed down boxes with strong ropes before sailing for the northwest coast.

선원들은 북서쪽 해안으로 출항하기 전에 상자들을 튼튼한 밧줄로 묶었다.

유 tie, bind

lucrative
[lúːkrətiv]

a. 유리한, 돈이 벌리는

These courses will lead to many lucrative opportunities in this emerging field.

이러한 과정들은 유망한 이들 분야에서 높은 수익을 올릴 수 있는 많은 기회들로 이끌 것이다.

유 profitable, gainful

meticulously
[mətíkjuləsli]

adv. 작은 일에 신경을 써서, 세심하게

Expensive products must pack
meticulously under lock and key.
값비싼 물건들은 자물쇠를 채워 꼼꼼히 챙겨야 한다.

유 carefully

nature
[néitʃər]

n. 특성, 본질

The collector has an acquisitive nature
and collects everything of value.
그 수집가는 획득하려는 본성이 있어서 가치있는 것은 무엇이
나 모은다.

유 essence, character, characteristic

particular
[pərtíkjulər]

a. 특별한

Every person will have his or her own
personal ideas about a particular object
or subject.
모든 사람은 특별한 물체나 주제에 대한 그들 고유의 독자적인
생각들을 갖게 될 것이다.

유 specialized, specific, certain

periphery
[pərífəri]

n. 주위, 주변

Apartments have been built on the
periphery of the factory site.
공장부지 주위에 아파트들이 지어졌다.

유 fringe, edge, boundary, margin

practical
[præktikəl]

a. 실용적인

Allowing that you don't want to become
a mathematician, you should learn
mathmatics for practical reasons.
당신이 수학자가 안 된다고 할지라도 실용적인 이유에서 수학
을 배워야 한다.

유 experimental, pragmatic, effective, empirical

prerequisite
[prìːrékwəzit]

n. 필요 조건

Leadership, ability to innovate and effective communication abilities are a prerequisite for all management positions.

리더쉽, 혁신 능력 그리고 효과적인 의사소통 능력은 모든 경영진이 갖춰야 할 기본 사항이다.

㉠ necessary condition, requirement

record
[rékərd]

n. 기록

The company has an exemplary record on key labor issues.

그 회사는 노사핵심 쟁점에 관하여 본보기가 되는 기록을 갖고 있다.

㉠ register, log, file, chronicle, diary, journal, documents

rudimentary
[rùːdəméntəri]

a. 기본의, 초보의

I have only a rudimentary understanding of the whole issue.

나는 모든 쟁점에 대한 기초적인 이해만을 가지고 있다.

㉠ elementary, basic, incomplete, undeveloped

sphere
[sfíər]

n. 범위, 영역

Women everywhere are stepping on the spheres of men.

여자는 각 분야에 걸쳐 남자의 영역에 들어오고 있다.

㉠ domain, area, orbit, field, arena

stealthily
[stélθili]

adv. 몰래, 은밀히

Someone was moving stealthily about the room.

누군가가 방에서 몰래 돌아다니고 있었다.

㉠ silently

surpass
[sərpǽs, -páːs]

v. ~ 보다 낫다, 능가하다

Total sales in the region continue to surpass those for all the other regions combined.

그 지역의 총 매출액은 다른 모든 지역 매출액을 합한 것을 계속해서 웃돌고 있다.

㉠ excel, stand out, exceed

threatening

[θrétəniŋ]

a. 위협적인

Droughts are one of the most threatening natural disasters.

가뭄은 가장 위협적인 자연 재해 중 하나다.

유 intimidating, sinister, ominous, forbidding

trespass

[tréspəs, -pæs]

v. 침입하다

If he said I was trespassing, I am most certain that I would be in jail right now.

만약에 그가 내가 무단침입했었다고 말했다면, 나는 바로 지금 감옥에 있을 것이 아주 확실하다.

유 intrude, invade, encroach

trigger

[trígər]

v. 일으키다, 유발하다

The strike triggered mass protests in China.

이번 공습으로 중국에서는 대규모 시위가 벌어졌습니다.

유 generate, start, cause, prompt, provoke, bring about

useful

[júːsfəl]

a. 쓸모있는, 유용한

It's useful to know several languages, including English and French when you go on a trip for Europe.

유럽 여행을 할 때는, 영어와 프랑스어를 포함하여 외국어 몇 가지를 알고 있으면 유용하다.

유 beneficial, helpful, advantageous, profitable

velocity

[vəlásəti]

n. 속도, 신속

The car is approaching at a velocity of 30km per hour.

그 차가 시속 30km의 속도로 접근하고 있다.

유 speed, quickness, celerity, rapidity

abound
[əbáund]

v. 많이 있다

Around the globe, failures, difficulties, and dangers abound.

지상에는 실패와 어려움 그리고 위험이 도처에 도사리고 있다.

유 burst, overflow, bristle

accordingly
[əkɔ́:rdiŋli]

adv. 따라서

Accordingly, the government will require strict standards if jammers are to be used.

따라서, 방해 전파 발신기를 사용하려면 정부는 엄격한 기준을 확립해야 할 것이다.

유 as a result, consequently, therefore, so, thus

adhere
[ædhíər, əd-]

v. 들러붙다, 고수하다

The Breton Quintet adheres to a conviction that music is universal language.

브레튼 5중 주단은 음악은 세계 공통어라는 신념을 굳게 지키고 있다.

유 attach, stick

ambition
[æmbíʃən]

n. 큰 뜻, 야심

The powerful ambition born that day set the course for the rest of his life.

그 날 품게 된 강한 야망이 그의 나머지 인생의 항로를 결정했다.

유 drive, goal

avoid
[əvɔ́id]

v. 피하다

She is surfing and tries to avoid obstacles and reach the goal.

그녀는 파도타기를 하면서 장애물을 피해서 결승점에 도달하려고 노력한다.

유 prevent, shun, eschew

barren
[bǽrən]

a. 불모의

There were only two or three houses and barren land and rock everywhere.
단지 2~3채의 집과 불모의 땅 그리고 바위들만이 도처에 있었다.

윤 sterile, inhospitable, infertile, nonexistent, unfertile

comprehensible
[kàmprihénsəbl]

a. 이해할 수 있는, 알기 쉬운

It was not comprehensible to me why they are feeling the pinch more acutely than before.
이들의 체감 경기가 과거 그 어느 때보다도 안 좋게 느껴지는 이유가 나는 이해되지 않았다.

윤 accessible, understandable, intelligible, approachable

dictate
[díkteit, --´]

v. 명령하다

The supervisor dictated to us how everything would be done.
그 감독관은 모든 일을 어떤 방식으로 해야 하는 지를 지시했다.

윤 order, command, decree, impose, enjoin

drastically
[drǽstikəli]

adv. 과감하게, 철저히

Oil prices are unlikely to change drastically next year, and retail food prices will go up only 4.5%.
석유 가격은 내년에 크게 변동할 가능성이 없으며, 식품 소매가격은 단지 4.5% 오를 것이다.

윤 severely, strikingly

excavate
[ékskəvèit]

v. 발굴하다

Many antiquities from the ancient Maya were excavated.
많은 고대 마야 유물이 출토되었다.

윤 reveal, uncover, dig out, unearth

float
[flóut]

v. 뜨다

Natural gas is lighter than propane, floats up into the air and dissipates.

천연가스는 프로판보다 가벼워서 공기중으로 차오르서 흩어집니다.

유 hang, drift, hover 반 sink

glean
[glíːn]

v. 줍다, 모으다

The reporter tried to glean information by conducting numerous interviews.

그 기자는 수많은 인터뷰를 통해서 정보를 모으기 위해 노력했다.

유 collect, gather, reap

groundless
[gráundlis]

a. 기초가 없는, 사실무근의

Many of these theories are not groundless.

이러한 이론들의 많은 수가 전혀 근거 없는 것은 아니다.

유 unsupported, unfounded

hue
[hjúː]

n. 색조

The ceiling is painted in hues of rose, antique yellow and white, accented with ornamentation.

천장은 장밋빛 색조와 고풍스러운 노란색과 하얀색으로 칠했고, 장식품으로 악센트를 주었다.

유 color, tint

incise
[insáiz]

v. 새기다, 조각하다

The surface of the large tree is incised with a number of fine slits.

그 아름드리나무의 표면에는 미세한 홈들이 무수히 많이 새겨져 있다.

유 carve, cut, engrave

obvious
[ábviəs]

a. 명백한

As they grow, the gender of your hamster will become more obvious.

그것들이 성장함에 따라, 당신 햄스터의 성(性)은 더 명백해질 것입니다.

유 evident, apparent, logical, understandable

originate
[ərídʒənèit]

v. 비롯하다, 생기다

This disease is thought to have originated Germany and Switzerland.

이 질병은 독일과 스위스에서 발원했다고 여겨진다.

⑨ arise, rise, spring, stem, begin, commence

overstate
[ðuvərstéit]

v. 과장하여 말하다, 허풍떨다

Ultimately, such a stable relationship is important, but I wouldn't want to overstate it.

궁극적으로, 그와 같은 안정적 관계는 중요하지만 저는 그것을 과대평가하고 싶지는 않습니다.

⑨ exaggerate ⑩ understate

patchy
[pǽtʃi]

a. 고르지 못한

Sometimes the patchy hair loss is associated with slight itching or pain.

때로로 고르지 못하게 머리가 빠지는 것은 약간의 가려움과 통증이 수반된다.

⑨ uneven, inconsistent

pierce
[píərs]

v. 꿰뚫다, 관통하다

They failed to pierce through the stout Liverpool's defence.

그들은 완강한 리버풀의 방어를 뚫는 데 실패했다.

⑨ cut, puncture, penetrate

proliferate
[prəlífərèit]

v. 증식하다

Molds, another common source of allergens, tend to proliferate during the rainy season.

알레르겐의 또 다른 흔한 공급원인 곰팡이는 장마철에 번식하는 경향이 있다.

⑨ grow, multiply

savor
[séivər]

v. 맛이 있다, 풍미가 있다, ~의 기미가 있다

His recent comments savours of hypocrisy.

그의 최근의 언급들은 위선적인 기색이 있다.

⑨ taste, smack

soak
[sóuk]

v. 적시다, 빨아들이다

This will allow the roots of the tree to soak up water and not dry out during the dry season.

이것은 나무의 뿌리가 물을 빨아들여서 건기에 마르지 않도록 한다.

유 wet, drench, saturate, immerse, immerge, infuse
반 dry

sporadic
[spərǽdik]

a. 때때로 일어나는

Since 1986, her film and television appearances have been sporadic.

1986년 이후로, 그녀가 영화와 텔레비전에 출현하는 것은 산발적이었다.

유 occasional, irregular, intermittent 반 continual

stock
[sták]

n. 저장, 비축

I'd prefer to have us keep a larger stock of items, and replenish them periodically.

한꺼번에 더 많은 물품을 비축해 뒀다가 주기적으로 공급해 주면 좋겠습니다.

유 store, supply, stockpile, accumulation, pile

structure
[strʌ́ktʃər]

① n. 구조

The ownership structure of the nation's largest business group is often attacked.

그 나라 최대의 재벌 그룹의 지배 구조는 흔히 비난을 받는다.

유 framework, form, composition, construction

② v. 구성하다, 조직화하다

He structures his whole life around his weekly visits to his family.

그는 모든 생활을 매주 가족들을 보러 가는 것을 중심으로 구축하고 있다.

유 organize, coordinate

substitute
[sʌ́bstətjùːt]

① v. 대신하다, 대체하다

You can substitute margarine for butter in this recipe.

이 요리법에서는 마가린을 버터 대신 써도 됩니다.

유 replace, interchange, exchange

② n. 대용품, 대안

Iron can be used as a substitute for aluminum.

철은 알루미늄의 대용품으로 쓸 수 있다.

윤 alternative

sufficient

[səfíʃənt]

a. 충분한

This also may be because you do not have sufficient access rights to the file.

이는 또한 당신이 그 파일에 대한 충분한 접근 권한이 없기 때문일지도 모릅니다.

윤 comfortable, adequate, decent, enough

transcend

[trænsénd]

v. 초월하다, 능가하다

Your body has life and death, but your true self transcends both life and death.

당신의 몸은 삶과 죽음이 있지만, 당신의 본성은 삶과 죽음 둘 다를 초월한다.

윤 exceed, surpass

tremendous

[triméndəs]

a. 거대한, 무서운

Our generation has a tremendous amount of information in common.

우리 세대는 엄청난 양의 정보를 공유하고 있다.

윤 great, huge, enormous, immense, massive, vast

trend

[trénd]

n. 경향, 방향

Their explanation for the recent trend is sufficiently convincing.

최근 경향에 대한 설명은 쉽게 수긍이 간다.

윤 tendency, movement, drift

troublesome
[trÁblsəm]

a. 성가신, 골치 아픈

When medicines interact with other medicines, you can have troublesome side effects.

약이 다른 약들과 상호작용을 일으키면 골치 아픈 부작용이 생길 수도 있습니다.

유 onerous, difficult, hard

undergo
[Àndərgóu]

v. 겪다, 경험하다

As cancer patients need some treatment before undergoing surgery, the economy also needs medicine before any reform.

암환자가 수술을 받기 전에 약간의 치료가 필요하듯이 경제도 개혁 전에 치료약이 필요하다.

유 go through, experience, sustain, submit

vagabond
[vǽgəbànd]

n. 방랑자

This underground shopping center is infested with vagabonds.

이 지하 상가는 부랑자의 소굴이다.

유 vagrant, drifter, floater

vague
[véig]

a. 막연한

The patient had complained of vague fear and pains.

그 환자는 막연한 두려움과 통증이 있다고 하소연했다.

유 approximate, indeterminate, indistinct, imprecise
반 defined

vital
[váitl]

a. 극히 중대한

Learning a language is vital to human communication.

언어 학습은 인간의 의사소통에 대단히 중요하다.

유 essential, necessary, indispensable, important, significant

Day 12

abrupt
[əbrʌ́pt]

a. 갑작스러운

It's quite an abrupt and anti-climactic ending to 500 years of literature.

이는 500년의 문학 역사를 마감하는 갑작스러우면서도 반전적인 마무리이다.

⟨유⟩ sudden, quick, hurried, hasty, swift

assess
[əsés, æ-]

v. 평가하다

One of the best ways to assess the problem is to do a daily behavior review.

그 문제를 평가하는 가장 좋은 방법들 중 하나는 매일의 행동에 대한 고찰을 하는 것이다.

⟨유⟩ measure, evaluate, valuate, appraise

backbone
[bǽkbòun]

n. 등뼈, 척추

Bad habit will prevent your backbone from growing straight.

나쁜 습관은 여러분의 등뼈가 곧게 자라는 것을 방해할 것입니다.

⟨유⟩ spine

banish
[bǽniʃ]

v. 추방하다

Because of his undesirable philosophies, in 2000 he was banished from the Iranian universities.

바람직하지 않은 철학 때문에, 2000년에 그는 이란 대학들로부터 추방당했다.

⟨유⟩ exile, deport, expel, eject, drive away, cast out
⟨반⟩ admit, welcome, accept

categorize
[kǽtəgəràiz]

v. 범주에 넣다, 분류하다

The caste system categorized Hindus into a social hierarchy.

카스트 제도는 힌두교의 사회 계급제도로 분류된다.

⟨유⟩ assort, classify

complicate
[kámpləkèit]

v. 복잡하게 하다

There are just too many other things that complicate the matter.

단지 그 문제를 복잡하게 하는 너무나 많은 다른 것들이 있다.

유 blur, confuse, cloud, make difficult
반 simplify

consider
[kənsídər]

① v. 숙고하다

The one thing that you must consider is the copyright.

당신이 생각해야 할 한 가지는 판권이다.

유 think about, mull over, ponder, contemplate

② v. 간주하다

He considered "Oedipus Rex" as an example of a Greek tragedy.

그는 '오이디푸스 왕'을 그리스 비극의 한 전형으로 생각했다.

유 think, believe, regard as

crop up

phr. 돌발하다, 갑자기 발생하다

The subject cropped up quite naturally as we disscussed.

우리가 토론하는 중에 그 주제가 아주 자연스럽게 튀어나왔다.

유 appear, come out

doctrine
[dáktrin]

n. 교의, 주의

It may not be based on any church doctrine, it certainly is based on religion.

그것은 어떤 기독교 교리도 근거로 하고 있지 않을지도 모르지만, 확실히 종교를 근거로 하고 있다.

유 creed, belief, dogma, conviction, principle, precept

establish
[istǽbliʃ, es-]

v. 설립하다

The government's mission was to establish profound policies.

정부의 사명은 효과적인 정책을 세우는 것이었습니다.

유 set up, found, institute, organize, build, construct

exorbitant

[igzɔ́:rbətənt]

a. 엄청난, 터무니없는

During the oil shortage, many gas stations charged exorbitant prices for it.

석유가 귀할 때 많은 주유소에서 기름값을 터무니없이 올려 받았다.

유 excessive, immoderate

fierce

[fíərs]

① a. 사나운

The photographer was fortunate to film a fierce large wild cats capturing its prey.

그 사진사는 운좋게 먹이를 잡고 있는 사나운 커다란 야생 고양이를 촬영했다.

유 ferocious, savage, wild, vicious, untamed, cruel, brutal

② a. 격렬한

Unfortunately, fierce storm dropped nearly 25 inches of rain and some of the chicks perished.

불행하게도, 강한 폭풍이 25인치의 비를 뿌리자, 병아리 몇 마리가 죽었다.

유 intense, ardent, passionate, impassioned, fervent

generally

[dʒénərəli]

adv. 일반적으로

We generally tend to overvalue gold and undervalue copper.

우리는 일반적으로 금을 과대평가하고 구리를 과소평가하는 경향이 있다.

유 ordinarily, commonly, largely, chiefly

gradually

[grǽdʒuəli]

adv. 차차, 점차로

It will gradually become a shorter time as she gets older.

그녀가 나이가 들수록 점차 시간이 짧아질 것이다.

유 step by step, little by little, regularly, steadily, increasingly

inadequate

[inǽdikwət]

① a. 부적당한

By the 1930s, the tunnel was considered inadequate for modern traffic.

1930년대까지, 터널은 현대 교통을 위해서는 부적당하다고 여겨졌다.

㈎ incompetent, incapable, unfit, ineffective

② a. 불충분한

The supply of water is inadequate for this trip.

이번 여행에는 물 공급이 불충분하다.

㈎ insufficient, deficient, scarce, incomplete

mar

[máːr]

v. 흠가게 하다, 망쳐놓다

The scandal has marred the image of their businesses.

그 스캔들은 그들의 영업 이미지를 망쳐놓았다.

㈎ impair, spoil, deflower, vitiate

mark

[máːrk]

① n. 표시

They stood in silence as a mark of honour to the general.

그들은 장군에 대한 경의의 표시로 가만히 서 있었다.

㈎ sign, symbol, indication, symptom, token

② v. 표시하다

Cats mark their territory the different way dogs do.

고양이는 개와 다른 방식으로 자신들의 영역을 표시합니다.

㈎ label

mechanism

[mékənìzm]

① n. 기계 장치

Something is wrong with the mechanism of my computer.

나의 컴퓨터의 기계 장치에 무언가 이상이 있다.

㈎ machine, appliance, device, instrument

② n. 방법, 절차

There are no mechanisms for transferring employees from one department to another.

한 부서에서 다른 부서로 전출하는 절차가 없다.

⊕ process, system, operation, method

move
[múːv]

① v. 움직이다

Comets move through the solar system in long, narrow orbits.

혜성들은 길고 좁은 궤도로 태양계를 움직인다.

⊕ shift, stir, dislodge, budge

② v. 감동시키다

That notion is one part of the episode that moved me.

그 생각은 나를 감동시킨 에피소드의 일부분이다.

⊕ touch, affect

noxious
[nákʃəs]

a. 유해한, 불건전한

The racists are spreading noxious propaganda.

인종 차별주의자들이 해로운 선전을 퍼뜨리고 있다.

⊕ pernicious, degrading, corrupting, harmful, noisome
⊝ innocuous

obtain
[əbtéin]

v. 얻다, 획득하다

In some villages in many backward nations people obtain their water from ponds nearby.

많은 후진국의 몇몇 마을에서는 사람들이 근처의 연못에서 물을 얻는다.

⊕ get, acquire, procure, secure, gain, earn

ominous
[ámənəs]

a. 불길한

Her lyrics contained ominous undertones of what was to come.

그녀의 가사에는 다가올 일에 대한 불길한 예감이 담겨 있었다.

⊕ threatening, foreboding, portentous

provide
[prəváid]

v. 대주다, 공급하다

We are dispatching a 20-member security support team and are ready to provide aid.

우리는 20명으로 구성된 안전 지원팀을 급파하는 한편, 원조를 제공할 준비를 하고 있습니다.

유 furnish, supply, offer, present, afford

reap
[ríːp]

v. 베어 내다, 수확하다

The beekeeper comes near the hives, and reaps the honey from the honeycombs.

그 양봉가는 벌통 가까이에 와서 벌집에서 꿀을 얻는다.

유 harvest, glean

rigorous
[rígərəs]

a. 엄한, 엄격한

These drugs must still pass rigorous testing by the Food and Drug Administration.

이 약들은 미 식품의약국(FDA)의 엄격한 실험을 통과해야 한다.

유 strict, exact, demanding

seize
[síːz]

v. 잡다, 붙잡다

An anaconda seizes the unsuspecting prey and swallows the prey down head first.

아나콘다는 경계를 하고 있지 않은 먹이를 붙잡아서 머리부터 먼저 삼킨다.

유 grasp, grab, take hold of, grip, clutch

simultaneously
[sàiməltéiniəsli, sì-]

adv. 동시에

There were half a dozen small trade fairs going on simultaneously.

그곳에서 여섯 개의 소규모 무역 박람회가 동시에 열리고 있었다.

유 all at once, simultaneously, concurrently

situate
[sítʃuèit]

v. ~을 (어떤 장소·처지에) 놓다, 놓이게 하다

The town is conveniently situated close to the railwway station and the shops.

그 마을은 철도역과 상점에 가까이에 위치해 편리하다.

유 locate, place

survival
[sərváivəl]

n. 생존, 살아남음

Human values value individual human lives, not simply survival of the species.

인간의 가치는 개인적인 인간의 삶이 가치 있는 것이지, 단순히 그 종의 생존에 있는 것이 아니다.

유 endurance, existence

synthesis
[sínθəsis]

n. 종합, 합성, 통합체

Her wooden crafts are a synthesis of modern and traditional techniques.

그녀의 목공예품들은 현대적인 기법과 전통적인 기법의 종합이다.

유 combination, union   반 analysis

tempting
[témptiŋ]

a. 유혹하는, 부추기는

It is tempting indeed to want to take part in the whole thing.

우리는 이 모든 일에 참여하고 싶은 유혹이 간절하다.

유 attractive, seductive, inviting

textile
[tékstail, -til]

n. 직물

The textiles and clothing industry were a ten-year government program that launched in 2001.

정부의 섬유와 의류 산업에 대한 투자는 2001년에 시작돼 10년 간 계속되는 계획입니다.

유 fabric, cloth, material

tumultuous
[tjumʌ́ltʃuəs]

a. 떠들썩한, 소란스러운, 소동을 일으키는

Throughout all the tumultuous changes, the personalities of the members have changed.

한바탕 요란했던 이 모든 변화들을 통해서, 회원들의 특성들이 변화했다.

유 unquiet, chaotic, anarchic

widespread
[wàidspréd]

a. 널리 보급된, 넓게 펼쳐진

He is the probable pioneer of the widespread use of popcorn machines in theaters.

그는 극장에서 팝콘 기계가 널리 보급되게 한 선구자일 가능성이 크다.

유 universal, common, general, prevalent, extensive
반 local, limited, rare

Day 13

---

barter
[bá:rtər]

v. 물물교환하다, 교환하다

Much trade in the stores was bartered, as few people had cash.

현금을 가진 사람들이 거의 없었기 때문에 상점에서의 많은 거래를 물물교환하였다.

⊕ exchange, trade

---

bulky
[bʌ́lki]

a. 부피가 큰, 거대한

His bulky form blocked her view of the campus clock tower

그의 육중한 체구 때문에 그녀의 시야엔 캠퍼스 시계탑이 잘 보이지 않았다.

⊕ large, substantial, huge, enormous, massive

---

capricious
[kəpríʃəs, -príʃ-]

a. 변덕스러운

Female customers in their mid-20s to mid-40s are capricious and unpredictable.

20대 중반에서 40대 중반의 여성 고객들은 변덕스럽고 예측할 수 없다.

⊕ fickle, arbitrary, unpredictable

---

contain
[kəntéin]

v. 담고 있다, 포함하다

Chocolate, green tea, and coffee are made from plants that contain caffeine.

초콜릿, 녹차, 그리고 커피는 카페인을 함유한 식물로 만들어진다.

⊕ include, involve

---

decrease
[dikrí:s]

v. 줄다, 감소하다

In September 1956, the project was completed and the seating capacity was decreased to 2,240.

1956년 9월에 그 계획은 끝마쳐졌고, 수용 능력은 2,240명으로 줄어들었다.

⊕ diminish, minimize 빤 increase

equal
[íːkwəl]

a. 같은, 동등한

Irregular workers are demanding equal pay for equal job.

비정규직 근로자들은 동등한 직업에 대해 동등한 보수를 요구하고 있다.

⬆ same, identical, equivalent, uniform, synonymous
⬇ unequal, inadequate

excite
[iksáit]

v. 흥분시키다, 자극하다

You should try not to excite your baby too much before bedtime.

될 수 있으면 당신의 아기가 잠자기 전에 너무 많은 자극을 주지 않는 게 좋겠습니다.

⬆ stimulate, affect, touch, impact

flourish
[fləːriʃ]

v. 번창하다, 무성하게 자라다

These plants flourish in a damp climate.

이러한 식물들은 다습한 기후에서 잘 자란다.

⬆ thrive, boom, expand

impression
[impréʃən]

① n. 인상

His decent appearance makes an indelible impression on others.

그의 단정한 외모는 다른 사람들에게 잊혀지지 않는 인상을 준다.

⬆ image, feeling, idea, awareness

② n. 영향

His baneful impression was feared by all.

모든 사람들은 그가 끼칠 해로운 영향을 두려워한다.

⬆ effect, influence, impact, sway

in time

① phr. 때맞추어, 일찍

The new model is scheduled to be on shelves in time for the holidays.

새 모델은 연휴 기간에 맞춰 출시될 예정이다.

⬆ early, not late

Your situation will feel better in time.

당신의 상황은 결국에는 좋아질 것입니다.

⊕ eventually

inclination
[ìnklənéiʃən]

n. 경향, 성향

Recently he has begun to show an inclination toward judaism.

그는 최근에 유대교적 성향을 보이기 시작했다.

⊕ tendency, proneness, disposition, subjectability

inconstant
[inkánstənt]

a. 변덕스러운, 변하기 쉬운

Winter sports are limited by inconstant snow conditions.

겨울 스포츠는 변하기 쉬운 눈의 조건에 의해 제한된다.

⊕ unfaithful, false, volatile, untrue, fickle
⊖ constant

lay off

phr. (일시적으로) 해고하다

100 employees were laid off because of budget cuts and higher costs

예산삭감과 비용상승으로 인해 100명의 직원들이 일시 해고 되었다.

⊕ fire, dismiss

meddlesome
[médlsəm]

a. 지겹게 참견하는

My neighbor is meddlesome, so they are often told to mind his own business.

내 이웃은 참견하기 좋아하는 사람들로, 종종 자기 일에나 신경쓰라는 말을 듣는다.

⊕ curious, interfering

myriad
[míriəd]

n. 무수

We hear the myriads of human beliefs concerning the rainbow.

우리는 무지개와 관련된 무수한 인간들의 믿음을 접한다.

⊕ very large number

particularly
[pərtíkjulərli]

adv. 특히

In fact, because of the weak dollar, American assets are particularly attractive abroad.

실제로, 약한 달러 때문에 미국의 각종 자산이 특히 해외에서 매력적이다.

⊕ especially, uniquely

peak
[píːk]

n. 절정, 최고점

The beauty of the mountain reaches a peak during August.

그 산의 아름다움은 8월에 절정을 이룬다.

⊕ top, highlight, culmination, high point

peculiar
[pikjúːljər]

a. 기묘한, 특이한

Notably, the house has a peculiar structure.

특히 주목할 만한 점은 이 집의 구조가 특이하다는 점이다.

⊕ strange, odd, unusual, abnormal, bizarre, weird

perform
[pərfɔ́rm]

① v. 이행하다, 실행하다

There is not enough good data available to perform this operation.

좋은 데이터가 부족하여 이 작업을 수행할 수 없습니다.

⊕ carry out, execute, discharge, conduct, accomplish

② v. 연기하다, 연주하다

It was amazing to watch the band perform.

그 밴드가 연주하는 것을 보는 일은 굉장한 일이었다.

⊕ act, play, appear

promote
[prəmóut]

v. 증진하다, 촉진하다

Some hormone drugs are used to promote growth in farm animals.

어떤 호르몬제들은 사육 동물의 성장을 촉진하기 위해 사용된다.

⊕ advance, further, assist, help, foster

quaint
[kwéint]

a. 기묘한

The quaint antiques still exist in this part of the country.

그 기묘한 골동품들은 아직도 이 지방에 남아 있다.

㈜ odd, strange, unusual, bizarre

remedy
[rémədi]

n. 치료

The only remedy is drugs and take them steadily.

유일한 치료법은 약밖에 없고 그것도 꾸준히 복용해야 한다.

㈜ cure, treatment, medicine, medication

remnant
[rémnənt]

n. 나머지, 잔여, 잔재

He continued protesting against the remnants of the military dictatorship.

그는 군사독재의 잔재 세력에 대항을 계속했다.

㈜ leftover, remain

routinely
[ru:tí:nli]

adv. 일상적으로

I routinely make an inspection of the gas valve when I leave my home.

나는 일상적으로 집을 떠날 때 가스 밸브를 점검한다.

㈜ commonly

scatter
[skǽtər]

v. 흩뿌리다, 뿌리다

During warmer and dryer conditions mosses scatter their spores.

더 따뜻하고 더 건조한 조건 하에서 이끼는 자신의 포자를 흩뿌린다.

㈜ disperse, dissipate, spread, strew, spray

sheen
[ʃí:n]

n. 광휘, 광채

This is a shampoo to give your hair a beautiful sheen.

이것은 당신의 머리에 아름다운 윤기를 주는 샴푸입니다.

㈜ shininess, luster

spot
[spát]

v. 발견하다, 분별하다

Dogs being trained can usually spot the difference between them.

훈련을 받은 개들은 그것들 사이의 차이점을 분별할 수 있다.

유 see, perceive, comprehend

strictly
[stríktli]

adv. 엄격히, 엄밀히 말하자면

Removal of Mackerel from this area is strictly prohibited.

이 지역의 고등어 어획이 전면 금지되었다.

유 tightly, severely

strong
[stró:ŋ, stráŋ]

a. 힘센, 강한

Severe thunderstorm and tornado comes with strong winds of 200-300 miles per hour.

심한 뇌우와 토네이도는 시속 200-300마일의 강한 바람을 동반한다.

유 robust, tough, powerful

tendency
[téndənsi]

n. 경향, 성향

People do have a tendency to stick with what they know, it's true.

사람들은 그들이 그것이 사실이라고 아는 것에 집착하는 경향이 있다.

유 inclination, disposition, proneness, trend

track
[trǽk]

v. 추적하다, ~의 뒤를 쫓다

Tracking wild bores requires great stealth.

멧돼지를 추적하는 일은 매우 교묘하게 해야 한다.

유 chase, follow, trace, observe

ubiquitous
[juːbíkwətəs]

a. 어디에나 있는

It became ubiquitous because nothing else was left to compete with it or to prey upon it.

그것은 어떠한 다른 것도 그것과 경쟁하지 않고, 그것을 먹이로 삼지 않기 때문에 어디에나 볼 수 있게 되었습니다.

유 present, omnipresent, everywhere

acclaim
[əkléim]

v. 갈채하다

It was acclaimed as the most diplomatic and peaceful approach ever.

그것은 유래 없는 가장 외교적이고 평화적인 접근 방법으로 갈채를 받았다.

유 applaud, salute, welcome, honor, approve, praise

attach
[ətǽtʃ]

v. 붙이다, 달다

You need to attach them with screws or nails to keep them secure.

당신은 그것들을 안전하게 하기 위해서 나사나 못을 사용해서 그것들을 달 필요가 있다.

유 tie, stick, secure, glue, fasten
반 detach

bizarre
[bizá:r]

a. 기괴한, 이상야릇한

The suspect died under bizarre circumstances - no one knows how.

용의자는 아무도 어떻게 죽었는지 모르는 매우 기이한 상황에서 죽었습니다.

유 strange, weird, peculiar, grotesque
반 ordinary, normal

celebrated
[séləbrèitid]

a. 유명한

The place is celebrated for its culture and elegance.

그곳은 그곳의 문화와 기품으로 유명하다.

유 known, glorious, renowned

cite
[sáit]

v. 인용하다, 언급하다

Citing confidentiality clauses, the administrators declined to comment the matter further.

기밀 사항이라고 말하면서, 행정관리들은 그 문제에 대해 더 이상 언급하려 하지 않았다.

㊒ quote, adduce, mention, enumerate, refer to

cohere
[kouhíər]

v. 고수하다

This view does not cohere with their other beliefs.

이 견해는 그들의 다른 신념과 일관되지 않는다.

㊒ cling, cleave, adhere, stick

compel
[kəmpél]

v. 억지로 시키다

The Canadian negotiators were compelled during the negotiations to cancel the program.

캐나다 협상 대표들은 이 계획을 취소하도록 강요당했습니다.

㊒ force, drive, impel, oblige, urge, coerce

conflicting
[kənflíktiŋ]

a. 서로 싸우는, 모순되는

Recent studies had produced conflicting results.

최근의 연구들에서는 이와는 상반된 결과가 나왔었습니다.

㊒ inconsistent, opposed, contrary

constraint
[kənstréint]

n. 강요, 강제, 제약

Temporal constraints preclude excavation of more than part of the site.

시간적 압박 때문에 그 지역 일부분 이상을 발굴하는 것이 불가능하다.

㊒ restraint, confinement, limitation

depict
[dipíkt]

v. 그리다, 묘사하다

Picasso vividly depicted stars shining at night.

피카소는 밤에 빛나는 별을 생생하게 그렸다.

㊒ portray, draw, describe

depressed
[diprést]

① a. 의기소침한, 우울한

The more she thought about it, the more depressed she became.

그녀는 그것에 대해 생각하면 할수록 더 우울해졌다.

유 gloomy, demoralized, downcast

② a. 내려앉은

The face of the animal indeed was flat and broad, the nose depressed, the lips large.

이 짐승의 얼굴은 사실 평평하고 넓었고, 코는 납작하고, 입술은 컸다.

유 concave, low

detect
[ditékt]

v. 발견하다, 간파하다

His political intend behind the plan is more difficult to detect.

계획 이면의 그의 정치적인 의도는 더욱 파악하기 어렵다.

유 observe, find, discover, notice

disorder
[disɔ́ːrdər]

n. 무질서

The party was thrown into complete disorder by the riot.

그 당은 폭동으로 무질서 상태에 빠졌다.

유 confusion, chaos, disorganization
반 order, orderliness

distinction
[distíŋkʃən]

n. 구별, 차이

The new luxury sedan in distinction from the old series is sold a lot to the young customers.

예전 시리즈와는 구별된 새로운 고급 세단은 젊은 고객들에게 많이 팔린다.

유 differentiation, divergence

elementary
[èləméntəri]

a. 기본이 되는

It's about an elementary analysis for space planning in the performance place of play.

그것은 연극 공연장 공간 계획을 위한 기초 분석에 관한 것이다.

유 basic, easy, rudimentary

embed
[imbéd, em-]

v. 깊숙이 박다, 파묻다

The gardener embedded signposts in the earth around each tree.

정원 관리사는 모든 나무 주변의 땅에 푯말을 박아 놓았다.

윤 implant, engraft, fix

entity
[éntəti]

n. 실재, 본체, 자주 독립체

They tend to regard "China" as a separate cultural entity.

그는 중국을 하나의 별개의 문화적 통일체로 간주하는 경향이 있다.

윤 object

escape
[iskéip, es-]

① v. 달아나다, 벗어나다

He was moved to Belfort in the same year, where he was able to escape captivity.

그는 같은 해에 그가 포로를 벗어날 수 있는 곳인 벨포트로 이주했다.

윤 avoid, evade, elude, dodge

② n. 탈출, 도망

He was caught accompanying a group of refugees making an escape attempt.

그는 탈출을 시도하던 피난민들과 함께 붙잡혔다.

윤 flight, freedom

expertise
[èkspərtí:z]

n. 전문 기술

Developing new technologies requires efforts from many people with a variety of skills and expertise.

신기술 개발은 다양한 기술과 전문 지식을 가진 많은 사람들의 노력을 필요로 한다.

윤 skillfulness, expertness, art

extent
[ikstént]

n. 범위, 정도

This company will suffer to some extent from poor sales.

이 회사는 어느 정도 매출 부진을 겪을 것이다.

윤 scope, degree, range, stretch

forge
[fɔ́ːrdʒ]

① v. 만들다, 위조하다

Engagement rings are often forged of gold and silver and encrusted with jewels.
약혼 반지는 보석이 박힌 금이나 은으로 만들어지곤 한다.

유 create, devise

② v. 서서히 나아가다

They were forging ahead with a project to renovate their hospital.
그들은 병원의 개보수를 위한 계획을 차근차근 추진해 나가고 있었다.

유 advance, progress, pass on, move on

means
[míːnz]

n. 방법

He was ready to grasp at any means to defeat his opponents.
그는 적수들을 처부술 어떤 방법도 붙잡으려고 했다.

유 method, way

motif
[moutíːf]

n. (디자인 등의) 기조, 문양

They were sometimes decorated with a sculptured or printed motif such as a cat.
그것들은 때때로 고양이와 같은 문양이 조각되거나 인쇄된 것으로 장식되었다.

유 figure, design, attern

perpetual
[pərpétʃuəl]

a. 끊임없는

There is a perpetual friction between the two states.
두 주 사이에는 마찰이 끊이지 않는다.

유 constant, lasting, uninterrupted

principal
[prínsəpəl]

a. 주요한

The chest muscles and diaphragm is the principal muscles of respiration.
가슴 근육과 횡경막은 호흡에 주요한 근육들이다.

유 chief, main, major, primary, prime, key
반 minor, subordinate, subsidiary

pronounced
[prənáunst]

a. 명백한

Poor figures were particularly pronounced in retail sales, which contracted 3.5 percent on the year.

이런 부진함은 소매 판매에서 특히 두드러져, 전년 대비 3.5퍼센트가 감소했다.

㈜ noticeable, marked

remove
[rimúːv]

v. 제거하다

1 tablespoon of baking soda is said to help remove toxins from the body.

한 큰 스푼의 베이킹 소다는 몸속의 독소를 제거하는 데 도움이 된다고 한다.

㈜ delete, eliminate, erase, withdraw, eradicate

still
[stíl]

① a. 조용한, 정지한

We cannot sit still and wait for the opposition party's participation any longer.

더 이상 야당의 참석을 기다리며 가만히 있을 수는 없다.

㈜ silent, motionless, stationary

② adv. 그럼에도 불구하고

Parents can do everything right for their children, but children still grow up and make their own choices.

부모는 자식을 위해 옳은 일이라면 무엇이든 할 수 있지만, 그래도 자식은 자라면서 스스로의 선택을 합니다.

㈜ nevertheless

stint
[stínt]

v. 절약하다, 바싹 줄이다

Have as much as you want - don't stint yourself.

마음껏 드세요. 절제하지 마시구요.

㈜ save

subsist
[səbsíst]

v. 생존하다

Unable to subsist his army without these supplies, the general abandoned his overland advance.

그의 군대는 이러한 공급이 없으면 생존할 수 없기 때문에, 장군은 육로로의 전진을 포기했다.

유 exist, survive, live

surreal
[sərí:əl, -rí:l]

a. 초현실주의의

The last chapter of the game is a surreal journey through heaven.

그 게임의 마지막 장은 천국으로의 초현실주의적 여행이다.

유 unrealistic, unreal

type
[táip]

n. 종류, 유형

Whatever their type, heroes are brave people who perform extraordinary acts.

그들이 어떤 유형이든, 영웅들은 비범한 일을 해내는 용감한 사람들이다.

유 sort, kind, variety, form

underneath
[ʌ̀ndərní:θ, -ní:ð]

prep. ~의 아래에

The bridge allows boats to pass underneath.

다리는 배가 밑으로 지나가게 되어 있다.

유 under, beneath

vast
[vǽst, vá:st]

a. 광대한

The vast land area of 6,450 hectares consists mostly of agricultural lands.

6,450헥타르의 광대한 지역이 대개 농업 지대로 구성되어 있습니다.

유 immense, huge, enormous, massive, tremendous

Day 15

advent
[ǽdvent, -vənt]

n. 출현, 도래

Since the advent of the computer, man has made it smaller and easier to use.

컴퓨터의 출현 이후, 인간은 그것을 더 작고, 더 쉽게 이용하도록 만들었다.

⑪ arrival, coming, appearance, approach
⑫ departure, disappearance

ancient
[éinʃənt]

a. 고대의

The ancient Greeks loved sports and watching athletes compete in a number of different sports.

고대 그리스인들은 스포츠를 좋아했고 운동 선수들이 여러 가지 다른 스포츠에서 경쟁하는 것을 구경했다.

⑪ earliest, primeval, prehistoric   ⑫ modern

apparent
[əpǽrənt, əpɛ́ər-]

① a. 명백한

Unfortunately, however, we can find sufficient reasons for their apparent retaliation.

하지만 불행히도, 우리는 그들이 명백한 보복을 할 수 밖에 없는 충분한 이유를 찾아볼 수 있다.

⑪ clear, plain, obvious, evident, discernible

② a. 외견상의

Her apparent indifference made him even more nervous.

그녀의 외견상의 무관심이 그를 훨씬 더 초조하게 했다.

⑪ seeming, ostensible, outward, superficial

appreciable
[əprí:ʃiəbl]

a. 감지할 수 있을 정도의, 눈에 띄는

The change of the words has had no appreciable effect.

용어 변경이 눈에 띄는 효과를 가져오지는 못 했다.

⑪ considerable, noticeable

ardent
[á:rdənt]

a. 불타는 듯한, 열렬한

He was an ardent patriot that fought for his land and his country.

그는 그의 땅과 그의 국가를 위해서 싸웠던 열정적 애국자였다.

유 passionate, avid, fervent, eager, enthusiastic

assistance
[əsístəns]

n. 조력, 지원

He believes that schools should be received less assistance.

그는 학교에 대한 지원을 줄여야 한다고 생각한다.

유 aid, assist, help

blot out

phr. 가리다, 지우다

For instance, French fries can be defatted by blotting out the fat with a piece of tissue paper.

예를 들어, 프랑스 식 감자 튀김은 티슈 페이퍼로 기름기를 닦아 냄으로써, 지방질을 제거할 수 있다.

유 cover, hide

bold
[bóuld]

a. 대담한

It's a bold venture starting a new job these days.

요즈음에 새로운 일을 시작하는 것은 대담한 모험이다.

유 daring, courageous, adventurous
반 timid

cause
[kɔ́:z]

v. ~의 원인이 되다, 야기시키다

Heated economy can cause instability in the economy and social problems.

과열 경기는 경제의 불안정과 여러 가지 사회 문제를 초래할 수 있습니다.

유 result in, trigger, produce, bring about, create, induce

characteristic
[kæ̀riktərístik]

① a. 독특한

He caught our eyes with his characteristic hair-style.

그는 독특한 헤어 스타일로 이채를 띠고 있었다.

㈔ typical, distinctive, diagnostic, peculiar

② n. 특징

Such extravagant tastes and habits are characteristic of the Augustan age.

그러한 사치스러운 취미와 습성은 아우구스투스 황제 시대의 특징을 나타낸다.

㈔ feature, element

classify
[klǽsəfài]

v. 분류하다

The biologist classified that big plant as a fruit, not a vegetable.

생물학자는 저 큰 식물을 채소가 아니라 과일로 분류했다.

㈔ categorize, group, arrange, sort, order, class

comparable
[kámpərəbl]

① a. ~와 비교되는

His work is comparable with the very best in modern literacy.

그의 작품은 현대 문학의 최우수작들과 견줄 만하다.

㈔ parallel

② a. 유사한

I'd say New York's weather is more comparable to that of San Francisco.

뉴욕 날씨는 샌프란시스코의 날씨와 비슷합니다.

㈔ same, similar, like

debate
[dibéit]

① v. 논쟁하다

Parliament debated several amendments to the Human Rights Act.

의회는 인권법에 대해 몇 차례 개정을 논의했다.

㈔ discuss, argue, dispute, wrangle, contend

② n. 토론

The debate was about political and security strategies

토론은 정치적 안보 전략에 관한 것이었다.

㈜ discussion, dispute, wrangle, contention

distinct
[distíŋkt]

① a. 별개의

While fashion and hair-styling are interrelated, they are completely distinct fields.

패션과 헤어 스타일링이 서로 관련되어 있지만, 그것들은 완전히 별개의 영역이다.

㈜ different, separate

② a. 뚜렷한

There are distinct differences between the candidates.

그 후보자들 사이에는 뚜렷한 차이가 있다.

㈜ clear, definite

draw
[drɔ́ː]

v. 당기다, 끌다

Men are drawn to women just like iron to magnet.

남자들은 쇠가 자석에 끌리듯 여자들에게 끌리게 된다.

㈜ pull, attract, haul

emit
[imít]

v. 방사하다

The optical instrument emits UV-C rays, which prevent bacteria from reproducing.

이 광학 기기는 UV-C 광선을 방출하여, 박테리아의 번식을 막는다.

㈜ give out, utter, exhale, release

express
[iksprés]

v. 표현하다

He is still unable to express himself in English.

그는 아직도 영어로 의사표현을 하지 못한다.

㈜ communicate, represent, show

harness
[háːrnis]

v. 동력화하다, 이용하다

A solar furnace is a structure used to harness the rays of the sun in order to produce high temperatures.

태양로는 태양광선을 동력화해서 높은 온도를 생산해 내는 데 이용되는 장치이다.

유 utilize

hole
[hóul]

n. 구멍

Traditionally, men dig and prepare the hole, and women prepare the food to go in it.

전통적으로, 남자는 파서 구멍을 준비하고, 여자들은 그 안에 들어갈 음식을 준비한다.

유 opening, aperture, gap, pit, pore

institute
[ínstətjùːt]

v. 세우다, 설립하다

We have decided to institute resting places to meet the needs of our employees.

직원들의 필요를 충족하고자 휴식 공간을 만들기로 결정했습니다.

유 set up, establish, found, start

juncture
[dʒʌ́ŋktʃər]

n. 연결, 접합

He neglected his duty at a critical juncture of Seoul-Washington relations.

그는 한-미 관계의 핵심적인 연결 고리가 되어야 할 본분을 망각했다.

유 junction, connection

obsolete
[ὰbsəlíːt, ⌐⌐⌐]

a. 쓸모없게 된, 안 쓰이는

Advanced technology has resulted in some jobs becoming obsolete.

첨단 기술로 여러 일자리들이 쓸모없게 되었다.

유 noncurrent, unused, out of use

omit
[oumít]

v. 생략하다, 빠뜨리다

If the words were important, it should not have been omitted.

그 단어들이 중요하다면, 생략되어서는 안 된다.

유 leave out, exclude, except, miss, drop

prevail
[privéil]

v. 우세하다, 이기다

The average temperature is 25.1℃, the prevailing wind direction is southeast.

평균 온도는 25.1℃이고, 우세한 바람의 방향은 남동쪽이다.

유 win, triumph, conquer, overcome, rule

procurement
[proukjúərmənt, prə-]

n. 획득, 조달

The Public Procurement Service belongs to the Ministry of Finance and Economy.

조달청은 재정 경제부 산하다.

유 acquisition, obtaining

recede
[risíːd]

v. 물러가다, 멀어지다

The sea gradually receded, and then almost disappeared.

바다는 점차 멀어지더니, 거의 사라졌다.

유 go back, retreat, withdraw, ebb, abate

receptacle
[riséptəkl]

n. 그릇, 용기

Several ducks or chickens may be placed in a receptacle, or a single duck or chicken could be vacuum packed.

오리나 닭 여러 마리를 용기에 담거나, 오리나 닭을 한 마리씩 진공 포장해야 한다.

유 container, reservoir

reluctant
[rilʌ́ktənt]

a. 마음 내키지 않는

Until its safety is confirmed, I will be reluctant to take the medicine.

그 약이 안전하다는 사실이 확인될 때까지, 나는 약을 복용하기를 꺼릴 것 같습니다.

유 unwilling, grudging, loath

result
[rizʌ́lt]

n. 결과

The result of the emergency meeting is that in a relatively short period of time we should develope an oral vaccine that can ward off disease.

그 긴급 회의의 결과는 비교적 짧은 시간에 우리가 질병을 막을 수 있는 경구용 백신을 개발해야 한다는 것이다.

⊕ consequence, outcome, sequence, product
⊖ cause

reveal
[rivíːl]

v. 드러내다

Occasionally the physicists does reveal something illuminating.

때때로 그 물리학자는 무언가 계시적인 면을 드러낸다.

⊕ disclose, expose, uncover, leak, divulge

scent
[sént]

n. 냄새, 향내

Turn on your light bulbs and enjoy the scent of vanilla in your home.

전구를 켜고, 당신 집 안에 있는 바닐라 향을 즐기세요.

⊕ aroma, smell, fragrance, perfume

size
[sáiz]

n. 크기, 사이즈

Brushes differ greatly in terms of size, texture, material, and cost.

빗은 크게 크기, 결, 재료, 가격 면에서 다르다.

⊕ measurement, area, dimension, volume

supervise
[súːpərvàiz]

v. 감독하다

The committee supervises all local and national elections.

그 기관은 모든 지역과 전국 선거들을 관리 감독한다.

⊕ oversee, direct, superintend, manage

trifling
[tráifliŋ]

a. 하찮은

They quarreled among themselves about trifling things.

그들은 하찮은 일들로 저희들끼리 싸웠다.

⊕ worthless, trivial, unimportant

Day 16

account for

① phr. 설명하다

He could not account for the missing papaers.

그는 없어진 서류에 대해 설명하지 못했다.

윤 explain, represent

② phr. 차지하다

Chip exports account for 10% of Korea's total exports.

반도체 수출은 한국 총 수출량의 10%를 차지하고 있습니다.

윤 make up, comprise

alert
[əlɔ́:rt]

① a. 방심하지 않는, 기민한

We must be alert to the possibility of grave danger.

우리는 중대한 위험의 가능성에 주의를 기울여야 한다.

윤 energetic, vigilant, sleepless, fly, wakeful, wide-awake
반 unalert

② v. 경고하다, 경계하다

Hospitals were alerted and staff put on stand-by.

병원들이 경계 태세에 들어갔고 직원들은 대기 상태에 들어갔다.

윤 alarm

alter
[ɔ́:ltər]

v. 변경하다, 바꾸다

We exerted every effort to alter the design of sanctions to minimize those effects.

그 같은 영향을 최소화하기 위해 제재 방법을 바꾸기 위한 최대의 노력을 기울였습니다.

윤 change, modify

capability
[kèipəbíləti]

n. 능력

Numerous youngsters under age 18 have internet capability at home.

18세 이하의 많은 아이들이 집에서 인터넷을 사용할 능력을 지니고 있다.

⊕ ability, flair

⊞ incapability, incapableness

circumstance
[sə́:rkəmstæns]

n. 주위의 사정, 상황

Under those circumstances, he could do anything.

그러한 상황 하에서, 그는 무엇이든 할 수 있었다.

⊕ status, condition, environment

copious
[kóupiəs]

a. 풍부한

A bear consumes copious amounts of food before hibernation.

곰은 겨울잠이 시작되기 전에 충분히 먹어 둡니다.

⊕ abundant, plentiful, ample, profuse, rich, full

cumbersome
[kʌ́mbərsəm]

a. 주체스러운, 방해가 되는

In general, companies with more than 300 employees tend to grow complex, with cumbersome structures.

일반적으로, 종업원 300명 이상 대기업은 거추장스러운 조직 구조 탓에 점점 더 복잡해지는 경향이 있습니다.

⊕ unwieldy, unmanageable, infelicitous

disintegrate
[disíntəgrèit]

v. 붕괴되다, 쇠약하다

The tablecloth was so old that they disintegrated when touched.

그 상보는 너무 오래되어서 손을 대면 부서져 버렸다.

⊕ fall apart, dissolve, crumble

display

[displéi]

① v. 전시하다

Historical galleries display royal relics, as well as old documents.

역사 갤러리에서는 고문서뿐만 아니라 왕족의 유물도 전시한다.

유 show, exhibit, present, arrange

② v. 나타내다, 드러내다

He displayed his potential to everyone.

그는 모두에게 자기의 잠재력을 드러내었다.

유 reveal, disclose, manifest, evince

drive

[dráiv]

v. ~하게 내몰다, 억지로 ~하게 하다

They conspired to drive him away by force.

그들은 그를 무력으로 추방하려고 공모했다.

유 repel, force, compel

enact

[inǽkt, en-]

v. 제정하다

Recently, several states have enacted strict growth-control measures to protect Restricted Development Zone.

최근 몇몇 주에서 개발제한구역을 보호하기 위해 엄격한 성장 제한법을 제정했다.

유 ordain, adopt

expose

[ikspóuz]

v. 드러내다

After being exposed to pollutant, the workers had to go through decontamination.

오염 물질에 노출된 후, 작업자들은 오염 제거 절차를 받아야 했다.

유 unwrap, disclose, reveal, discover
반 cover

far-sighted

[fá:rsáitid]

adj. 선견지명이 있는

A far-sighted company deals with strike in advance of it actually hitting you in the face.

선견 지명이 있는 기업이라면 파업이 코 앞에 현실로 닥치기 전에 조치를 취합니다.

유 wise

hearten
[háːrtn]

v. 기운나게 하다, 용기를 북돋우다

He was hearten**ed** by the good response to his newer poems.

그는 그의 최근의 시들에 대한 반응이 좋아서 기운이 났다.

⊕ encourage, give courage
⊖ dishearten

immoral
[imɔ́ːrəl, imɑ́r-]

a. 부도덕한

Their immoral behavior led to the decadence of the Roman Empire itself.

그 사람들의 부도덕한 행태 때문에 로마 제국은 몰락했다.

⊕ wrong, dishonest, unethical, wicked, evil, degenerate

interrupt
[ìntərʌ́pt]

v. 가로막다, 중단하다

We interrupted our regular programming for this important news flash.

중요한 뉴스 속보를 위해서 정규 프로그램을 중단하였습니다.

⊕ cut in, break in, barge in, intrude, disturb, interfere

kindle
[kíndl]

v. 불붙이다

He used branches to kindle a fire in the stove.

그는 나뭇가지를 써서 난로에 불을 붙였다.

⊕ inflame, light, ignite

magnify
[mǽgnəfài]

v. 확대하다

The lense of this optical instrument magnify small objects and form images on film.

이 광학 기기의 렌즈는 작은 물체를 확대시키고 필름에 이미지를 생성시킨다.

⊕ enlarge, amplify

migrate
[máigreit, -´-]

v. 이주하다

As rural incomes increase, fewer farmers migrate to get a job.

농촌의 소득이 늘어나면서, 직업을 찾기 위해 이주하는 농민의 수가 줄어들고 있습니다.

⊕ emigrate, move, resettle, relocate, go abroad

modify
[mάdəfài]

v. 변경하다, 수정하다

To modify the modified block schedule for all connections, click schedule.

모든 연결의 변형 연계 (수업)일정을 수정하려면, 일정을 클릭하십시오.

â change, alter

needless to say

phr. 말할 나위도 없이, 물론

The court, needless to say, has the final say in constitutional matters.

말할 것도 없이, 헌법과 관련된 사안에 있어서는 헌재가 최종 결정권을 갖는다.

â obviously, undoubtedly

novel
[nάvəl]

a. 새로운, 신기한, 진기한

The novel vaccine has been acclaimed as a miracle drug.

그 새로운 백신은 영약(靈藥)으로 환영을 받았다.

â new, unusual, uncommon, unique, creative, innovative

ponder
[pάndər]

v. 숙고하다

I suggest that you ponder that and reconsider.

나는 당신이 그것을 곰곰이 생각하고, 재고하기를 제안합니다.

â think, consider, reflect, meditate, contemplate

prove
[prú:v]

v. 입증하다

He proved that he was right and his critics had to back down.

그는 자신이 옳았으며 자기를 비난한 사람들은 물러나야 한다는 것을 증명했다.

â demonstrate, verify, validate, authenticate, confirm

rare
[rέər]

a. 드문, 진기한

Freezing temperatures are extremely rare, especially near the ocean.

특히 대양 주변에서 온도가 영하권이 되는 일은 극히 드물다.

â uncommon, infrequent

reckless
[réklis]

a. 무모한

The truck driver was convicted of reckless driving and put on probation for three years.
그 트럭 운전자는 무모한 운전으로 기소되어 3년 간의 집행유예를 선고 받았다.

⊕ rash, careless, imprudent, indiscreet, mindless

save for

phr. ~을 제외하고

We know nothing about her save for her age.
우리는 그녀의 나이 외에 그녀에 대하여 아는 것이 전혀 없다.

⊕ except for

severe
[səvíər]

① a. 엄한, 엄격한

A more severe warning will be given the next time.
다음 번에는 보다 엄중한 경고가 주어진다.

⊕ rigorous, harsh, hard, strict, relentless, merciless

② a. 심한, 맹렬한

This disease usually involve a severe, throbbing pain on one side of the head, plus diarrhea.
이 질병은 흔히 한쪽 머리에 콕콕 쑤시는 듯한 심한 통증이 오면서 설사를 동반합니다.

⊕ extreme, serious, acute, critical, fierce, violent

stagger
[stǽgər]

v. 비틀거리다, 동요하다, 무너지다

I am utterly staggered at the stupidity of the media in reporting this information.
나는 이 정보를 보도하는 미디어의 어리석음에 완전히 놀랐다.

⊕ totter, waver, reel, vacillate

superficial
[sù:pərfíʃəl]

a. 표면(상)의

He claims that a lot of journalism is meretricious and superficial.
그는 많은 언론이 저속하며 피상적이라고 주장한다.

⊕ surface, exterior, outer, outside, outward

thriller

[θrílər]

n. 스릴을 주는 것

The science fiction is a thriller based on a grotesque serial murder case.

그 과학 소설은 엽기적인 연쇄 살인을 소재로 한 스릴러물입니다.

윤 adventure story, heroic tale

timid

[tímid]

a. 소심한

She was fifteen years old at the time and of a timid and melancholy nature.

그녀는 그 당시 15살이었고, 소심하고 우울한 성격이었다.

윤 shy, diffident, bashful, shrinking, coy

utility

[ju:tíləti]

n. 유용(성)

The utility of the first-aid has still to be assessed in a real emergency.

응급 치료의 유용성은 여전히 실제 위급상황 속에서 평가받아야 한다.

윤 usefulness, practicality, service, avail

wary

[wɛ́əri]

a. 조심성 있는, 방심하지 않는

Many businesses have become wary of even remote risks.

다수의 기업이 멀리 있는 위험부담조차도 경계하게 되었다.

윤 careful, cautious, alert, watchful

weariness

[wíərinis]

n. 권태, 피로, 지루함

Jael gave Sisera a drink of milk and he fell asleep from weariness.

자엘은 시세라에게 우유를 마시도록 주었고, 그는 피로로 인해 잠이 들었다.

윤 fatigue, languor

withstand

[wiθstǽnd, wið-]

v. 견디어 내다

This house is so constructed as to withstand natural disasters such as earthquakes as well as nuclear attacks.

이 건물은 핵 공격뿐 아니라 지진과 같은 자연 재해에 버틸 수 있도록 건축되었다.

윤 resist, endure, stand, tolerate

Day 17

ally with

phr. ~와 동맹을 맺다

We were allied with them against the aggressor.
우리는 침략자에 대항하여 그들과 동맹을 맺고 있었다.

유 link to

astonishing
[əstániʃiŋ]

a. 놀라운

Your ignorance about your own religion is quite astonishing.
당신 자신의 종교에 대한 무지는 매우 놀랍습니다.

유 amazing, astounding, surprising, stunning

avenue
[ǽvənjùː]

n. 수단, 방법

We have explored every avenue.
우리는 모든 방법을 살펴보았다.

유 means

cardinal
[káːrdənl]

a. 기본적인, 아주 중요한

Mr. Klaus presented an otherwise principled and courageous defense of cardinal conservative values.
클라우스는 그 밖의 면에서는 원칙에 입각하여 보수주의의 기본적인 가치관을 용감하게 옹호했다.

유 main, fundamental, chief

classic
[klǽsik]

① a. 최고 수준의

She studied about modern classic artists.
그녀는 현대 일류 예술가들에 관해 연구했다.

유 first-rate, excellent, brilliant

② a. 전형적인, 전통적인

Splitting headaches come in two classic
varieties: migraines and cluster headaches.

머리가 깨질듯한 두통은 전형적으로 편두통과 군발성 두통의 두 종류
로 나눌 수 있습니다.

⊕ typical, standard, model, guiding, prototypical

---

course
[kɔ́ːrs]

n. 진행, 전진

The disease ran its expected course.

병은 예상대로 진행되었다.

⊕ progress, progression

---

devoid
[divɔ́id]

a. 결여된

Your poem seems totally devoid of original
thought.

당신의 시는 독창적인 생각이 훨씬 부족합니다.

⊕ lacking, without, wanting

---

dorsal
[dɔ́ːrsəl]

a. 등의, 등 모양의

The body is round and gray with small black
spots on the dorsal side.

몸체는 둥글고 회색이며 등 부분에 검정색 작은 점들이 있다.

⊕ on the back of, relating to the back

---

empty
[émpti]

a. 빈

I noticed the empty bottles on the coffee table
in front of him.

나는 그 앞에 있는 커피 테이블 위에 있는 빈 병들을 알아챘다.

⊕ vacant, bare, free, hollow

---

engaged
[ingéidʒd, en-]

a. 바쁜, 착수하여

He is engaged with many customers.

그는 많은 손님 때문에 많이 바쁘다.

⊕ busy

even
[íːvən]

① a. 평평한, 같은 높이의

The snow was even with the eaves.
눈은 처마까지 닿았다.

⊕ smooth, level, flat, plane

② a. 한결같은

The pulse is nice and even.
맥이 좋고, 고르다.

⊕ equal, the same, constant, similar, comparable

exercise
[éksərsàiz]

v. 행사하다

He did little to exercise oversight.
그는 감독 권한을 거의 행사하지 않았다.

⊕ drill, practice

expect
[ikspékt]

v. 기대하다, 예상하다

We expect the local economy to rebound toward the end of the year.
우리는 연말이 되면 국내 경제가 다시 살아나리라고 예상합니다.

⊕ want, anticipate, predict

expend
[ikspénd]

v. 들이다, 소비하다

We expended a great deal of time and energy in answering the question.
우리는 그 질문에 대답하느라 많은 시간과 정력을 소비했다.

⊕ use, exhaust, spend

extant
[ékstənt, ikstǽnt]

a. 지금도 남아있는

The only extant copies are the 2nd edition of 1828.
유일하게 현존하는 필사본은 1828년 재판본이다.

⊕ living, existing, remaining, surviving
⊞ extinct

extract
[ikstrǽkt, eks-]

v. 뽑다, 뽑아내다

It is the use of oils and extracts from plants to promote relaxation-and a popular way to help reduce a variety of symptoms.

그것은 오일로 사용되며, 기분전환을 증진시키기 위해서 식물에서 추출해낸 것이다. 그리고 여러 가지 증상들을 완화하도록 돕는 인기있는 수단이다.

㊃ pull out, derive, draw out

fluctuate
[flʌ́ktʃuèit]

v. 변동하다

The report noted that oil consumption tends to fluctuate a lot at this time of year.

그 보고서는 기름 소비가 매년 이맘때에는 심한 변동을 보이는 경향이 있음을 나타냈다.

㊃ rise and fall, move, change, shift

heed
[híːd]

① v. 주의하다

She countered that her advice had not been heeded.

그녀는 자기 충고에 주의를 기울이지 않았다고 반박했다.

㊃ regard, pay attention to, notice, be aware

② n. 주의

When you eat dairy products, you must give heed to see if they have passed the expiration date.

당신은 유제품을 먹을 때 그것이 유통기한이 지났는지 주의해서 보아야 한다.

㊃ notice, attention, caution

hold
[hóuld]

① v. 들다, 갖고 있다, 잡다

Hold the camera steady while taking the picture.

사진을 찍는 동안 흔들리지 않게 카메라를 잡으세요.

㊃ grasp, grip

② v. 유지하다

The sweet scent of roses held them spellbound.

장미의 그윽한 향기는 그들을 매료하고 있었다.

유 keep up, retain, detain

③ v. 생각하다

We hold that these truths are self-evident.

우리는 이 진리가 자명한 것이라고 생각한다.

유 believe, think, cherish, propose

lead to

v. 이끌다, 이르게 하다

Stress can lead to obesity, heart attacks, or alcoholism.

스트레스는 비만, 심장 마비 또는 알코올 중독으로 이어질 수 있다.

유 result in, cause to

lure
[lúər]

v. 유혹하다, 유인하다

He lured the child into his house by offering to show her a puppy.

그는 그 아이에게 강아지를 보여준다고 하면서 자신의 집으로 유인했다.

유 attract, draw, entice, tempt

manifest
[mǽnəfèst]

① a. 명백한

His nervousness was manifest to all of us in the way he spoke.

그가 초조해하는 것이 우리 모두에게 그가 말하는 태도에서 분명했다.

유 evident, apparent, clear, perceptible, distinct, patent

② v. 명백하게 하다, 분명히 나타내다

The manager was reluctant to manifest a clear position on the incident.

매니저는 그 사건에 관해 명확한 입장을 표명하기를 꺼려했다.

유 reveal, display, expose

perilous
[pérələs]

a. 위험한

The black marketer says that scalping ticket is perilous but lucrative.

암시장 장사꾼은 암표를 파는 것은 좀 위험하긴 하지만, 아주 짭짤한 장사라고 말합니다.

윤 dangerous, unsafe, risky, hazardous

renowned
[rináund]

a. 유명한, 명성있는

He is renowned for his ability to dig several thousand feet a day.

그는 하루에 몇 천 피트를 파는 그의 능력으로 유명하다.

윤 famous, known, celebrated, eminent

rival
[ráivəl]

v. 경쟁하다

All three girls collaborated and kind of also rivaled each other in composing a symphony.

세 명의 소녀는 교향곡을 작곡하는데 서로 협력했고 또 일종의 경쟁의식을 가졌습니다.

윤 compete, contend, vie

scant
[skǽnt]

a. 부족한

I paid scant attention to what she was saying.

나는 그녀가 말하는 것에 충분한 주의를 기울이지 않았다.

윤 insufficient, deficient, minimal, little, rare

shift
[ʃíft]

v. 바꾸다, 옮기다

Its industrial focus is shifting from manufacturing to service business.

산업의 초점이 제조업에서 서비스업으로 옮겨가고 있다.

윤 move, transfer, switch, replace

strength
[stréŋkθ]

n. 힘, 세기

It is true that men's strong muscles and physical strength had made society largely male-dominated.

남자들이 강한 근육과 체력으로 남성 주도 사회를 이끌어가고 있는 건 사실이다.

윤 power, might, force, vigor

toil
[tɔ́il]

v. 힘써 일하다

He toiled away at his homework all the evening.

그는 저녁 내내 그의 숙제를 열심히 하고 있었습니다.

⊕ strive, work hard, labor

transform
[trænsfɔ́ːrm]

v. 변형시키다

In essence, Moscow seeks to transform Georgia into a satellite state.

한마디로, 모스크바는 그루지야를 위성국가로 변형시키려 한다.

⊕ change, alter, convert

trivial
[tríviəl]

a. 하찮은, 사소한

Disruptive workplace conflicts in the workplace are not a trivial matter.

업무 차질을 일으키는 직장 내 갈등은 사소한 문제가 아니다.

⊕ unimportant, insignificant, frivolous

unique
[juːníːk, ju-]

a. 유일한, 특이한

His unique talent continues to draw critical acclaim for his music.

그의 독특한 재능은 그의 음악에 대한 호평을 계속 이끌어 내고 있다.

⊕ only, exclusive, particular, distinct, unequal

vaguely
[véigli]

adv. 불분명하게, 모호하게

I hinted vaguely that they should take special training in English for overseas assignment.

나는 그들이 해외 근무를 위해서 영어의 특별 훈련을 받아야 한다고 막연히 암시해 줬다.

⊕ ambiguously, unclearly

vary
[véəri]

v. 다르다

Official certification requirements vary from state to state.

공무원 자격 취득 요건은 주마다 다르다.

⊕ differ, be unlike(dissimilar), diverge

Day **18**

a wide range of

phr. 다양한, 광범위한

Pain medication in various forms is sold under a wide range of trade names.

여러 가지 형태의 진통제가 갖가지 상표를 달고 팔린다.

윤 a wide variety of

abundant
[əbʌ́ndənt]

a. 풍부한

Soybean contains abundant protein despite its small size.

콩은 크기는 작지만 풍부한 단백질이 들어 있다.

윤 thick, ample, plentiful, lush, bountiful

afford
[əfɔ́ːrd]

v. 공급하다, 주다

The scholarship afforded her the opportunity to study in the United States.

그 장학금은 그녀가 미국에서 공부할 수 있는 기회를 제공해 주었다.

윤 provide, supply, render, give

announce
[ənáuns]

v. 알리다, 공고하다

The new complex is proud to announce the grand opening of its new store.

새로운 단지는 점포 대 개장을 알려드리게 된 것을 기쁘게 생각합니다.

윤 inform, proclaim, publish, declare

appreciate
[əprí:ʃièit]

① v. 평가하다, 인정하다

While not an admirer of her paintings, he soon came to appreciate its originality.

그는 그녀 작품의 팬은 아니었지만, 곧 작품의 독창성에서 진가를 알게 됐다.

윤 value, review, prize, cherish

② v. 감상하다

The series was started one year ago to cater to those who wanted to appreciate ballet performances.

이 시리즈는 발레 공연의 감상을 원하는 사람들을 위하여 1년 전에 시작되었다.

유 enjoy, relish

arrangement
[əréindʒmənt]

n. 정돈, 배열

The new arrangements proved no more comfortable than the old.

새로운 배치 상태들은 기존의 배치보다 더 편안하지 않은 결로 증명되었다.

유 structure, organization, configuration

cede
[síːd]

v. 양도하다

Texas is not part of the land ceded by treaty.

텍사스는 조약에 의해 양도된 영토의 일부가 아니다.

유 concede, yield, surrender

chart
[tʃάːrt]

v. (자료를) 도표로 만든다

Using these, sociologist are able to chart the history of the house.

이것들을 사용함으로써, 사회학자들은 그 집의 역사를 도표화 할 수 있다.

유 map, graph, plan

collect
[kəlékt]

v. 모으다

She used to go to the official commercial art gallery to collect antiques.

그녀는 골동품을 수집하기 위해 공식 아트 갤러리에 가곤 했다.

유 gather, accumulate, assemble, amass
반 disperse

covet
[kʌ́vit]

v. 몹시 탐내다

It won the coveted, Best Director Award, five awards in all.

이 작품은 모두들 탐내는 최우수 감독상을 비롯하여 모두 5개의 상을 받았습니다.

윤 desire, envy, long for, salivate

desert
[dizə́:rt]

v. 버리다

It was despicable of him to desert his family.

그는 비열하게도 가족을 버렸다.

윤 abandon, forsake

dispose
[dispóuz]

① v. 배치하다

The United States disposed about 37-thousand military personnel in Korea.

미국은 현재 한국에 3만 7천여 명의 미군을 배치하고 있습니다.

윤 arrange, array, order

② v. 처리하다

Most of the downtown stores have fallen down their prices to dispose of winter stock.

대부분의 시내 상가들은 겨울 재고를 처리하려고 가격을 계속 내렸다.

erode
[iróud]

v. 침식하다, 부식되다

The beach has eroded since the Hurricane Ivan.

해변은 허리케인 이반이 지나간 후부터 침식되어 왔다.

윤 wear away, gnaw, eat into

esteem
[istí:m, es-]

v. 존경하다, 중하게 생각하다

The boss esteems academic titles more than real ability.

그 사장은 실력보다는 학력을 중시한다.

윤 respect, regard, revere, value

evidence
[évədəns]

n. 증거, 흔적

Despite this presentation of the evidence, the government persisted in doing nothing.

증거가 이렇게 제시되었음에도 불구하고, 정부는 아무 일도 하지 않았다고 주장했다.

⟐ proof, sign, support, testimony

exceed
[iksíːd]

v. 넘다, 상회하다

The period of engagement must not exceed ninety-five days.

약혼 기간은 95일을 초과하지 말아야 한다.

⟐ transcend, surpass, go beyond

fairly
[fɛ́ərli]

① adv. 공정히

Her disinterest in the case means that she has the ability to judge it fairly.

그녀가 그 사건과 이해 관계가 없다는 것은 곧 그녀가 그것을 공정하게 판단할 수 있는 능력을 가졌음을 의미한다.

⟐ impartially

② adv. 꽤

Close your eyes and ears, and it's fairly difficult to tell who is who.

눈과 귀를 닫으면, 누가 누구인지 구분하는 것은 꽤 어렵습니다.

⟐ reasonable, tolerable, moderately

generate
[dʒénərèit]

v. 일으키다, 발생시키다

Fuel cells generate electricity during a chemical reaction between hydrogen and oxygen.

연료 전지들은 수소와 산소 간에 화학 반응이 일어나면서 전기를 발생시킨다.

⟐ make, produce, create

glossy
[glási, glɔ́ːsi]

a. 광택이 나는

Enamel is applied when hot, and cools to give a hard glossy surface.

에나멜은 뜨거울 때 바르는데, 식으면 딱딱하고 광택이 나는 표면을 이룬다.

⟐ bright, shiny, attractive, glazed

inaccessible
[ìnəksésəbl]

a. 가까이 하기 어려운

It has more than 50 beaches, many of which are still inaccessible by road.

50개 이상의 해변이 있는데, 그것들 중 많은 수가 여전히 육로로 접근이 불가능하다.

유 unreachable, remote, unavailable, unapproachable

innate
[inéit ∸-]

a. 타고난, 선천적인

Cheetahs have an innate sense of direction and can move at full speed even when they can't see.

치타는 타고난 방향 감각을 갖고 있어서, 심지어 보이지 않을 때에도 최고 속력으로 달릴 수 있다.

유 acquired, inborn, natural

invaluable
[invǽljuəbl]

a. 값을 헤아릴 수 없는, 매우 귀중한

She had an invaluable experience as a recruit volunteer for charitable work.

그녀는 자선 사업을 위한 자원 봉사자로서 아주 값진 경험을 했다.

유 priceless, precious, costly

lethal
[líːθəl]

a. 죽음의, 치사의

The disclosures were lethal to his career.

그 폭로는 그의 경력에 치명상을 입혔다.

유 deadly, fatal, baleful

linger
[líŋgər]

① **v.** 남아있다.

Nonetheless, resistance and doubts still linger over the relocation plan.

그럼에도 불구하고, 이전 계획에 대한 반대와 의구심은 여전히 남아있다.

유 remain, stay, tarry

② **v.** (시간을) 하는 일 없이 보내다, 지체하다

She lingered after her friends had left.

그녀는 친구들이 떠난 후에도 떠나지 않고 꾸물거리고 있었다.

유 hang around, lag, delay, loiter

misleading
[mislí:diŋ]

a. 오도하는, 오해시키는

The claim that we behave well because
God tells us to do so is misleading.

신이 우리에게 그렇게 하라고 했기 때문에 잘 처신한다는 주장은
오해의 소지가 있다.

observe
[əbzə́:rv]

① v. 관찰하다

It carried a video camera and observed the
planet regularly.

그것은 비디오 카메라를 장착하고 정기적으로 그 행성를 관찰했다.

⊕ see, notice, note, perceive, discern

② v. 준수하다

Observe the following application
guidelines to minimize skin damage.

피부 손상을 최소한으로 줄이기 위해 다음 지침을 준수하세요.

⊛ obey, adhere to, abide by, follow, comply with

outbreak
[áutbrèik]

① n. 발생, 발발

An outbreak of food poisoning is every
restaurateur's nightmare.

식중독이 발생하는 일은 모든 음식점 주인에게는 악몽과 같은 일
이다.

⊛ epidemic, sudden appearance, start

② n. 폭동

Small cities face less probability of public
outbreaks.

소도시에서는 폭동이 일어날 가능성이 적다.

⊕ eruption, flare-up, upsurge

preoccupied
[pri:ákjupàid]

a. 몰두한

I've been too preoccupied with my work
to even think about leaving the office
early.

나는 업무에 너무 열중해서 일찍 퇴근하는 것은 생각지도 못했다.

⊛ absorbed, engrossed, pensive, absentminded

protrude
[proutrúːd, prə-]

v. 튀어나오다

They are sometimes called veins due to their resemblance to the veins that protrude from beneath the skin.
그것들은 때때로 피부 아래로부터 돌출되는 혈관과 유사하기 때문에 혈관이라고 불리워진다.

유 extend, stick out, stretch out, project

reproduce
[rìːprədjúːs]

① v. 복사하다, 재생하다

The music is reproduced from old songs that are out of copyright.
그 음악은 저작권이 만료된 오래된 노래들을 복사한 것이다.

유 copy, duplicate, repeat, imitate

② v. 생식하다, 번식하다

The small and weak reproduce faster than they die.
작고 약한 것들은 그것들이 죽는 것보다 더 빨리 번식한다.

유 breed, procreate, give birth, multiply

rife with

phr. ~로 가득 찬

His house was rife with cockroaches.
그의 집에는 바퀴벌레가 많았다.

유 full of

stimulus
[stímjuləs]

n. 자극, 격려

Stimulus diffusion refers to an element of one culture leading to an invention in another.
자극 확산은 한 문화의 어떤 요소가 다른 곳의 어떤 발명을 이끌어 내는 것을 말한다.

유 motivation, input, incentive, incitement

sustain
[səstéin]

v. 계속하다, 유지하다

It would be nearly impossible to sustain the benefit level over the long term.
현재의 이익 수준을 장기간 유지하는 것은 거의 불가능할 것이다.

유 continue, keep, support, maintain, uphold, preserve

Day 19

agile
[ǽdʒəl]

a. 기민한, 재빠른

He is an excellent soccer player with agile legs.

그는 민첩한 다리를 가진 훌륭한 축구 선수이다.

⟮유⟯ quick

allocate
[ǽləkèit]

v. 할당하다, 배분하다

The government allocated millions of dollars for flood control.

정부는 홍수 대책을 위하여 수백만 달러를 할당했다.

⟮유⟯ allot, provide, designate, assign, distribute

appealing
[əpíːliŋ]

a. 애원적인, 사람의 마음에 호소하는

The company is appealing to everyone to save energy, especially in the summer.

회사는 모든 사람들에게, 특히 여름에 전력을 아끼라고 호소하고 있다.

⟮유⟯ attractive, desirable, popular, tempting

arise
[əráiz]

v. 일어나다, 생기다

I guess the confusion may arise from this.

내 생각에 혼란이 이것에서 생길지도 모른다.

⟮유⟯ rise, emerge, come out

consume
[kənsúːm]

v. 소비하다, 다 써 버리다

Once we consume all of gasoline, it will take millions of years for more gasoline to form.

휘발유를 모두 써 버린다면, 다시 그것이 만들어지는 데 몇 백만 년이 걸릴 것이다.

⟮유⟯ use up, waste, throw away

convince

[kənvíns]

v. 확신시키다

We are so convinced we're perfect for each other that we've announced plans to marry soon.

우리는 서로가 천생배필이라는 확신이 생겨 곧 결혼하겠다는 발표를 하기에 이르렀습니다.

유 satisfy, persuade, assure

crude

[krú:d]

a. 천연 그대로의

Selling price of crude oil, of course, are out of the government's control.

물론 원유의 판매 가격은 정부의 통제 밖의 영역이다.

유 raw, primitive, rough, tough, native
반 refined

devise

[diváiz]

v. 궁리하다, 고안하다

He has devised a quite simple, but accurate, way of explaining the distinction.

그는 꽤 간단하면서도 정확하게 그 차이점을 설명할 수 있는 방법을 고안했다.

유 contrive, design, develop, create

exhibit

[igzíbit]

v. 전시하다, 나타내다

The botanical garden exhibited domestic plants along with its international ones.

식물원은 국내·외 식물들을 전시했다.

유 display, show, demonstrate

flexible

[fléksəbl]

a. 융통성 있는

A pragmatist is always flexible in dealing with problems.

실용주의자는 문제를 다루는 데 있어서 항상 융통성이 있다.

유 adaptable, adjustable, variable, pliable

forage

[fɔ́:ridʒ, fá-]

v. 찾아다니다, 식량을 징발하다

He foraged among the villages.

그는 여러 마을로 식량을 찾아다녔다.

유 feed, search for food, seek for food

gainful
[géinfəl]

a. 이익이 있는, 벌이가 되는

The Stevens family provided gainful employment for many local men and women for many years.

스티븐 가(家)는 수년 동안 많은 지역 사람들에게 돈벌이가 되는 직업을 제공했다.

⊕ paying, profitable

grasp
[grǽsp, grɑ́:sp]

① v. 붙잡다, 움켜잡다

He was ready to grasp at any means to defeat his opponents.

그는 적수들을 쳐부술 어떤 방법도 붙잡으려고 했다.

⊕ grip, catch, take

② v. 이해하다

It was perceptive of them to grasp our meaning.

우리가 말하고자 하는 점을 파악하다니 그들은 예리했다.

⊕ understand

indispensable
[ìndispénsəbl]

a. 필수의, 없어서는 안 되는

Having a good breakfast is indispensable in cold weather.

추운 날씨에는 든든한 아침 식사가 필수다.

⊕ necessary, essential, requisite, imperative

inspire
[inspáiər]

v. 고무하다, 영감을 주다

The design was inspired by flowers and David Lynch's movies.

그 디자인은 꽃과 데이비드 린치의 영화에 의해 영감을 받았다.

⊕ stimulate, motivate, encourage, influence, animate

instantaneous
[ìnstəntéiniəs]

a. 즉시의, 순간의

The effect on production was instantaneous and dramatic.

생산에 미치는 효과는 순간적이고 극적이었다.

⊕ immediate, instant, fast

intact
[intǽkt]

a. 손상되지 않은, 그대로인

The street pattern remains intact, but areas where houses once stood have been fenced off.

거리 패턴은 그대로 유지되지만, 일전에 집들이 있었던 지역들은 울타리가 쳐졌다.

유 complete, unaffected, unchanged, undamaged

intensify
[inténsəfài]

v. 세게 하다, 강화하다

The terrorists have intensified their bombing campaign.

테러리스트들은 그들의 폭탄 유세를 강화했다.

유 fortify, heighten, strengthen, reinforce

link
[líŋk]

v. 연결되다, 이어지다

With the completion of the tunnel, the country was linked to the neighboring country.

터널의 완공으로 그 나라는 이웃 나라와 연결되었다.

유 join, connect, collaborate, put together, unite
반 detach, separate

maximum
[mǽksəməm]

n. 최대, 최대량

The government also set maximum limits for lead in fish and shellfish and cadmium in rice.

정부는 또한 어패류의 납 성분과 쌀의 카드뮴 최대 한계치를 설정했습니다.

유 utmost, great quantity, peak
반 minimum

minute
[mainjúːt, mi-]

a. 미세한, 상세한

The system uses special substances that generate minute electric currents when pressure is applied.

이 시스템은 압력을 받으면 미세한 전류를 발산하는 특수한 물질을 사용한다.

유 tiny, small, miniature

notable
[nóutəbl]

① a. 주목할 만한

One notable difference, the mood of this year is hopeful.

한 가지 주목할 만한 차이점이 있다면 올해 분위기는 희망이 넘친다는 것입니다.

유 remarkable, outstanding, important, significant

② a. 유명한

Many notable churches and temples were ruined.

많은 유명한 교회와 절들이 파괴되었다.

유 distinguished, eminent, prominent, famous

ornament
[ɔ́ːrnəmənt]

v. 장식하다

The wall is ornamented with graffiti arts.

벽은 낙서 예술로 장식되어 있다.

유 decorate, adorn, grace

predicament
[pridíkəmənt]

n. 곤경, 궁지

I'm afraid we're in a bit of a predicament.

우리가 약간 곤경에 처한 것 같다.

유 plight, crisis, dilemma, trouble

profuse
[prəfjúːs]

a. 풍부한

She suffered from terrible infections for some time, and profuse bleeding.

그녀는 상당기간 끔찍한 전염병을 겪었고, 많은 출혈이 있었다.

유 abundant, plentiful, lavish, copious

prone
[próun]

a. 경향이 있는

People who become addicted are prone to violence, even when they are not drunken.

술에 중독된 이들은 술을 마시고 있지 않을 때조차도 폭력적인 성향을 보입니다.

유 incline, tending, susceptible, unerect

proximity

[praksíməti]

n. 근접, 접근

A new hotel will be built in the proximity of the airport.

공항 부근에 새로운 호텔이 세워지게 될 것이다.

윤 vicinity, closeness, nearness, locality

rather

[ráeðər, rάːð-]

adv. 어느 정도, 다소

The new sculpture is rather staid-looking.

그 새 조각품은 약간 차분한 느낌을 준다.

윤 fairly, somewhat,

realm

[rélm]

n. 범위, 영역

We'll begin with you, because you have some experience in this realm.

우리는 당신과 함께 시작할 것입니다. 왜냐하면 당신은 이 영역에 어느 정도 경험이 있기 때문이죠.

윤 world, field, area, domain, field, region

reinforce

[rì:infɔ́:rs]

v. 강화하다

Getting a sound sleep might help to reinforce what you have learned.

숙면을 하면 여러분의 학습 효과를 극대화하는 데 도움이 될 수도 있습니다.

윤 strengthen, fortify, support, energize

segment

[ségmənt]

n. 단편, 조각, 부분

If you can picture a bed, we would be replacing only a segment of the frame.

침대를 생각해본다면 우리는 프레임의 한 부분만을 교체할 것입니다.

윤 section, part, portion, division, component

speculative
[spékjulèitiv, -lət-]

① a. 사색적인

Possessed of speculative minds, and interested in their environment, the ancient Greeks were keenly interested in science.

사색적이며, 주위 환경에 관심을 두었던 고대 그리스인들은 과학에 아주 관심이 많았다.

⟲ thoughtful, reflective, meditative

② a. 이론적인

An exact date for the appearance of Homo sapiens remains speculative.

호모 사피엔스가 출현한 정확한 연대는 아직도 이론적인 생각으로 남아있다.

⟲ theoretical, abstract

tend
[ténd]

① v. 경향이 있다

People with charisma tend to lead successful lives.

카리스마가 있는 사람들이 성공적인 삶을 이끄는 경향이 있다.

⟲ be likely

② v. 돌보다

Please tend on my children while I am out.

제가 외출하는 동안 내 아이들을 좀 돌봐 주세요.

⟲ care for, look after, take care of

uniform
[júːnəfɔ̀ːrm]

a. 한결같은, 일정한, 균일한

His work is to create a uniform invoicing process for all the different teams.

그의 업무는 다른 모든 팀들이 함께 쓸 수 있는 균일한 송장 작성 방법을 고안해 내는 것이다.

⟲ consistent, even, unchanging, stable

Part 02

출제 빈도 2순위
어휘 익히기

Day 20 ~ Day 50

blossom
[blásəm]

v. 번영하다, 발전하다

He blossomed out into a famous statesman.

그는 자라서 유명한 정치가가 됐다.

유 flourish, boom, succeed, prosper

chronically
[kránikəli]

adv. 끊임없이, 만성적으로

Many of the "chronically sleepy" people most susceptible to dozing at the wheel suffer from insomnia.

운전대를 잡고 가장 졸기 쉬운 '만성적으로 조는' 사람들의 많은 수는 불면증으로 고생한다.

유 persistently, constantly, permanently

clean
[klí:n]

① a. 청결한, 깨끗한

Commodes and washstands clean and in good repair.

변기와 세면대를 항상 깨끗이 하고 유지 보수한다.

유 pure, sterile, spotless

② a. 위생적인

Bathe the wound and apply a clean dressing.

상처부위를 닦고 위생 붕대를 대세요.

유 hygienic

clue
[klú:]

n. 실마리

Forensic scientists collect some wreckage for clues about the exact cause of the explosion.

법의학자들이 정확한 폭발 원인에 대한 실마리를 찾기 위해 잔해를 모으고 있다.

유 hint, indication, information

confident
[kánfədənt]

a. 확신하고 있는

We are confident in principles that everyone should be treated fairly.

우리는 모든 사람이 공평하게 대우받아야 한다는 원칙들을 확신하고 있습니다.

유 assured, secure, self-confident　반 diffident

constant
[kánstənt]

a. 불변의, 일정한

The relatively constant temperature of groundwater can also be used for heat pumps.

지하수의 비교적 일정한 온도는 또한 열펌프에 사용될 수 있다.

유 stable, continuous, steady, unceasing, uniform

continuous
[kəntínjuəs]

a. 끊임없는

Schools and hospitals need a continuous supply of electricity.

학교와 병원에는 계속해서 전기가 공급되어야 한다.

유 constant, continual, unbroken, uninterrupted, incessant

costly
[kɔ́ːstli, kást-]

a. 값비싼

No matter the outcome, this case will be costly.

재판 결과와 관계없이 이번 소송은 많은 비용이 들 것입니다.

유 expensive, precious, invaluable

decline
[dikláin]

① a. 거절하다

She apologizes and asks Nick out for a drink but he politely declines.

그녀는 사과를 하고 닉에게 차를 마시러 나가자고 하지만, 그는 정중하게 거절한다.

유 reject, refuse, dismiss

② a. 쇠퇴하다, 감소하다

The industry has declined because of a lack of new investment.

그 산업은 새로운 투자의 부족 때문에 쇠퇴하고 있다.

유 fall, decrease, weaken, fail, degenerate, deteriorate

divert
[divə́:rt, dai-]

v. 전환하다, 다른 데로 돌리다

Other solutions to the debt are also proposed but nothing is resolved and the conversation is diverted to other topics.

빚에 대한 다른 해결책들은 또한 제안되었지만, 어떠한 것도 해결되지 못했고, 대화는 다른 주제로 전환되었다.

유 distract, deviate, redirect, reroute

feasible
[fíːzəbl]

a. 실행할 수 있는, 가능한

It is no longer feasible for one country to dominate the world.

한 국가가 세계를 지배하는 것은 이제 더 이상 실행가능하지 않다.

유 practicable, available, achievable, possible,
반 impractical, impossible

hence
[héns]

adv. 그러므로, 따라서

Hence, if a national holiday falls on Sunday, the vacation day is unchanged.

따라서, 공휴일이 일요일과 겹칠 경우 휴일에는 변함이 없습니다.

유 therefore, consequently, for that reason

ignite
[ignáit]

v. 불을 붙이다

The spark to ignite interest in ski-jumping event must come from the Olympics.

스키 점프 경기 대한 관심을 점화시킬 불꽃은 분명 올림픽에서 나올 것이다.

유 catch fire, erupt, set on fire
반 extinguish

impose
[impóuz]

v. 지우다, 강요하다

The original creator of it has to impose different forms on the franchises.

이 사업의 창안자는 가맹점들이 다른 형태를 취하도록 했다.

유 lay, enforce, inflict

inconceivable
[ìnkənsíːvəbl]

a. 상상할 수도 없는

It was inconceivable to me that he could have done that.

그가 그것을 할 수 있었다는 것은 나로서는 상상할 수도 없었다.

윤 unthinkable, unimaginable, incredible

infrastructure
[ínfrəstrʌ̀ktʃər]

n. 하부 조직, 기본적 시설

The problem is a lack of transportation infrastructure so people have no choice but to drive.

문제는 제반 교통시설의 부족으로 인해, 사람들이 운전을 할 수 밖에 없다는 것이다.

윤 foundation, structure, basis

innovate
[ínəvèit]

v. 혁신하다, 쇄신하다

If we don't innovate, we'll loose our edge.

우리가 혁신하지 않으면, 우위를 빼앗기고 말 것입니다.

윤 change, invent, pioneer

launch
[lɔ́ːntʃ, láːntʃ]

① v. 진수시키다

The Navy is to launch a new warship today.

해군은 새 군함을 오늘 진수시킨다.

윤 float, set afloat

② v. 착수하다, 시작하다

They launched a drive to raise funds for charity.

그들은 자선 기금의 모금 운동을 시작했다.

윤 begin, start, commence, initiate, establish

luxuriant
[lʌgzúəriənt, lʌkʃúər-]

a. 무성한

The stretch of tropical forest was once covered with luxuriant plants, but is now bare.

넓게 펼쳐진 열대림은 한때 풍부한 나무들로 덮여 있었으나, 이제는 헐벗었다.

윤 abundant, profuse, dense, thick 반 barren

mandatory
[mǽndətɔ̀ːri]

a. 강제의, 의무의, 필수의

Attendance at the lecture is no longer mandatory for students.

그 강연에 참석하는 것이 학생들에게 더 이상 필수가 아니다.

⟐ obligatory, essential, required

match
[mǽtʃ]

v. ~에 필적하다

No one can match him in speed and agility.

속도와 민첩성에 있어 그에 필적하는 사람은 없다.

⟐ equal, fit, correspond

occasional
[əkéiʒənl]

a. 이따금씩의

Snakes mostly eat live animals and the occasional dead animals.

뱀은 대개는 산 동물을 잡아먹지만 간혹 죽은 동물도 먹는다.

⟐ infrequent, incidental, irregular, sporadic

ready
[rédi]

① a. 준비가 된

The soldiers were ready to defend his country against their enemy.

병사들은 그들의 적으로부터 나라를 방어할 준비가 되어 있었다.

⟐ prepared, equipped, organized

② a. 기꺼이 ~하려는, 각오가 되어 있는

The woman says she's ready to be the surrogate mother to that clone.

그 여성은 복제로 태어날 아이의 대리모가 될 각오가 돼 있다고 말합니다.

⟐ willing, agreeable, eager

recurring
[rikə́ːriŋ, -kʌ́r-]

a. 되풀이하여 발생하는

For some people who suffer from recurring stomachaches, the culprit could be the sandwich in their lunch bags.

계속 재발되는 복통으로 고통당하는 이들의 경우, 주원인은 어쩌면 점심도시락으로 싸온 샌드위치일지도 모릅니다.

⟐ continual, recurrent

relatively
[rélətivli]

adv. 상대적으로

It is a paradox that the Chinese eat so much rich food and yet have a relatively low rate of fatness.

중국인들이 기름진 음식을 그렇게 많이 먹으면서도 상대적으로 비만율이 낮다는 것은 역설이다.

유 rather, reasonably, comparatively

replica
[réplikə]

n. 복사품, 모조품

The statue is an exact replica of one that exists in England.

그 상은 영국에 존재하는 것의 완전한 복제품입니다.

유 reproduction, copy, duplicate

sparsely
[spá:rsli]

adv. 희박하게, 간혹

The place is sparsely dotted with military bases and training areas.

거기에는 군기지와 훈련 지역들이 간혹 가다 하나 둘 있다.

유 lightly, thinly

status
[stéitəs, stǽt-]

n. 지위

The status of women was seen as eternally fixed.

여성의 지위는 영원히 고정적인 것으로 보였다.

유 rank, grade, position, standing

staunch
[stɔ́:ntʃ, stá:ntʃ]

a. 견고한, 튼튼한

He was a staunch advocate of sign language.

그는 수화의 열렬한 지지자였다.

유 firm, strong, unwavering, constant

taboo
[təbú:, tæ-]

n. 금기

The taboo against lying in science is severe.

과학계에서 거짓말에 대한 금기는 매우 강하다.

유 prohibition, inhibition

thereby

[ðɛərbái, ⌐⌐⌐]

adv. 그것에 의하여, 그 때문에

Most households own a few goats and cattle and thereby hangs a tale.

대부분의 가구들은 몇 마리의 염소와 소를 소유하고 있었는데, 거기에는 까닭이 있었다.

⟁ by the means, in this way

torrential

[tɔːrénʃəl, tə-]

a. 심한, 맹렬한

The torrential rain was accompanied by thunder and lightning and many houses were inches deep in water.

호우는 천둥과 번개를 동반하였고, 많은 집들이 몇 인치씩 물에 잠겼다.

⟁ abundant, wild, violent, uncontrolled

transplant

[trænsplǽnt, -plάːnt]

v. 이식하다

Some researchers hope that hearts and other organs could be transplanted from pigs to humans.

일부 연구원들은 심장과 다른 기관들이 돼지에서 인간들로 이식될 수 있기를 희망한다.

⟁ displace, remove, shift, transfer

vigorous

[vígərəs]

a. 정력적인, 원기 왕성한, 열띤

A baby born today can reasonably expect to be vigorous well into his 90s.

오늘날 아이가 태어났을 때 그 아이가 90대가 되어서 까지도 정력 왕성할 것을 기대하는 것은 전혀 이상할 것이 없다.

⟁ strong, energetic, robust

wane

[wéin]

v. 작아지다, 쇠약해지다

The power of the Europe waned during this period.

이 시기에 유럽의 세력이 약해졌다.

⟁ decrease, decline, diminish, fade away

accurate
[ǽkjurət]

a. 정확한

The maps in the book were highly accurate and covered a region more than half the size of Asia.

책에 나와 있는 지도들은 아주 정확하고 아시아 크기의 절반보다도 더 넓은 지역을 포함하고 있다.

유 correct, exact, precise, right

arid
[ǽrid]

a. 건조한, 메마른

The breed is well adapted to survive in the arid extensive regions of South Africa.

그 품종은 남아프리카 넓은 건조 지대에서 살아가기 위해 잘 적응한다.

유 barren, dry, dull

boundary
[báundəri]

n. 경계(선)

The Ural mountains of Russia mark the boundary between Europe and Asia.

러시아의 우랄 산맥은 유럽과 아시아의 경계를 이룬다.

유 edge, dividing line, border, limit

chisel
[tʃízəl]

v. 끌로 파다[새기다], 조각하다

The sculptor chiselled the lump of marble into a fine column.

그 조각가는 대리석 덩이를 쪼아서 멋진 기둥을 만들었다.

유 carve, chip at, engrave .

claim
[kléim]

v. 요구하다

The bank is not entitled to claim for depreciation of its assets.

그 은행은 자체 자산의 평가 절하를 요구할 자격이 없다.

유 demand, call for, declare, request

collide

[kəláid]

v. 충돌하다

The first scene in the movie, the planes collided together with a loud noise in midair.

영화의 첫 장면에서 그 비행기들은 엄청난 굉음을 내며 공중에서 서로 충돌했다.

🌿 crash, bump into, smash, bang

configuration

[kənfɪgjuréiʃən]

n. 배치, 구성

Additional information regarding the system configuration would be very helpful.

시스템 구성에 관한 추가적인 정보는 매우 도움이 될 것입니다.

🌿 agreement, form, constellation

consequently

[kánsəkwèntli, -kwənt-]

adv. 그 결과, 따라서

Consequently, nearly half the nation's workers are contract and temporary employees.

그 결과, 국내 근로자의 절반 가까이를 계약직이나 임시직이 차지하게되었다.

🌿 as a result, therefore, successively, accordingly

dramatic

[drəmǽtik]

a. 극적인

These dramatic events were reported by many newspapers, and he became nationally famous.

이 극적인 사건들은 많은 신문들을 통해 보도되었고, 그는 국가적으로 유명해졌다.

🌿 drastical, impressive, striking, spectacular

eclectic

[ikléktik, ek-]

a. 취사선택하는, 절충적인

She has eclectic tastes in collecting stamps.

그녀는 우표를 모으는 데에 있어 한쪽으로 치우치지 않는다.

🌿 selective, discriminating, particular

endeavor

[indévər, en-]

v. 노력하다

Lyric poetry is a genre that, contrary to epic poetry, does not endeavor to give a story.

서정시는 서사시와는 반대로, 이야기를 하려고 노력하지 않는다.

⽷ try, attempt, strive, aspire, struggle

entice

[intáis, en-]

v. 꾀다, 유혹하다

To entice more customers, they decided to offer discout coupons on Saturdays.

더 많은 손님을 유치하기 위해서, 그들은 토요일에는 할인권을 발급하기로 결정했다.

⽷ lure, allure, tempt, seduce

false

[fɔ́:ls]

a. 그릇된, 잘못된

The theory is wrong in so much that it is based on false premises.

잘못된 전제에 입각하고 있다는 점에서 그 이론은 틀렸다.

⽷ hollow, erroneous, insincere ⽵ true

fashionable

[fǽʃənəbl]

a. 최신 유행의

These days sneakers are more fashionable than heels.

요즈음엔 운동화가 하이힐보다 더 유행이다.

⽷ stylish, in fashion, popular, widespread, chic

imitate

[ímətèit]

v. 모방하다

Sometimes chimps can learn to use toilets if you let them watch and imitate you.

때로 침팬지들은 당신이 그들에게 관찰하고, 모방하도록 한다면 화장실을 사용하는 방법을 배울 수 있다.

⽷ copy, follow, mimic, parody, mock

in opposition to

phr. ~에 반대하여

We found ourselves in opposition to several colleagues on the new company policy.

우리는 새로운 회사 규칙에 대해 몇몇 동료들과 반대됨을 발견했다.

⽷ counter to, against, contrary to

irresistible
[ìrizístəbl]

a. 저항할 수 없는, 사랑스러운

On such a hot day, the sea was irresistible.
그처럼 뜨거운 날에, 바다는 못 견디게 매혹적이었다.

윤 overwhelming, overpowering, attractive, fascinating

make
[méik]

v. 만들다, 짓다

Politics make strange bedfellows.
정치판은 뜻밖의 동반자들을 만들어내기도 한다.

윤 create, produce, build, generate, form

mirror
[mírər]

v. 반영하다, 비추다

The trees were mirrored in the still water of the lake.
호수의 잔잔한 물속에 나무들의 모습이 비춰져 있었다.

윤 reflect, echo

modest
[mádist]

① a. 겸손한

She was modest about her achievements.
그녀는 자신의 업적에 대해 겸손했다.

윤 humble, unpretentious, unassuming

② a. 적당한

We hoped to save enough money to buy a modest car in one year.
우리는 1년 후면 적당한 차를 살 돈을 모으기로 했다.

윤 moderate, fair, tolerable, adequate

moist
[mɔ́ist]

a. 축축한

The musician constantly blows warm moist air through the instrument's valve.
그 음악가는 계속적으로 그 악기의 피스톤에 따뜻한 축축한 공기를 불어댔다.

윤 wet, damp, humid

ooze
[úːz]

v. 스며나오다, 새어나오다

Blood is still oozing from the wound in her neck.
아직도 그녀의 목에 있는 상처에서 피가 스며나오고 있었다.

윤 seep, flow, course

paradox
[pǽrədàks]

n. 역설, 패러독스

It's a complicated system that reflects the country's paradoxes.

그것은 그 나라의 역설들을 반영한 복잡한 시스템입니다.

유 contradiction, inconsistency, absurdity, anomaly

potential
[pəténʃəl]

① a. 가능한

If you don't invest in these shares, you're saying no to a potential fortune.

만약 당신이 이 주식에 투자하지 않는다면, 거금을 벌어들일 기회를 놓치는 셈이 된다.

유 possible, probable, likely

② a. 잠재하는

At doses of 1,000mg or more, pyridoxine poses several potential hazards.

피리독신의 1,000mg 혹은 그 이상의 복용량은 몇몇의 잠재적 위험을 보유하고 있다.

유 latent, dormant, inherent, developing

preclude
[priklú:d]

v. 일어나지 않게 하다, 방해하다

That case will preclude our having to do it again.

그 사건 때문에 우리가 그것을 다시 하지 못하게 될 것이다.

유 prevent, forestall, forbid, rule out

prolong
[prəlɔ́:ŋ, -láŋ]

v. 늘이다, 연장하다

Using the airtight container began as a method of prolonging the life of food.

음식의 저장 기간을 연장하는 방법으로 밀폐 용기를 사용하기 시작했다.

유 extend, draw out, protract

shock
[ʃák]

v. 충격을 주다, 놀라게 하다

The chairman shocked his employees by giving them a $1,000 year-end bonus.

회장은 연말 특별 상여금으로 1,000달러를 지급해 직원들을 놀라게 했다.

유 jolt, horrify, startle, disgust

sink
[síŋk]

v. 가라앉다, 내려앉다

If you throw a stone into water, it sinks.
돌을 물 속에 던지면, 가라앉는다.

⑪ go under, descend, submerge, founder, capsize

stimulate
[stímjulèit]

v. 자극하다

Lower oil prices are expected to stimulate demand.
유가 하락은 수요를 자극할 것으로 예상된다.

⑪ arouse, cause, activate, encourage, spur

subsistence
[səbsístəns]

n. 생존, 존재

He was reduced to subsistence on bread and water.
그는 빵과 물로 연명하는 지경에 이르렀다.

⑪ survival

surmise
[sərmáiz, sə́:rmàiz]

v. 짐작하다, 추측하다

From the looks on their faces, I surmised that they had had an argument.
그들의 얼굴 표정에서, 나는 그들이 논쟁을 했었다고 짐작했다.

⑪ guess, suspect, speculate

toxic
[táksik]

a. 유독한

The river has been polluted with toxic waste from local factories.
하천은 지역 공장에서 나온 유독성 폐기물로 오염되었습니다.

⑪ poisonous, venomous, virulent, noxious
⑫ non-toxic, harmless, safe

traverse
[trǽvə:rs, trəvə́:rs]

v. 가로지르다

The wolf has only 30 seconds to traverse the tunnel and reach the quarry.
그 늑대는 터널을 가로질러서 먹잇감에 이르기까지 30초면 된다.

⑪ pass, go through, go across

unlawful

[ʌnlɔ́ːfəl]

a. 불법의, 비합법법적인

The judge gave her charge to the jury to deliver a verdict of unlawful killing.

판사가 배심원들에게 불법적 도살에 대한 평결을 발표하라고 지시했다.

유 illegal, irregular, illegitimate, lawless
반 lawful

unquestionable

[ʌnkwéstʃənəbl]

a. 의심할 나위 없는, 확실한

It's unquestionable that music phones are increasingly becoming attractive to consumers.

음악 전화기가 소비자에게 갈수록 매력적이라는 것은 의문의 여지가 없다.

유 undoubted, absolute, acceptable, definite

vile

[váil]

a. 비열한

It was vile of them to issue such a political statement.

그런 정치적 성명을 발표하다니 그들은 비열했다.

유 evil, unwholesome, mean

yield

[jíːld]

① v. 산출하다

The refinement of morphine yields other drugs, such as heroin .

모르핀을 정제하면 헤로인과 같은 다른 마약도 생겨난다.

유 produce, bear, give, supply, provide

② v. 굴복하다

Placed in a difficult position, the government was forced to yield.

어려운 위치에 놓여서, 정부는 항복해야 했다.

유 give in, submit, surrender, turn over, forgo
반 resist, withstand, defy

Day 22

acquire
[əkwáiər]

v. 취득하다, 얻다

Abstract art is an acquired taste.
추상 예술은 후천적으로 얻게 되는 취향이다.

유 obtain, gain, get, procure, earn

antithesis
[æntíθəsis]

n. 대조, 정반대

The style of his singing was in complete antithesis to the previous one.
그의 노래 부르는 스타일은 그 전 것과 완전 반대였다.

유 opposition, contrary, converse

astute
[əstjúːt, æs-]

a. 기민한, 눈치 빠른

She made the astute observation that the whole matter had been concealed.
그녀는 모든 것이 은폐되어 왔다는 예리한 의견을 내놓았다.

유 clever, shrewd, sagacious

complex
[kəmpléks,
kámpleks]

① a. 복잡한

These data will contribute to our understanding of the complex network.
이러한 자료는 복잡한 조직을 이해하는 데 기여할 것이다.

유 complicated, elaborate, involved, intricate
반 simple, easy

② n. 복합 건물, 집합체

All households in this rental apartment complex are networked with each other.
이 임대 아파트 단지의 모든 가구가 인터넷으로 상호 연결되어 있습니다.

유 group of building

composition
[kàmpəzíʃən]

n. 구성, 합성

The overall composition of this work is good but some of the detail is distracting.

그 작품의 전반적인 구성은 좋으나 세부적인 데 몇 군데가 산만하다.

윤 design, mix, mixture, makeup

contemplate
[kántəmplèit]

v. 심사숙고하다

The manager contemplated the results of the conference for hours.

이사는 몇 시간동안 그 회담의 결과를 심사숙고했다.

윤 consider, view

convert
[kənvə́:rt]

v. 변하게 하다, 전환하다

Japan has converted world-class technology into financial might.

일본은 세계 수준의 기술력을 금융력으로 전환시켰다.

윤 change, alter, transform

diligently
[dílədʒəntli]

adv. 부지런히, 애써

The bank clerk completed his work very diligently.

은행원은 부지런히 그의 일을 끝마쳤다.

윤 earnestly, carefully, laborious

distribute
[distríbju:t]

v. 분배하다

The booths were set up to distribute free gifts and pamphlets to the event attendees.

행사 참가자들에게 경품과 팜플렛을 나누어 주기 위해 부스들이 설치되었다.

윤 circulate, spread, supply, scatter 반 gather

dominant
[dámənənt]

a. 지배적인

He is dominant in his relationship with his wife.

그는 부인과의 관계에서 지배하는 쪽이다.

윤 leading, prevailing, main, prevalent

drawback
[drɔ́ːbæ̀k]

n. 약점, 장애

With all her drawbacks, everyone loves her.

그녀는 여러 결점이 있음에도 불구하고, 모든 사람들이 그녀를 좋아한다.

유 disadvantage, difficulty, flaw, handicap
반 advantage, benefit

encapsulate
[inkǽpsjulèit, en-]

v. 요약하다

The professor at the seminar encapsulated his main thoughts first, then gave details.

세미나에서 그 교수는 먼저 자신의 중심 생각을 요약하고 나서 자세한 설명을 했다.

유 state briefly, summarize, condense

encroachment
[inkróutʃmənt, en-]

n. 침략, 침해

We must defend private rights against encroachment by government.

우리는 정부의 침해에 대항해 사권(私權)들을 수호해야 한다.

유 invasion, intrusion

exceptional
[iksépʃənl]

a. 예외적인

There's a special cushioning system to absorb exceptional shock.

예외적인 충격을 흡수할 특수 쿠션 시스템이 있습니다.

유 uncommon, unusual, abnormal, extraordinary, special
반 usual, normal, average

facilitate
[fəsílətèit]

v. 용이하게 하다

Their help will facilitate our finishing the job on time.

그들의 도움이 우리가 일을 제 시간에 끝내는 걸 용이하게 해줄 것이다.

유 ease, smooth, assist, make more easier/available
반 hinder, avoid, obstruct

fertile
[fə́ːrtl]

a. 기름진, 비옥한

The region had a good climate, with abundance of water and fertile soils.

이 지역은 좋은 기후와, 풍부한 물, 그리고 비옥한 땅을 지니고 있다.

유 bountiful, fruitful, rich, productive
반 infertile, barren

immense
[iméns]

a. 거대한, 막대한

The attack killed at least 254 people and caused immense damage to the town.

그 공격은 최소한 254명의 사람들을 죽였고, 그 마을에 막대한 피해를 끼쳤다.

유 huge, great, enormous, large

impermeable
[impə́ːrmiəbl]

a. 스며들지 않는, 불침투성의

This coat made from an impermeable material, to keep dry during rain.

이 코트는 스며들지 않는 소재로 만들어져서, 비가 올 때 건조하게 유지시켜 준다.

유 impenetrable, water-resistant, retentive

implement
[ímpləmənt]

n. 도구, 기구

Man's earliest implements were carved from stone and bone.

인간의 최초의 도구는 돌과 뼈를 깎아 만들었다.

유 machinery, appliance, instrument

induce
[indjúːs]

① v. 권유하다, 설득하여 ~시키다

Nothing would induce me to take the job.

어떠한 권유가 있더라도 나는 그 직업을 갖지 않을 것이다.

유 persuade, draw, convince, prevail

② v. 야기하다

Excessive consumption of yogurt drinks can induce liver diarrhea.

과다하게 유산균 음료를 마시면 설사를 유발할 수 있습니다.

유 cause, bring about, generate

intrigue

[intríːg, ←-]

① v. 음모를 꾸미다

Some of the members had been intriguing to get the secretary dismissed.

회원들 중의 몇몇이 그 비서가 해임되도록 음모를 꾸미고 있었다.

유 plot, conspire

② v. 호기심을 끌다

Reflections of the book's complicated history intrigue readers, too.

그 책의 복잡한 역사를 보여주는 것들이 또한 방문자들의 관심을 끕니다.

유 fascinate, attract, interest

loop

[lúːp]

v. 묶다, 고리로 매다

They looped the rope round the post.

그들은 밧줄을 말뚝에다 고리 모양으로 묶었다.

유 coil, cringle, iteration

obscure

[əbskjúər]

a. 분명치 않은

The origins of the ceremony, which takes place on the last Sunday in February, remain obscure.

2월의 지난 일요일에 있었던 그 의식의 기원은 분명하지 않게 남아있다.

유 vague, invisible, unclear, faint, dim

play

[pléi]

v. 해내다, 수행하다

Though hard at first, he will eventually play its part on the international stage.

비록 처음에 힘들어 해도, 그는 언젠가는 국제 무대에서 자기 역할을 해낼 것이다.

유 perform, act, behave

potent

[póutnt]

a. 강력한

The nation was imposed a potent new weapons system.

그 나라는 강력한 새 무기 체제를 들여왔다.

유 powerful, mighty, strong, effective, forceful

recur
[rikə́:r]

v. 재발하다, 되돌아가다

This melody recurs regularly throughout the opera.

이 곡조는 오페라 전반에 걸쳐 규칙적으로 되풀이 된다.

윤 reoccur, come back, reappear, happen(occur) again

redundancy
[ridʌ́ndənsi]

n. 여분, 장황

Natural language is characterized by redundancy.

자연어는 잉여성이 특징이다.

윤 superfluity, overplus, extra capacity

seething
[sí:ðiŋ]

a. 속이 끓어오르는

But he and his wife must have been seething inside.

하지만 그와 그의 부인은 속에서 끓어오았을 것이 틀림없을 것이다.

윤 angry, uncontrollable, upset, excited, agitated

spectacular
[spektǽkjulər]

a. 구경거리의, 장관의

Among the effects of the eruption include cold air and spectacular sunsets.

차가운 공기나 장관의 일몰이 화산 분출의 여파 중의 하나입니다.

윤 striking, dramatic, impressive, remarkable

support
[səpɔ́:rt]

① v. 받치다

This will help support your legs and ankles.

이것이 당신의 다리와 발목을 받쳐줄 것입니다.

윤 bear, carry, hold up

② v. 부양하다

A sneak thief says he had to steal money to support his family.

한 좀도둑은 그의 가족을 부양하기 위해 돈을 훔쳐야만 했다고 말합니다.

윤 provide for, maintain, sustain, take care of, look after

uneasy
[ʌníːzi]

① a. 불안한

She woke from an uneasy sleep to find the house empty.

그녀는 집이 비어있다는 것을 알고 불안한 마음으로 잠에서 깨었다.

유 troubled, unstable, worried, anxious

② a. 어색한

After she played a joke on us, she gave an uneasy laugh.

그녀는 우리에게 농담을 한 후에, 어색한 웃음을 웃었다.

유 strained, tense, awkward

variable
[vέəriəbl]

a. 변하기 쉬운

Thailand weather is perhaps at its most variable in the summer.

태국의 날씨는 아마 여름에 가장 변덕스러울 것이다.

유 changeable, unstable, irregular, inconsistent

versatile
[vɔ́ːrsətl]

① a. 다재다능한

He is regarded as one of the most exciting and versatile conductors in classical music.

그는 클래식 음악 지휘자로서는 가장 흥미진진하고 다재다능한 사람의 한 명으로 꼽히고 있다.

유 adaptable, flexible, all-around, expert, skillful

② a. 다용도의

Few cooking ingredients are as versatile as flour.

밀가루만큼 용도가 넓은 요리 재료는 거의 없다.

유 adjustable, multipurpose, handy

witness
[wítnis]

v. 목격하다

We witness their problems, worries, and solutions.

우리는 그들의 문제와 걱정과 실패를 목격한다.

유 observe, note, notice

Day 23

abolish
[əbáliʃ]

v. 폐지하다

There is growing recognition that we should abolish polygamy.

일부다처제는 폐지해야 한다는 인식이 점점 더해가고 있다.

⟐ do away with, annul, nullify

allure
[əlúər]

v. 꾀다, 유혹하다

It is kind of strange to say, I think I easily got allured by a girl who tied their hair back.

이상한 이야기지만, 나는 뒤로 머리 묶은 여자한테 쉽게 끌린다.

⟐ entice, appeal, attract, invite

alteration
[ɔ̀:ltəréiʃən]

n. 변경

One concern of the countries involved is the alteration of global economic patterns.

해당 국가들이 우려하고 있는 것은 전 세계 경제 패턴이 변하고 있다는 것입니다.

⟐ modification, change

amplify
[ǽmpləfài]

v. 확대하다, 증대하다

This sense of crisis is being amplified by the fact that we failed to prevent reoccurances.

이러한 위기감은 우리가 재발 방지에 실패했기 때문에 증폭되고 있다.

⟐ increase, extend, enlarge, magnify

anchor
[ǽŋkər]

v. 고정시키다

The roots also anchor the plant in the earth so it can absorb water.

뿌리는 식물을 땅에 고정시켜 물을 흡수할 수 있게 한다.

⟐ fix, fasten, hold in place

apt
[ǽpt]

① a. 적절한

He retorted upon me with apt illustrations.

그는 적절한 예를 들어 내 말에 반박했다.

유 appropriate, suitable, fitting, applicable

② a. ~하기 쉬운

His family was poor and apt to move from place to place.

그의 가족은 가난해서, 이곳 저곳으로 이사를 하는 경향이 있다.

유 inclined, likely, prone, disposed

ascribe
[əskráib]

v. ~에 돌리다

The politician ascribed the failing economy to the rising number of people who are unemployed

그 정치인은 경제 침체를 실업자 증가 탓으로 돌렸다.

유 attribute, impute, assign

bountiful
[báuntifəl]

a. 풍부한

In other words, the area was known for its bountiful potato harvests.

다시 말해서, 그 지역은 풍부한 감자의 재배로 잘 알려져 있다.

유 plentiful, abundant, prolific, ample

confederacy
[kənfédərəsi]

n. 연합, 동맹국

The president has a typical opinion of what the confederacy of neutral nations should do.

대통령은 중립 국가들의 연합이 무엇을 해야만 하는가에 대한 전형적인 의견을 가지고 있다.

유 league, ally, alliance, confederation

deceitful
[disí:tfəl]

a. 허위의, 기만적인

It was deceitful of you to say such things behind his back.

그가 없는 곳에서 네가 그런 말을 한 것은 기만적인 행동이었다.

유 false, misleading, deceptive, dishonest, dishonorable

decimate
[désəmèit]

v. 많은 사람을 죽이다

The town's half the population was
decimated in 1880 by smallpox.

1880년에 천연두로 그 마을의 인구 절반이 죽었다.

유 eliminate, kill, wipe out, annihilate, extinguish

disassemble
[dìsəsémbl]

v. 해체하다, 분해하다

I had to disassemble engine to find the
problem.

나는 문제점을 찾기 위해 엔진을 분해해야 했다.

유 break apart, pull it apart
반 combine

effect
[ifékt]

n. 효과, 영향

The stage lighting gives the effect of a
sunlit scene.

무대 조명이 햇빛이 비치는 장면의 효과를 내었다.

유 influence, force, operation, action

feat
[fi:t]

n. 위업

Even before yesterday, she had
performed a remarkable feat.

어제 이전에도, 그녀는 뛰어난 위업을 달성했었다.

유 achievement, deed, act, exploit, performance

field
[fi:ld]

n. 분야, 범위

The gymnast got injured in a match and
swung over to another field.

그 체조 선수는 경기 중에 부상당했고 다른 분야로 전향했다.

유 sphere, area

formerly
[fɔ́:rmərli]

adv. 전에

Long drought was formerly regarded as
a visitation of God for the people's sins.

전에는 오랜 가뭄을 인간의 죄에 대한 천벌로 여겼다.

유 previously, once, before

gathering

[ɡǽðəriŋ]

n. 수집

For strategic reasons related to intelligence gathering, they may be reluctant to do so.

정보 수집과 관련된 여러 가지 전략적 이유로 인해, 그들은 그렇게 하기를 꺼린다.

㊁ amassing, collection, assembly

giant

[dʒáiənt]

n. 거인

The tiny people of Lilliput and Blefuscu contrast with the giants of Brobdingnag whom Gulliver also met.

릴리풋과 블레푸스쿠의 소인들은 걸리버가 또한 만났던 브로브딩낵의 거인들과 상반된다.

㊁ goliath, ogre

height

[háit]

① n. 절정, 정상

He is still at the height of her powers in law.

그는 아직도 법조계의 권력 절정에 있다.

㊁ peak, pinnacle, top, crest

② n. 높이

This map shows the shape of countries, the position of towns, the height of the land, the rivers, and so on.

이 지도는 나라들의 모양, 도시들의 위치, 땅의 높이나 강들, 그리고 그밖에 다른 것들을 보여 준다.

㊁ reach, elevation, altitude

illusion

[ilú:ʒən]

n. 환각, 착각

The boss is under the illusion that the economy will turn around sooner or later.

사장은 조만간 경기가 회복될 것이라는 착각에 빠져 있다.

㊁ false impression, hallucination, delusion, fantasy

immediate
[imíːdiət]

a. 직접의, 인접한

Damage occurred in the immediate area of the castle.
성곽 인접한 지역에 피해가 발생했다.

유 direct, nearest, close, next

legitimate
[lidʒítəmət]

a. 합법적인

It was internationally recognized as the legitimate government of China.
그것은 국제적으로 중국의 합법적인 정부로서 인정을 받았다.

유 legal, lawful, rightful, approved

mundane
[mʌndéin, ⌐-]

a. 평범한, 흔히 있는

Having decided on the prize winners, the committee moved on to more mundane matters.
수상자들을 결정한 뒤, 그 위원회는 좀더 평범한 문제들로 넘어갔다.

유 ordinary, routine, prosaic

outstrip
[àutstríp]

v. ~보다 뛰어나다, 능가하다

I began to learn to play drums 6 months earlier, but have already been outstripped by him.
내가 드럼 치는 법을 6개월 앞서 배우기 시작했는데, 지금은 그가 앞질러 버렸다.

유 surpass, exceed, transcend

primary
[práimeri, -məri]

a. 초기의, 근본적인

The primary aim of this course is to improve your written English.
이 과정의 주된 목적은 당신의 영작을 향상시키는 것이다.

유 fundamental, essential, elementary

purify
[pjúərəfài]

v. 깨끗이 하다, 정화하다

Purified water tastes very good and may help make drinking water more appealing to you.

정수된 물은 매우 맛이 좋아서, 당신이 물을 좀 더 마시고 싶어지게 할지도 모릅니다.

㈜ clear, purge, sanctify

retain
[ritéin]

v. 계속 유지하다, 간직하다

This is extremely important if we are to retain our No. 1 spot in the domestic market place.

우리가 국내 시장에서 1위 기업으로 계속 유지하고 싶다면 이는 대단히 중요하다.

㈜ keep, maintain, preserve, reserve

scrap
[skrǽp]

n. 한 조각, 파편

Collect scraps of paper if you want to recycle.

재활용하고 싶다면 종이 조각들을 모으십시오.

㈜ fragment, piece, bit, snippet, remnant

seethe
[síːð]

v. (사람이) (화가 나서) 속이 끓어오르다

The woman tried to maintain her composure but she was seething inside.

그 여자는 속에서 끓어오르는 걸 참으려고 무진장 애를 썼다.

㈜ boil, bubble, fizz, foam, ferment

solidify
[səlídəfài]

v. 응고시키다, 단결시키다

Vague objections to the system solidified into firm opposition.

그 제도에 대한 막연한 반대 의사들이 확고한 반대로 응집되었다.

㈜ unify, consolidate

stem from

phr. ~에서 유래하다

Her passion for India stems from the time she spent there as a child.

인도에 대한 그녀의 열정은 거기에서 보낸 어린 시절에서 유래한다.

윤 be caused by, to be the result of, arise from, originate from

symmetrical

[simétrikəl]

a. 대칭적인, 조화된

The symmetrical design of this church makes it very beautiful.

이 교회는 대칭적인 디자인 때문에 매우 아름다워 보인다.

윤 balanced, commensurable
반 asymmetrical

vacant

[véikənt]

a. 빈, 비어있는

At present, the vacant lot is opened to the citizen as the park.

현재, 빈터는 시민들에게 공원으로 개방되어 있다.

윤 empty, void

variety

[vəráiəti]

① **n.** 변화, 갖가지

The demographics of the area show a great variety of people.

그 지역의 인구 통계를 보면 매우 다양한 인종이 있음을 알 수 있다.

윤 diverseness, multiplicity

② **n.** 종류

Students can go to a wide variety of universities around the world.

학생들은 전 세계에 있는 다양한 종류의 대학에 갈 수 있다.

윤 kind, sort, assortment

wizened

[wí(:)znd]

a. 시든, 쭈글쭈글한

The once great chief is now a wizened old man.

이제 대 추장은 시들시들해진 늙은 노인이다.

윤 thin, lean, shriveled, withered

Day 24

amenity
[əménəti, əmí:-]

n. 편의 시설

People who retire to the country often miss the amenities of a town.

시골로 은둔해 들어간 사람들은 흔히 도시의 문화적 설비들을 그리워한다.

유 facility, convenience

arbitrarily
[ɑ́:rbətrèrəli, à:rbətréər-]

adv. 독단적으로, 제멋대로

Plans were arbitrarily changed or reversed.

계획들이 멋대로 변경되거나 뒤집어졌다.

유 randomly

artisan
[ɑ́:rtəzən]

n. 장인

Local artisans displayed handwoven textiles.

지방 장인들이 손으로 짠 직물을 전시했다.

유 mechanic, craftsman

camouflage
[kǽməflà:ʒ]

v. 위장하다, 속이다

The soldiers camouflaged themselves with leaves and branches.

병사들은 나뭇잎과 나뭇가지들로 위장했다.

유 hide, disguise, mask

critical
[krítikəl]

① a. 비평의

The piano performance dissatisfied the critical audience.

피아노 연주는 비평력 있는 청중에게는 불만스러웠다.

유 evaluative, analytic, interpretative, commentative

② a. 중요한, 결정적인

We faced a critical crossroad whether to maintain or scrap this regulation.

우리는 이 제도를 유지할 것인지 없앨 것인지(존폐여부)에 대한 중요한 기로에 직면했다.

윤 crucial, decisive, important, momentous

culminate
[kʌ́lmənèit]

v. 끝내다, ~이 되다

The party culminated in the distribution of the presents.

파티는 이윽고 선물을 나누어 주기에 이르렀다.

윤 end, result, finish

enthusiastic
[inθù:ziǽstik, en-]

a. 열렬한

Good education environment and enthusiastic teachers are essential to foster a love of learning in children.

양질의 교육 환경과 열정적인 교사는 아이들의 학습 의욕을 길러주는 데 필수적이다.

윤 eager, keen, ardent, avid, fervent, passionate
반 apathetic, uninterested, indifferent

episode
[épəsòud]

n. 사건, 삽화적인 일

There are some fundamental differences in the second episode from the first.

두 번째 에피소드에서는 처음 것과 약간의 근본적인 차이가 있다.

윤 incident, event, occurrence, experience

faculty
[fǽkəlti]

n. 능력, 재능

Because she demonstrated such a faculty for learning foreign languages, she decided to double major in English and Italian.

그녀가 외국어 습득에 대한 재능을 보였기 때문에 그녀는 영어와 이탈리아어 복수 전공을 하기로 결정했다.

윤 ability, capability, capacity

fervent
[fə́:rvənt]

a. 열렬한

Leo Tolstoy was another fervent advocate of pacifism.

레오 톨스토이는 평화주의의 또다른 열렬한 옹호자였다.

유 passionate, ardent, impassioned, earnest
반 apathetic, unemotional

fortify
[fɔ́:rtəfài]

v. 강화하다

We can fortify wool with acrylic fiber.

아크릴 섬유를 혼방해서 울을 강화시킬 수 있다.

유 strengthen, beef up, reinforce
반 weaken

haul
[hɔ́:l]

v. 세게 잡아당기다, 끌어당기다

The fishermen hauled in their nets and headed for home.

어부들은 그물을 끌어올리고 집으로 향했다.

유 pull, drag, heave, tow, draw, tug

in earnest

phr. 진지한

The publicity campaign will begin in earnest next month.

선전 활동은 다음 달에 본격적으로 시작된다.

유 serious

inundate
[ínəndèit, ín∧n-]

v. 범람시키다, 물에 잠기게 하다

At high water the plain and the town as well can be inundated.

만조 시에는 평원과 그 마을도 역시 침수될 수 있다.

유 deluge, flood, swamp

laden
[léidn]

a. 짐을 실은

The dean was laden with too many responsibilities, which led to his ill health.

학장은 너무 많은 책임을 지고 있어서, 건강이 악화되었다.

유 loaded, burdened, fully charged, weighted

largely
[láːrdʒli]

adv. 대부분, 주로

Southeast Asia's economies are largely based on farming.

동남 아시아 국가들의 경제는 대체로 농업에 기반을 두고 있다.

유 mostly, generally, mainly

merely
[míərli]

adv. 단지

Money itself is merely a convenient medium of exchange-nothing more and nothing less.

돈 그 자체는 단지 편리한 교환의 매개물이며 그 이상도 그 이하도 아니다.

유 only, simply, purely, just

monotonous
[mənátənəs]

a. 단조로운

Economic crises recur with monotonous regularity.

경제 위기는 단조로울 정도로 규칙적으로 되풀이된다.

유 boring, routine, unvarying, uninteresting, tedious

obelisk
[ábəlìsk]

n. 오벨리스크, 방첨탑

Cleopatra's Needle is an obelisk in New York City's Central Park.

클레오파트라의 바늘은 뉴욕 도시 센트럴 파크에 있는 방첨탑이다.

유 column, pillar

pervasive
[pərvéisiv]

a. 퍼지는, 보급하는

The accident was transmitted almost instantly through the increasingly pervasive medium of television.

그 사고가 널리 보급되고 있던 텔레비전이라는 매체를 통해 거의 실시간으로 방송되었습니다.

유 widespread, distributive, prevalent

pioneer
[pàiəníər]

v. 개척하다

I wanted to pioneer, discover, explore, and cover the world as we hope it.

난 우리가 희망하는 세상을 개척하고, 발견하고, 탐험하고, 보호하고 싶었습니다.

유 introduce, start, initiate, explore

refrain
[rifréin]

v. 그만두다, 삼가다

Please refrain from smoking in this room.

이 방에서는 담배 피우는 것을 삼가해 주시기 바랍니다.

유 pause, abstain, forbear

relevant
[réləvənt]

a. 관련된, 적절한

Foreign Ministry officials will seek help from relevant government agencies.

외교부 관리들은 관련 정부 기관의 도움을 요청할 것이다.

유 applicable, appropriate, pertinent, related
반 irrelevant

seep
[síːp]

v. 침투하다, 서서히 확산하다

The dangerous chemicals buried here have begun to seep into the water.

여기에 묻은 위험한 화학 약품이 물에 침투하기 시작했다.

유 go through slowly, pass through slowly

soothe
[súːð]

v. 진정시키다, 덜어주다

Correctly applying a soothing balm can help ease the soreness, allowing you to relax.

올바르게 상처를 가라앉히는 연고를 바르면 쓰라림이 덜해지고, 편안해질 것입니다.

유 ease, alleviate, assuage, moderate

sophisticated
[səfístəkèitid]

a. 정교한, 복잡한

He locates a nearby area filled with sophisticated machinery and special computer banks.

그는 정교한 기계들과 특수 컴퓨터 은행들로 가득한 곳 근처에 위치해 있다.

유 complex, advanced, complicated, intricate

sort
[sɔ́ːrt]

n. 종류

Rural-dwellers never experiences anxieties of this sort.

시골 거주자들은 이런 종류의 걱정은 전혀 해본 적이 없다.

윤 kind, type, variety, class, category

subsequent
[sʌ́bsikwənt]

a. 다음의, 그 후의

Subsequent events tended to verify our initial fears.

그 이후의 사건들은 우리의 애초부터 갖고 있던 공포를 입증해 주었다.

윤 sequent, later, successive, consecutive

suppose
[səpóuz]

v. 가정하다

Supposing you were a housewife, please try to answer my questions.

당신이 주부라고 가정하고, 제 질문에 대답해 보세요.

윤 assume, presume, expect, imagine, suspect

surplus
[sə́ːrplʌs, -pləs]

n. 나머지, 잔여

In good years they made $200 by selling surplus rice, but in bad ones they ran out of food before the harvest.

풍성한 해에는 그들은 나머지 쌀을 팔아서 200달러를 만들었고, 좋지 않은 해에는 그들은 수확 전에 식량이 다 떨어졌다.

윤 remainder, extra, redundance, excess
world deficiency, lack, shortage

thus
[ðʌ́s]

adv. 따라서, 그러므로

He is the eldest son in his family and thus heir to the title.

그는 그의 집안에서 장자이고 따라서 작위 승계자이다.

윤 so, therefore, consequently, accordingly

undertake
[ʌ̀ndərtéik]

v. 맡다, 착수하다

Not for the life of me, would I undertake such a work.

어떤 일이 있어도, 그러한 일은 맡지 않을 것이다.

㈀ set about, attempt

verge
[vɔ́:rdʒ]

n. 경계, 찰나

Now I believe we are on the verge of a catastrophe if we do not act swiftly.

이제 나는 우리가 신속하게 행동하지 않는다면 파멸하기 직전에 와 있다고 믿는다.

㈀ brink, threshold

vivid
[vívid]

① a. 생생한

The angels are a motif in Christian preaching that uses vivid descriptions of celestial beauty.

천사들은 기독교의 설교에서 천상의 미의 생생한 묘사에 사용된다.

㈀ graphic, clear, impressive, memorable, realistic

② a. 선명한

Everything from your present and future will show here in vivid, bright colors.

당신의 현재와 미래가 모두 여기에 선명한 색들로 나타날 것입니다.

㈀ bright, brilliant, colorful, rich, glowing,

while
[hwáil]

① conj. ~이지만, ~에 반하여

The boss is still in power while his business went under.

그의 사업은 망했지만 그 사장은 여전히 권력을 유지하고 있다.

㈀ though, although, whereas

② conj. ~하는 동안

Several expensive coats has wet through while being shipped.

고가의 코트 몇 벌이 운송 도중 젖었다.

㈀ during

Day 25

abandon
[əbǽndən]

① v. 버리다

After the system was abandoned, most of the cars were either destroyed or sold.

그 시스템이 폐기된 이후, 대부분의 차들은 폐차되거나 팔렸다.

유 desert, leave, forsake

② v. 포기하다, 그만두다

The problem is that he loves Chicago and does not want to abandon his current lifestyle.

문제는 존이 시카고를 사랑하며 지금의 삶을 포기하려고 하지 않는다는 것이다.

유 give up, stop, quit, cease, drop, dispense with

ability
[əbíləti]

n. 능력

Players should be taken through physical and mental tests to determine the level of their athletic ability.

선수들은 그들의 운동 능력 수준을 판단할 신체적 정신적 테스트를 거쳐야 한다.

유 capacity, faculty, capability, potential

bind
[báind]

v. 묶다

They bound his legs together so he couldn't escape.

그들은 그가 달아나지 못하도록 두 다리를 (함께) 묶었다.

유 tie, fix, fasten

bog
[bág, bɔ́ːg]

n. 소택지, 습지

The path goes across an area of bog.

그 길은 늪지대를 가로지른다.

유 wet land, marsh, swamp

by and large

phr. 전반적으로, 대체로

The country by and large hasn't taken advantage of technology.

그 나라는 대체적으로 아직 하이테크 기술을 제대로 활용하지 못하고 있습니다.

유 on the whole

collaborate
[kəlǽbərèit]

v. 공동으로 일하다, 협력하다

He has collaborated with many well-known Western musicians.

그는 또한 잘 알려진 많은 서구 음악가들과 공동으로 일했다.

유 cooperate, work together, effort together

commemorate
[kəmémərèit]

v. 기념하다

After the war, a stone monument commemorating the event was erected on the site.

전쟁 후에, 그 사건을 기념하는 비석이 그 자리에 세워졌다.

유 celebrate, remember, honor, pay homage to

common
[kámən]

a. 공통의

The details vary, but the movies have a common theme.

구체적인 내용은 서로 다르지만, 그 영화들은 공통된 주제를 가지고 있다.

유 public, shared, joint, collective

configure
[kənfígjər]

v. 형성하다, 배열하다

Remote Storage is not currently configured for making media copy sets.

현재 원격 저짱소에서 미디어 복사본 세트를 만들도록 구성되어 있지 않습니다.

유 shape, mold, assemble

contradiction
[kàntrədíkʃən]

n. 모순

It's a contradiction to say you love animals and yet wear a fur coat.

네가 동물을 사랑한다면서 모피 코트를 입는 것은 모순이다.

유 paradox, variance, disagreement, conflict

delineate
[dilínièit]

v. 윤곽을 그리다, 묘사하다

Children like to delineate object in drawing.

아이들은 사물을 그림으로 묘사하는 것을 좋아한다.

유 trace, draw, outline, describe, depict

devout
[diváut]

a. 믿음이 깊은, 독실한

If you were born and reared in Saudi Arabia you would probably be a devout muslim.

당신이 사우디 아라비아에서 자라고 길러졌다면, 당신은 아마도 독실한 회교신자가 되었을 것이다.

유 pious, religious, sincere

discriminate
[diskrímənèit]

v. 구별하다, 식별하다

The system also lacks the ability to discriminate between speech and other sound.

그 시스템 역시 사람의 말소리와 다른 소리를 구별할 능력이 모자란다.

유 distinguish, discern   반 indiscriminate

geognosy
[dʒiágnəsi]

n. 지구 구조학, 지질학

He believed that geognosy represented fact and not theory.

그는 지구 구조학이 이론이 아닌 사실을 나타낸다고 믿었다.

유 geology

give way to

phr. 물러가다

The storm gave way to blazing sunshine.

폭풍우가 지나고 햇빛이 쨍쨍 내리쬐었다.

유 withdraw, retreat

identical
[aidéntikəl, id-]

a. 동일한

The TV programs have not affected all of us in 100% identical way.

TV 프로그램이 100퍼센트 동일한 방식으로 우리 모두에게 영향을 미친 것은 아니다.

유 alike, equal, indistinguishable, same

invariable
[invέəriəbl]

a. 불변의

The invariable answer to my questions was "No!"

나의 질문에 대한 변화없는 대답은 '아니오!' 였다.

유 constant, strict, consistent, invariant, unvarying

locale
[loukǽl, -ká:l]

n. 현장, 장소

Prices are now rising only in limited locales in California and neighborhoods in that vicinity.

부동산 가격은 현재 캘리포니아와 그 인근 지역의 국한된 지역에서만 오르고 있다.

유 venue, locus, place

overtax
[ðuvərtǽks]

v. ~에게 지나치게 과세하다, ~에게 무리하게 강요하다

With older dogs, make sure you don't overtax them.

늙은 개들을 무리하게 하지 않도록 하세요.

유 burden heavily

patch
[pǽtʃ]

① v. 수선하다, 고치다

We patched up the hole in the wall and got it repaired the next day.

우리는 벽의 구멍을 급한 대로 수리했고, 다음 날 그것을 고쳤다.

유 cover, mend, repair, stitch

② n. 작은 지역

The Northeast and South Atlantic states will see patches of low clouds and fog.

북동부 지방과 남부 대서양 연안주는 지역에 따라 낮은 구름과 안개가 끼겠습니다.

유 small area, part, section

periodically
[pìəriádikəli]

adv. 정기적으로

The terms of the contract are subject to review periodically.

계약 조건은 정기적으로 한 번씩 재검토를 받아야만 한다.

⊕ regularly, at intervals

requirement
[rikwáiərmənt]

n. 요구, 조건

Anyone can join the magic show that meet a few necessary requirements.

약간의 필요한 요구사항을 충족하면 누구라도 그 마술 쇼에 참여할 수 있습니다.

⊕ demand, stipulation, condition

serene
[səríːn]

a. 고요한, 침착한

Throughout the crisis, she remained serene and in control.

위기 동안 내내, 그녀는 침착하고 차분했다.

⊕ calm, composed, tranquil, peaceful

skepticism
[sképtəsìzm]

n. 회의, 회의론

There was also expressed skepticism about a public corporation, which will take over operations of the Korean National Railroad.

철도청의 업무를 인수할 공기업에 대해서도 회의적인 의견이 제시됐다.

⊕ doubt, uncertainty, incredulity, disbelief

spawn
[spɔ́ːn]

v. ~을 생기게 하다, 일으키다

The boom in world electronics industry spawned a dot-com craze and talk of a new economy.

세계 전자 산업계의 호황은 닷컴 열풍과 신 경제에 관한 논의를 불러일으켰습니다.

⊕ create, generate, give rise to, produce, provide

stage
[stéidʒ]

n. 단계

The military officials say the first stage of the maneuvers with French troops has been put off.

군 관계자들은 프랑스 군과의 첫 단계 훈련이 연기됐다고 말합니다.

윤 level, phase, position

stay
[stéi]

v. 머무르다

If you stay here long enough, you will see who to respect and trust, and who to avoid.

당신이 이곳에 오래 머무른다면, 누구를 존경하고 믿어야 하며, 누구를 피해야 하는지를 알게 될 것입니다.

윤 remain, wait, reside, sojourn

strive
[stráiv]

v. 노력하다, 힘쓰다

I thought we could strive for a higher level of discourse.

나는 우리가 좀더 높은 수준의 토론을 위해 힘쓸 수 있다고 생각했다.

윤 endeavor, struggle, try

surprise
[sərpráiz]

v. 놀라게 하다

Iceland surprised the world by winning the game 3-0.

아이슬란드는 게임에서 3-0으로 이기면서 세상을 놀라게 했다.

윤 startle, amaze, stun, astonish

terrain
[təréin, térein]

n. 지역, 영역

The first legal challenge to the legislation revealed a court treading carefully over dense legal terrain.

법률 제정에 대해 법적 이의가 처음 제기되면서 법원은 난해한 법률 영역에 조심스럽게 발을 내디뎠습니다.

윤 piece of land, territory, area

tiny
[táini]

a. 작은

Coral, popular for accessories like necklaces, is made of tiny sea animals.

목걸이와 같은 악세사리로 인기가 있는 산호는 작은 바다 동물들로 만들어진다.

⊞ minute, miniature, mini, microscopic, dwarfish, little
⊟ huge, enormous, gigantic

typify
[típəfài]

v. 대표하다, ~의 표본이 되다

Crying typifies the fears children have.

울음은 어린아이들이 갖는 두려움을 대표한다.

⊞ represent, symbolize, stand for, embody

unbalanced
[ʌnbǽlənst]

a. 균형을 잃은

The government, meanwhile, is concerned with an unbalanced performance among exporters.

한편 정부는 수출 품목의 불균형 현상을 우려하고 있다.

⊞ unequal, asymmetric, lopsided

utilitarian
[ju:tìlətɛ́əriən]

a. 실리의, 실용적인

The furniture throughout is cheap and utilitarian.

이 가구는 모두 저렴하고 실용적입니다.

⊞ practical, useful, functional, pragmatic

variant
[vɛ́əriənt]

n. 변체, 변형

The data type must be a string, an array of strings or an array of variant strings.

데이터 형식은 문자열이나 문자열 배열 또는 변형 문자열 배열이어야 합니다.

⊞ variation, modification, version

Day 26

accord
[əkɔ́:rd]

v. 주다, 수여하다, 허용하다

Free elections are the byproduct of a society where citizens accord certain rights to their government.

자유 선거는 시민들이 특정한 권리를 자기 정부에게 허용하는 사회의 부산물이다.

㊒ grant, give, bestow, correspond, match, conform

assembly
[əsémbli]

n. 의회

Such an assembly could declare the king a symbolic figure, or eliminate the monarchy.

이러한 의회를 통해 왕은 상징적인 존재임을 표명하거나, 왕정을 폐지할 수 있습니다.

㊒ council, congress, legislature

aware
[əwέər]

a. 알고 있는, 알아차리고

Nobody seemed more aware of this than the actors themselves.

어느 누구보다도 배우들 스스로 이 사실을 잘 알고 있다.

㊒ conscious, awake, vigilant, alert, cautious
㊎ unaware, ignorant, oblivious

bank
[bǽŋk]

n. 강둑, 강기슭

If we allow smoking in the park, people will most likely throw away cigarette butts and squeeze them into the breaks of banks.

공원에서 흡연을 허용하게 되면, 사람들이 틀림없이 담배꽁초를 버리고 제방의 틈 사이로 밀어 넣을 것이다.

㊒ shore, edge, brink

brace
[bréis]

v. 대비하다, 보강하다

Newspapers are reporting residents to brace for further aftershocks following a weekend earthquake.

신문에서는 지난 주말 지진에 이은 여진 발생 가능성에 대비하라고 주민들에게 전하고 있습니다.

⟨유⟩ stabilize, strengthen, fortify, beef up

clear
[klíər]

a. 명백한, 명확한

The scientific evidence is very clear that a sound sleep really helps facilitate productivity.

숙면이 생산성을 높이는 데 도움이 된다는 명백한 과학적 증거가 있습니다.

⟨유⟩ evident, lucid, apparent, obvious

curb
[kə́:rb]

v. 제한하다, 억제하다

All of these attempts failed to curb the people's desire to play the computer game.

이러한 모든 시도들은 컴퓨터 게임을 하고자 하는 사람들의 갈망을 억제하는 데 실패했다.

⟨유⟩ control, restrain, repress, suppress

cycle
[sáikl]

n. 순환, 주기

One way to escape from the cycle of life and death is Karma.

삶과 죽음의 순환에서 벗어나는 한 가지 방법은 카르마이다.

⟨유⟩ sequence, time interval

deem
[dí:m]

v. 생각하다, 간주하다

Encouraging students to participate and offering praise are deemed important by students.

학생들을 참여하도록 장려하고, 칭찬을 하는 것은 학생들에게는 중요하다고 생각된다.

⟨유⟩ consider, think, believe, feel, suppose

descent
[disént]

① n. 하강

The airplane made a long descent through the bush.

비행기는 수풀을 뚫고 한참 하강했다.

유 falling 반 ascent

② n. 가계, 혈통

She boasts her descent from the people of Israel.

그녀는 이스라엘 민족의 후예임을 자랑했다.

유 origin, blood, relationship

disperse
[dispə́:rs]

v. 흩뜨리다, 흩어지게 하다

Security forces tried to disperse the crowds with tear-gas.

보안 병력이 최루탄으로 군중을 해산시키려고 했다.

유 scatter, spread out, disband, disseminate, melt away

domestic
[dəméstik]

a. 가정의, 가정적인

The motherless children starved for domestic affection.

엄마가 없는 아이들은 가정적인 애정에 굶주려 있었다.

유 home, household, family, residential

elucidate
[ilú:sədèit]

v. 명료하게 하다, 밝히다

A discussion comparing the two is useful to elucidate the principles involved.

그 두 가지를 비교하는 논의는 관련된 원칙들을 명료하게 하는 데 유용하다.

유 clarify, clear up, enlighten

fuse
[fjú:z]

v. 녹이다, 녹다

The particles fuse together to form a single molecule.

미립자들이 녹아서 단일 분자를 형성한다.

유 melt, dissolve, combine, unite, merge

hint
[hínt]

n. 힌트, 암시

The opening scene gives us a hint of things to come.
개막 장면은 그 뒤에 이어질 것들에 대한 암시를 준다.

유 indication, indicant, clue

in the course of

phr. ~동안에

In the course of their work, the two doctors fell in love and in 1970 they were married in the hospital chapel.
그들이 일하는 과정에서, 그 두 의사는 사랑에 빠졌고, 1970년 그들은 병원 예배당에서 결혼했다.

유 during

manifold
[mǽnəfòuld]

a. 가지각색의

We don't understand manifold cultural differences between two countries.
우리는 양국간의 다양한 문화적 차이를 이해하지 못한다.

유 multiple, various, diverse

meager
[míːgər]

a. 부족한, 메마른

He makes a meager living from his small income.
그는 적은 수입으로 근근이 생계를 꾸려간다.

유 scarce, spare, miserable, paltry, scanty
반 ample

nuts and bolts

n. 기본, 요점

He knows all about the nuts and bolts of the manufacturing process.
그는 제조 과정의 기본에 대해서는 모두 잘 안다.

유 basics, information, practical details

phenomenal
[finǽmənl]

a. 놀랄 만한, 경이적인

The response to the appeal fund has been phenomenal.
구호 기금에 대한 반응은 놀라웠다.

유 extraordinary, outstanding, unique, remarkable

plain
[pléin]

① a. 명백한, 분명한

That you are always late is as plain as day.

네가 항상 늦는다는 것은 너무나 명백하다.

⟨유⟩ obvious, evident, manifest, clear, apparent, transparent, distinct, striking

② a. 단순한

Choose flowers, arrows, and stars, or decorate plain shapes like circles or squares with stickers.

꽃, 화살, 그리고 별들을 고르거나 스티커가 있는 원이나 사각형 같은 단순한 모양으로 장식하십시오.

⟨유⟩ simple, unadorned, austere, basic, undecorated

popular
[pápjulər]

a. 대중적인

The types of clothing family members wore for the portrait show the popular fashions of the time.

초상화에서 가족들이 입었던 의류의 형태들은 당대의 대중적인 유행을 보여 준다.

⟨유⟩ current, prevalent, prevailing, widespread

precipitous
[prisípətəs]

a. 가파른, 절벽을 이룬

The mountain is much less precipitous on its southern side.

그 산은 남쪽 부분이 훨씬 덜 가파르다.

⟨유⟩ steep, hurried

professional
[prəféʃənl]

a. 직업적인, 전문적인

For deep scars and serious burns, we should seek professional medical help.

흉터나 화상이 심할 경우, 전문의의 치료를 받아야 한다.

⟨유⟩ expert, specialized, paid

rarely
[rέərli]

adv. 드물게, 좀처럼 하지 않는

Modern person rarely talk to strangers in trains.

현대인들은 기차에서 낯선 사람에게 좀처럼 말을 걸지 않는다.

🔁 seldom, extremely, infrequently, hardly, scarcely

recall
[rikɔ́ːl]

v. 상기하다, 생각나게 하다

She recalled that she had an important appointment.

그녀는 중요한 약속이 있다는 것을 상기했다.

🔁 remember, recollect, think of, look back on

reexamine
[rìːigzǽmin]

v. 재검토하다, 재시험하다

We invite you to reexamine our ideas and submit a revised proposal.

저희가 보내 드린 의견들을 다시 검토하시고 수정된 제안서를 제출하여 주시기 바랍니다.

🔁 review

rural
[rúərəl]

a. 시골의, 전원의

In rural areas, only 10 percent of the children could go on to high school.

시골 지역에서는, 단지 10퍼센트 만의 아이들이 고등학교에 갈 수 있었다.

🔁 country, rustic, pastoral

shovel
[ʃʌ́vəl]

v. 삽으로 파다

The day before, Joe had helped neighbors shovel snow from their steps.

전날, 조는 이웃들이 그들의 계단에서 눈을 퍼내는 것을 도왔다.

🔁 excavate, dig, delve, scoop

so far

phr. 지금까지

He has so far failed to make the adjustment from school to work.

그는 지금까지 학교에서 직장으로의 적응을 하지 못하고 있다.

🔁 until now, up to present

speculation
[spèkjuléiʃən]

n. 추측

There is wide speculation that the government may move to the district council from Otjimbingwe to Karibib by January next year.

정부가 내년 1월까지는 읍의회를 오트짐빙웨에서 카리비브로 옮길 것이라는 추측이 널리 퍼져 있다.

㉱ conjecture, theorizing, hypothesizing, supposition, guessing

succinct
[sʌksíŋkt]

a. 간결한, 간명한

His speech was short and succinct.

그의 연설은 짧고 간결했다.

㉱ concise, brief

unambiguous
[ʌnæmbígjuəs]

a. 모호하지 않은, 명백한

They should make sure the wording of the arbitration clause is unambiguous.

중재 문구가 모호하지 않도록 만전을 기해야 할 것이다.

㉱ absolute, clear, straightforward, unquestionable

view
[vjúː]

① n. 견해, 의견

They disputed my view that a new tax should be imposed.

그들은 새로운 세금을 내게 해야 한다는 내 의견에 이의를 제기했다.

㉱ opinion, outlook

② v. ～이라고 생각하다, 간주하다

He may be viewed by others as kind, generous, and considerate.

그는 다른 사람들에게 친절하고, 관대하고, 그리고 사려깊다고 여겨질 수 있을지도 모른다.

㉱ consider, regard, deem

adroit
[ədrɔ́it]

a. 능란한, 능숙한

His adroit handling of the delicate situation pleased his co-workers.

그는 어려운 상황에 능란하게 대처함으로써 동료들을 기쁘게 했다.

유 skillful, deft, proficient, dexterous

ample
[ǽmpl]

① a. 충분한

There is ample evidence to support this view.

이 견해를 뒷받침하는 충분한 증거가 있다.

유 abundant, plentiful

② a. 넓은

This zoo provided ample grazing land for giraffs.

이 동물원은 기린들을 위한 광대한 풀밭을 제공했다.

유 large, sizable, big, wide, spacious

attest
[ətést]

v. 증명하다, 입증하다

His concern for the famine victims is an attested fact.

기근 희생자에 대한 그의 근심은 입증된 사실이다.

유 testify, prove, confirm, support

blame
[bléim]

v. 나무라다, 비난하다

Egyptian authorities blame the attack on a suicide bomber.

이집트 당국은 자살 폭탄 공격을 비난하고 있습니다.

유 incriminate, criticize, condemn, reproach

brightness
[bráitnis]

n. 빛남

Some people know that this crystal materials change color with the brightness of light.

몇몇 사람들은 이 크리스털 물질들이 빛의 밝기에 따라서 색이 변한다는 것을 알고 있습니다.

⊕ radiance, luminance

colossal
[kəlásəl]

a. 거대한, 엄청난

Some of the tall buildings in Dubai are colossal.

두바이의 일부 고층빌딩들은 정말 어마어마하다.

⊕ enormous, huge, gigantic, immense
⊞ tiny, microscopic

conjure
[kándʒər, kʌ́n-]

① v. 불러내다

His imagination conjured up a scene of confusion.

그의 상상력이 혼란스러운 광경을 그려냈다.

⊕ recall

② v. 간청하다

The general conjured his inferiors not to betray their country.

장군의 부하들에게 조국을 배반하지 말도록 간청했다.

⊕ supplicate, implore

defect
[dí:fekt, difékt]

n. 결함, 결점

The cars were all recalled because of a manufacturing defect.

그 차는 제조상의 결함이 있어서 모두 회수됐다.

⊕ shortcoming, fault, flaw, deficiency

displace
[displéis]

v. 바꾸어 놓다

The amateur artists must have displaced their artwork.

그 아마추어 예술가들이 그들의 작품을 바꾸어 놓은 것이 분명하다.

⊕ replace, supersede, supplant

donation
[dounéiʃən]

n. 기부금

Activity money, he explained, came from supporter donations relating to art activities.

그는 활동비가 예술 활동과 관련된 지지자의 기부금이었다고 설명했다.

유 contribution, gift, offering

especially
[ispéʃəli, es-]

adv. 특히

The exotic ornamental works from the tropics are especially beautiful.

열대 지방의 이국적인 장식품들은 특히 아름답다.

유 exceptionally, extraordinarily, notably

fabricate
[fǽbrikèit]

v. 만들다

The showcase was fabricated from pieces of old royal foxglove tree.

진열장은 오래된 오동나무로 만들었다.

유 make, manufacture, construct

flock
[flák]

n. 무리, 떼

He descended from his tower and discovered the poor woman feeding a flock of birds.

그는 그의 마을에서 내려와서 가난한 여자가 한 무리의 새에게 먹이를 주고 있는 것을 발견했다.

유 group, herd, crowd

genre
[ʒáːnrə]

n. 유형, 형식, 장르

Hip hop music is a musical genre from the United States.

힙합 음악은 미국에서 온 음악 장르이다.

유 form, kind, sort, variety

grant
[grǽnt, gráːnt]

v. 주다, 수여하다

He was granted a pension by the British government of £1,800 per annum.

정부는 그에게 연 1,800파운드의 연금을 수여했다.

유 give, bestow, allow, confer, award

impervious

[impə́ːrviəs]

a. 통과시키지 않는, 불침투성의

The water-proof jacket is impervious to rain.

그 방수 재킷은 빗물이 스며들지 않는다.

유 resistant, greaseproof
반 pervious

in keeping with

phr. ~와 일치(조화)하여, 어울려

Their recent speaking are not in keeping with their national character.

그들의 최근 발언은 그들의 국민성과 맞지 않는다.

유 in agreement with, consistent with

justify

[dʒʌ́stəfài]

v. 정당화하다

Some fanatics will think that the ends justify the means.

일부 광신자들은 목적이 수단을 정당화한다고 생각할 것이다.

유 prove, absolve, confirm, verify

kind

[káind]

n. 종류, 종

There are a lot of different kinds of Italian white wines to choose from, and they are relatively affordable.

이탈리아 화이트 와인은 종류가 매우 다양하며, 가격도 비교적 저렴하다.

유 class, sort, variety

liken

[láikən]

v. 비유하다, 비기다

People liken this price increase of cigarette to a tax.

사람들은 이번 담뱃값 가격 상승을 세금에 비유하고 있습니다.

유 compare, equate

lose sight of

phr. ~을 시야에서 놓치다, 잊다

I lost sight of the subway sign and therefore got off the next station.

나는 지하철 표지판을 못 보고 놓쳐서 다음 역에서 내렸다.

유 forget

mingle
[míŋgl]

v. 섞다, 혼합하다

The scholarship students believe that the "elite class" should not mingle with the "lower" class.
장학생들은 '엘리트 계급'이 '하층 계급'과 섞여서는 안 된다고 생각한다.

⑲ mix, unite, unify

on the spot
[ɔ:nðəspát]

a. 현장에서의

Soliciting testimonials is also one way to do on-the-spot market research.
고객의 사용 소감을 요청하는 것은 또한 현장에서 시장 조사를 할 수 있는 한 가지 방법입니다.

⑲ on-site

permit
[pərmít]

v. 허락하다, 허가하다

Now for the moment of truth when I find out whether I can be permitted my attending the party or not.
이제, 내가 파티에 참석하는 것이 허락될 수 있는지 아닌지 확실하게 할 때가 왔다.

⑲ allow, let, authorize, enable, empower

pertinent
[pə́:rtənənt]

a. 적절한, 관계있는

If it is difficult to find pertinent information on this website, people will leave in droves.
이 웹사이트에서 적절한 정보를 찾기 힘들다면, 사람들은 떠날 것이다.

⑲ relevant, apropos, germane

precede
[prisí:d]

v. 앞서다, 우선하다

He preceded her speech with a vote of thanks to the committee.
그는 연설에 앞서 위원회에 대한 감사 결의를 제안했다.

⑲ follow, come before, predate

preordained
[prì:ɔ:rdéind]

a. 운명인, 이미 정해져 있는

We seemed preordained to meet.

우리들은 만나기로 미리 정해져 있었던 것 같았다.

㊭ beforehand, determined, predestined

reform
[ri:fɔ́:rm]

v. 개정하다

They have reformed their business regulations to promote domestic investment.

그들은 국내 투자를 장려하기 위해 사업 규정을 개정했다.

㊭ improve, amend, ameliorate, better

sanitation
[sæ̀nətéiʃən]

n. 공중위생

The man is responsible for sanitation and health care in the city.

남자는 그 도시의 위생과 건강 관리를 책임지고 있다.

㊭ health, cleaning, hygiene

serve
[sə́:rv]

v. 소용이 되다, 도움이 되다

Oceans serve as the main arteries of transportation between countries.

대양들은 국가 간 수송의 대동맥 구실을 한다.

㊭ function, suit, gratify

shortly
[ʃɔ́:rtli]

adv. 곧, 간단히

An important new program will shortly be available to fill that gap.

그러한 약점을 보완하기 위해서 새로운 중요한 프로그램이 곧 실용화될 것이다.

㊭ soon, before long, presently

short-lived
[ʃɔ́:rt lívd, ᵹ láivd]

a. 단명의

This marriage was short-lived, ending in divorce in 1985.

이 결혼은 수명이 짧았고, 1985년에 이혼으로 끝났다.

㊭ temporary, impermanent
㊩ permanent

skilled
[skíld]

a. 숙련된

Many economists say what the developing country is really short of are skilled people, especially managers.

많은 경제 전문가들은 그 개발도상국에 진짜로 부족한 것은 숙련된 인력, 특히 관리자라고 말합니다.

유 expert, skilful, versatile, complete

stir
[stə́:r]

v. 각성시키다

His speech was calculated to stir up people to revolution.

그의 연설은 국민에게 혁명을 선동하도록 계산된 것이었다.

유 agitate, stimulate, excite, rouse, awaken, waken

substantial
[səbstǽnʃəl]

① a. 상당한

There are a substantial number of shipwrecks in and around Thunder Bay.

썬더 베이 주변에는 상당한 수의 난파선들이 있다.

유 sizable, considerable, significant, large, ample

② a. 실재하는

The two sides have not reached any substantial agreement during the summit.

양측은 정상 회담에서 실질적인 합의에 도달하지는 못했다.

유 real, true, material, actual, concrete

supplement
[sʌ́pləmənt]

① n. 추가, 보충

If you are pregnant or are breast-feeding, consult a doctor before taking supplements.

당신이 임신 중이거나 모유 수유중이라면 보충제를 복용하기 전에 의사와 상담하십시오.

유 extension, appendix

② v. 보충하다

She supplemented her income by working as a singer, and also worked in theater.

그녀는 가수로서 일하고, 또한 극장에서 일하면서 수입을 보충했다.

유 add on, affix

Day 28

accretion
[əkríːʃən]

n. 증가물, 첨가

The accretion of power marked the family's rise in social standing.
권력의 증대로 그 가문은 더 많은 사회적 지위를 누리게 되었다.

⟲ accumulation

antagonize
[æntǽɡənàiz]

v. 대항하다, 적대하다

She began to antagonize to the other runners with her arrogance.
그녀는 오만함 때문에 다른 주자들의 반감을 사기 시작했다.

⟲ counteract

barely
[béərli]

adv. 거의 ~않다

The oldest are barely out of college, and the youngest are still in kindergarten.
가장 나이 많은 사람들은 대학을 나온 사람이 거의 없고, 가장 어린 사람들은 아직도 유치원생이다.

⟲ hardly, scarcely, just ⟺ fully

beverage
[bévəridʒ]

n. 마실 것, 음료

In Australia, cider is considered an alcoholic beverage made from apples.
오스트레일리아에서는 사이다는 사과로 만드는 알콜 음료로 여겨진다.

⟲ drink, potable

chamber
[tʃéimbər]

n. (작은) 방

They put the pilots in a cramped chamber for ten-hour shifts to simulate the conditions of an actual fighter.
그들은 실제 전투기의 조건과 동일하게 하기 위해 사람들이 꽉 찬 방에 조종사들을 돌아가면서 10시간 동안 들어가 있도록 했습니다.

⟲ room, compartment

condense
[kəndéns]

v. 응축하다, 압축하다

Water will condense into droplets depending on the temperature.

물은 온도에 의해 물방울들로 응축될 것입니다.

⟲ concentrate, compress, rarefy

converge
[kənvə́:rdʒ]

v. 한 점에 모이다, 모이다

On hot days, people converge on the swimming pool to cool off.

무더운 날엔, 사람들은 더위를 식히려고 수영장에 모인다.

⟲ meet, come together, assemble ⟳ diverge

decided
[disáidid]

a. 분명한, 명확한

She showed a decided preference for classical music.

그녀는 고전 음악 쪽을 단연 선호했다.

⟲ distinct, obvious, resolute, determined

embark on

phr. ~에 나서다, 착수하다

The president has embarked on a crusade against bureaucratic corruption and business irregularities.

대통령은 관료 부패와 경제 부조리를 근절하기 위한 개혁에 착수했다.

⟲ start, begin, commence

enthrall
[inθrɔ́:l, en-]

v. ~의 마음을 사로잡다

The parents of students sat enthralled, following every word intently.

학부모들은 한마디 한마디를 몰두해서 들으면서 마음을 빼앗긴 채 앉아 있었다.

⟲ fascinate, charm, captivate, enchant ⟳ disenchant

etch
[étʃ]

v. 식각하다, 선명하게 그리다, 마음에 새기다

Those experiences were etched deeply in his memory.

그러한 경험들은 그 사람 기억 속에 깊이 남아있다.

⟲ cut, carve, rust, corrode

formidable

[fɔ́:rmidəbl]

a. 무서운

The formidable enemy has been waiting for the perfect time to strike.

무서운 적은 공격할 완벽한 시간을 기다리고 있었다.

㈜ dreadful, daunting, frightening, terrifying, horrifying

glue

[glú:]

v. ~을 아교(접착제)로 붙이다

It's not like you've spent the last week cutting and gluing paper bags together.

당신은 지난 한 주 동안 종이 봉지를 오려 붙이면서 보내지는 않았다.

㈜ stick, fasten, fix, paste

hinder

[híndər]

v. 방해하다

Her shyness hinders her from getting to know her neighbors better.

그녀는 수줍음으로 인해 이웃들을 더 잘 알게 되는 일을 저해 받는다.

㈜ hamper, stunt, interfere with, impede, hold back
㈝ aid, facilitate

impediment

[impédəmənt]

n. 방해, 장애

The full scale of the disaster has been impediment to progress in this country.

대규모 자연 재해는 이 나라 발전에 장애가 되었다.

㈜ obstacle, barrier, hindrance, difficulty

inert

[inə́:rt]

a. 자동력이 없는

She saw Laura's inert and bleeding body by the side of the road.

그녀는 Laura가 움직일 수 없었으며 피를 흘린 채 길가에 있는 것을 보았다.

㈜ inactive, motionless, stationary

intermediate

[ìntərmí:diət]

a. 중간의

The patient recovered enough to be moved to an intermediate care facility.

그 환자는 중간 치료 시설로 옮겨갈 수 있을 정도로 회복되었다.

㈜ between extremes, middle, moderate, halfway

involve
[inválv]

v. 포함하다, 수반하다

Schools should involve students more in decision-making.

학교는 결정을 내릴 때 학생을 더 많이 포함시켜야 한다.

㈜ include, contain, cover, entail

juvenile
[dʒúːvənl, -nàil]

a. 젊은, 소년의

Juvenile delinquency means antisocial actions and crimes by young people who are not old enough.

소년 범죄란 충분히 나이가 들지 않은 어린 사람들이 저지른 반사회적 행동과 범죄를 뜻한다.

㈜ puerile, young, immature

margin
[máːrdʒin]

n. 가장자리, 여백, 차이, 한계

They lost the game by a very narrow margin.

그들은 시합을 매우 근소한 차로 졌다.

㈜ edge, border, side, verge, perimeter, boundary
㈝ center

measure
[méʒər]

v. 재다, 측정하다

Chemistry students in laboratories make use of scales to measure materials.

화학 생도들은 실험실에서 물질을 측정하기 위해 저울을 사용한다.

㈜ gauge, calculate. compute, estimate, evaluate, rate

microorganism
[màikrouɔ́ːrgənìzm]

n. 미생물

Shorter wavelengths damage microorganisms that contaminate or spoil food.

방사선은 식품을 오염시키거나 부패시키는 미생물들을 파괴시킨다.

㈜ microbe, bacteria

militia
[milíʃə]

n. 민병대

We are a minority and we do not have a force to face the Iraq's militias.

우리는 소수라서 그 이라크 민병대에 맞설 힘을 갖고 있지 않다.

⟱ military, army, reserves

minor
[máinər]

a. 중요하지 않은

Because we're located here in the countryside, the public perceives us as a minor and unimportant hospital.

저희 병원은 이곳 시골에 위치해 있기 때문에, 사람들은 저희를 대수롭지 않은 병원으로 생각하고 있습니다.

⟱ unimportant, unknown, lesser, insignificant, subordinate

negligence
[néɡlidʒəns]

n. 태만, 부주의

I hope the official is fined and jailed for his negligence.

나는 그 공무원이 직무 태만으로 벌금을 부과 받거나, 감옥에 가기를 바란다.

⟱ carelessness, nonperformance

placid
[plǽsid]

a. 평온한

As the camera zooms in on her face, which remains placid, still, and expressionless.

카메라가 그녀의 얼굴로 줌인해 들어가는데, 그녀의 얼굴은 평온하고 아무 표정이 없다.

⟱ still, calm, peaceful, pacific, tranquil

porosity
[pɔːrásəti]

n. 다공성, 구멍

The porosity of a sponge allows it to absorb a great amount of liquid.

스폰지의 구멍은 그것이 많은 양의 수분을 흡수할 수 있도록 해준다.

⟱ space, pore ⟱ solidity

score
[skɔ́ːr]

① v. 얻다

The duo scored their greatest successes and reached a peak of popularity in 2008.

그 2인조는 그들 최대의 성공을 거두었고, 2008년에 최고 인기의 정상에 올랐다.

⊕ win, gain

② n. 악보

Before sound was first broadcast over the radio, classical music was passed down through written scores.

라디오를 통해 음성이 첫 방송되기 전에, 고전 음악은 쓰여진 악보를 통하여 전달이 된다.

⊕ musical score, musical notation

spark
[spáːrk]

v. 유발하다, 야기하다

The banned red dye was detected in hundreds of food products in England and China, sparking public concerns over food safety.

사용이 금지된 이 빨간색 색소는 영국과 중국에서 수 백 종의 식품에서 발견되어 식품 안전에 대한 국민의 불안을 불러일으켰다.

⊕ bring about, trigger

subsidize
[sʌ́bsədàiz]

v. 보조금을 지급하다

50 pounds would help to subsidize the training of an unemployed teenager.

50파운드면 실직 상태에 있는 십대들을 위한 교육을 보조하는 데 도움이 될 것이다.

⊕ support, assist, finance, encourage, pay

survey
[sərvéi]

v. 조사하다

The news agency surveyed people about the proposed taxes.

그 뉴스 방송국은 건의된 세금안에 대한 국민들의 의견을 조사했다.

⊕ examine, inspect, observe, view

sustained
[səstéind]

a. 지속된, 한결같은

Sustained, high rates of investment are consequently needed to develop new growth items.

새로운 성장 품목들을 개발하기 위해서는 높은 투자율이 지속되어야 한다.

㈜ continuous, uninterrupted, constant, steady

transformation
[trænsfərméiʃən]

n. 변화

He played a major role in the transformation of the Roman Republic into the Roman Empire.

그는 로마 공화국에서 로마 제국으로 변화하는 데 중요한 역할을 했다.

㈜ change, metamorphosis, conversion, shift

wholesale
[hóulsèil]

a. 대대적인, 대량의

His article is a wholesale refutation of modernization.

그의 글은 현대화에 대한 대대적인 논박이다.

㈜ indiscriminate, extensive

worldly
[wɔ́:rldli]

a. 세속적인

After ten years in London, she's much more worldly than she was.

그녀가 런던에 10년을 머무른 후 전보다 훨씬 세속적이 되었다.

㈜ earthly, mundane, terrestrial, materialistic

wrangle
[rǽŋgl]

v. 논쟁하다, 말다툼하다

They're still wrangling over the dispatch.

그들은 파병 문제에 대해 아직도 언쟁을 하고 있다.

㈜ dispute, argue, debate, quarrel

actually
[ǽktʃuəli]

adv. 실지로, 실제로

Very few people actually become in good condition with treatment.

치료를 받은 사람들 가운데 실제로 몸상태가 좋아지는 경우는 매우 드뭅니다.

ⓡ in fact, literally, as a matter of fact

adapted
[ədǽptid]

a. 개조된

The story of "Spring Days" is adapted from the Japanese drama "Heaven's Coins."

'봄날'의 줄거리는 일본 드라마인 '별의 금화'를 각색한 작품이다.

ⓡ modified, altered

aggravate
[ǽɡrəvèit]

v. 악화시키다

The financial crisis of 1997, 1998 aggravated the situation.

1997년과 1998년의 경제 위기는 상황을 악화시켰다.

ⓡ worsen, exacerbate, inflame, intensify

analogous
[ənǽləɡəs]

a. 유사한

The experience of ecstasy is in a sense analogous to drunkenness or sleep.

황홀감의 경험은 어떤 의미에서 술이나 잠에 젖은 상태와 비슷하다.

ⓡ similar, comparable, parallel

calculate
[kǽlkjulèit]

v. 추정하다, 판단하다

Scientists have calculated that the world's population will be one half by the end of the century.

과학자들은 금세기 말이 되면 세계 인구가 절반이 될 것이라고 추산했다.

ⓡ evaluate, figure, determine

complacency
[kəmpléisənsi]

n. 자기만족

There's no complacency among Labour leaders, quite the contrary.
노동당 지도자들 사이에서 자기만족을 하는 경우는 없다, 오히려 그 반대다.

위 satisfaction, complacence

concomitant
[kankámətənt]

a. 수반하는, 동시에 일어나는

Culture is not always a concomitant of wealth.
문화는 항상 부와 동시에 일어나는 것은 아니다.

위 concurrent, subsequent, simultaneous

consistent
[kənsístənt]

a. 일관된

The government should be consistent in economic policies to prevent the nation's international credibility from being affected.
정부는 국가 신인도의 추락을 막기 위해 일관된 경제 정책을 실시해야 한다.

위 steady, dependable, uniform, unchanging, constant
반 inconsistent

consort
[kánsɔːrt]

v. 교제하다, 사귀다

The doctors are instructed not to consort with their patients.
그 의사들은 그들의 부모들과 사귀지 말라고 교육 받는다.

위 associate with, fraternize

disciple
[disáipl]

n. 제자

He is the only disciple who understands his professor.
그는 그의 교수를 이해하는 유일한 제자이다.

위 pupil, adherent, student

disclose
[disklóuz]

v. 드러내다
Both women agreed to be interviewed on the condition that their identities not be disclosed.

두 여성은 그들의 신원이 밝혀지지 않는다는 조건에서 인터뷰하기로 동의했다.

윤 reveal, make known, release, expose, uncover
반 conceal, hide

excel
[iksél]

v. 능가하다, 앞서다
Despite this, Muslim women excel in all fields.

이러한 상황에도 불구하고, 이슬람교도 여성들은 모든 분야에서 두각을 나타내고 있다.

윤 stand out, be superior to, surpass

feature
[fíːtʃər]

n. 특징
The best feature of the house is the gym.

그 집의 가장 큰 특징은 헬스장이다.

윤 aspect, characteristic, facet, hallmark, trademark

glow
[glóu]

v. 백열하다, 빛을 내다
Glowing red skin is not attractive and ultimately can be health-threatening.

붉게 빛나는 피부는 매력적인 것이 아니라, 궁극적으로는 건강을 위협할 수 있다.

윤 shine, gleam, glimmer, radiate

incinerate
[insínərèit]

v. 태우다, 소각하다
More than three centuries later, the temple was incinerated in a large fire.

3세기 이전에, 그 절은 큰 불에 소각되었다.

윤 burn, cremate

incised
[insáizd]

a. 새긴, 조각한

Small perforations, which in time developed into the bigger, clearer perforations of the so-called "four pillars" style with designs incised into the surfaces.

작은 구멍은 이윽고 좀더 크고 선명한 구멍으로 발전되어, 표면에 새겨진 디자인을 갖고 있는 소위 '네 개의 기둥' 스타일이 되었다.

유 carved, cut, carven, compound

literally
[lítərəli]

adv. 사실상, 실제로

So for the next 7 years, they will literally jump while they work creating this special language.

그들은 앞으로 7년간, 이 특수 언어를 개발하면서 실제로 점프하기도 할 것입니다.

유 really, actually

master
[mǽstər, máːs-]

v. 숙달하다, 통달하다

He made an effort to master the language so he could become a translator.

그는 번역사가 되기 위해 그 언어를 숙달하느라고 애를 썼다.

유 learn thoroughly

moderate
[mάdərət]

a. 절제있는, 온건한

In both spring and summer, there is moderate rainfall, with summer having a little more rain than spring.

봄과 여름 모두 적당하게 비가 내리고, 봄보다는 여름에 조금 더 비가 많이 옵니다.

유 temperate, gentle, reasonable   반 extreme

occupy
[άkjupài]

v. 종사하다, 전념하다

The child occupied himself in playing video games.

그 아이는 비디오 게임에 열중해 있었다.

유 engage, employ, absorb, engross, involve

on occasion

phr. 가끔

On occasion, it is necessary for children to be praised when they behave well.

이따금, 어린 아이들이 잘 처신했을 때 아이들을 칭찬해 주는 것이 필요하다.

㈜ occasionally, sometimes, periodically

option
[ápʃən]

n. 선택, 선택권

Pupils in our school have the option of taking Arabic, French, or German.

우리 학교 학생들은 아랍어, 프랑스어, 독일어 중 하나를 고를 선택권을 갖고 있다.

㈜ choice, alternative, preference

outline
[áutlàin]

① n. 윤곽

She could see only the outline of the car in the dim light.

그녀는 희미한 불빛 속에서 차의 윤곽만 볼 수 있었다.

㈜ figure, contour, silhouette, profile, configuration, perimeter

② n. 개요

Mr. Rydes has drawn up an outline of these reports.

라이데스 씨께서 이 보고들에 대한 개요를 작성했습니다.

㈜ summary, draft, rough draft, sketch, framework

plumage
[plú:midʒ]

n. 깃털

The female is smaller than the male, with brown plumage and black barred below.

암컷은 수컷보다 더 작고, 갈색의 깃털을 가지고 있으며 아래에 검정색 가로 줄무늬가 있다.

㈜ feather, plume

prevent
[privént]

v. 막다, 방해하다

Special liners under the landfill prevent contamination and odor.

쓰레기 매립지의 특수 라이너는 오염과 냄새를 막는다.

㈜ avoid, preclude, impede, hinder, obstruct
㈝ cause, encourage

regard
[rigá:rd]

n. 고려, 관심

Out of regard for his wife, I didn't make the matter public.

그의 부인 입장을 고려하여, 나는 그 일을 공개하지 않았다.

⑪ attention, paying attention, notice

revise
[riváiz]

v. 교정하다, 수정하다

The architect on the project recommended that we revise our plans for the public square construction.

그 계획 단지를 맡은 건축가는 우리가 광장 조성 계획을 수정해야 한다고 제안했다.

⑪ edit, modify, correct, rewrite, rephrase

safe
[séif]

a. 안전한

Ancient therapies are still used today and are considered safe and effective.

고대 치료법들은 오늘날까지 여전히 쓰이고, 안전하고 효과적이라고 여겨진다.

⑪ secure, protected, sheltered, guarded, defended

scrutiny
[skrú:təni]

n. 정밀한 조사

In 1994 the problem again came under the close scrutiny of the Department of Education.

1994년에 그 문제는 또다시 교육부의 정밀한 조사를 받게 되었다.

⑪ examination, investigation

seductive
[sidʎktiv]

a. 유혹적인, 매력 있는

The house that once looked so seductive and alluring, now seemed to be merely sleezy and dismal.

한 때는 그처럼 매력적이고 유혹적이던 집이 이제는 더럽고 음침해 보였다.

⑪ attractive, tempting, teasing, enticing

spare

[spέər]

v. 아껴서 안 쓰다, 절약하다

On the other hand, he spared no pains to recover lost Danish territory.

반면에, 그는 잃어버린 덴마크의 영토를 되찾기 위해 어떤 수고도 아끼지 않았다.

⊕ save, refrain, economize

spectator

[spékteitər, -´-]

n. 구경꾼, 관객

The spectators shouted altogether when the famous player hit a homerun.

그 유명한 선수가 홈런을 치자 관중은 일제히 함성을 질렀다.

⊕ viewer, observer, watcher, beholder, onlooker

stimulating

[stímjulèitiŋ]

a. 자극하는, 활기를 띠게 하는

It is intellectually stimulating to live in a big city.

대도시에 사는 것은 지적인 자극제가 된다.

⊕ restorative, exciting, inspiring, rousing

typically

[típikəli]

adv. 일반적으로

Department stores typically provide better benefits than supermarkets.

백화점은 일반적으로 수퍼마켓에 비해 복리후생이 좋다.

⊕ usually, normally
⊖ atypically

unbearably

[ʌ̀nbέərəbli]

adv. 참을 수 없게, 견딜 수 없게

The smoke inside made work impossible, but opening the window would make the office unbearably cold.

내부 연기로 일을 할 수 없을 지경이었지만, 창문을 열면 사무실 안이 못 견디게 추워질 것 같았다.

⊕ extremely

Day 30

bond
[bánd]

n. 유대, 결속

The close bond is essential for the child, regardless of biological relatedness.

생물학적 친족 관계와 상관없이 강한 유대감은 아이에게 가장 중요한 것입니다.

유 tie, link, binding, connection, attachment, union

compact
[kəmpǽkt]

a. 조밀한, 빽빽한

I love my compact room in Washington.

나는 워싱턴에 있는 나의 아담한 방을 좋아한다.

유 dense, packed, compressed, solid, condensed

complement
[kámpləmənt]

v. 보완하다, 보충하다

His business ability complements her flair for design.

그의 사업 수완이 그녀의 디자인에 대한 재능을 보완한다.

유 supplement, complete, balance

conformity
[kənfɔ́:rməti]

n. 유사, 일치

The true principles of all religions are in conformity with the teachings of science.

모든 종교에서의 진실한 원리는 과학에서의 가르침과 일치한다.

유 agreement, correspondence

contagious
[kəntéidʒəs]

a. 전염성의

Influenzas are even more contagious than the common cold.

독감은 보통 감기보다 더 잘 전염됩니다.

유 infectious

curious

[kjúəriəs]

a. 호기심이 강한

Scientists curious about animals have conducted experiment on animals.

동물에 호기심을 가지고 있는 과학자들은 여러 가지 동물 실험을 했습니다.

㈜ inquiring, inquisitive, interested, searching, questioning

defeated

[difí:tid]

a. 패배한

Our troops took the fortress by surprise but we got defeated by enemies.

우리 군대는 요새를 기습했지만 적군들에게 패배했다.

㈜ conquered

deplete

[diplí:t]

v. 고갈시키다

That country has depleted its natural reserves of important materials completely.

그 나라는 중요한 물질의 천연자원을 완전히 고갈시켰다.

㈜ exhaust, consume, eat up, use up, eat

embody

[imbádi, em-]

① v. 구현하다

To me, he embodies all the best qualities of a doctor.

내가 볼 때는, 그는 의사로서 가장 우수한 자질들을 구현하고 있다.

㈜ represent, symbolize, stand for, typify, express

② v. 담고 있다, 통합하다

The latest cell phone model embodies many new features.

최신 휴대폰 모델은 많은 새로운 특징들을 담고 있다.

㈜ combine, incorporate, bring together, comprise, contain

enunciate

[inʌ́nsièit, -ʃi-]

v. 명확하게 발음하다, 명확하게 진술하다

The buyer enunciated her conditions for buying the car.

그 구매자는 차를 사는 데 있어서 필요한 조건들을 명확하게 말했다.

㈜ pronounce, articulate, enounce, sound out, say

flattering

[flǽtəriŋ]

a. 아첨하는

He referred to your work in very flattering terms.

그는 대단히 추켜세우는 어투로 너의 일에 대해 말했다.

유 complimentary, adulatory, ingratiating, insinuating

grand

[grǽnd]

a. 웅장한, 위엄 있는

In the longer run, China has a grand ambition: to lead an East Asian community.

장기적으로, 중국은 웅장한 야심을 가지고 있는데 그것은 동아시아의 맹주가 된다는 것이다.

유 magnificent, imposing, stately, majestic

guess

[gés]

v. 짐작하다, 추측하다

I'm sure you can guess what the "polite" response might be.

나는 '공손함'에 대한 대답이 어떨지 당신이 짐작할 수 있다고 확신한다.

유 imagine, conjecture, suppose

heritage

[héritidʒ]

① n. 상속 재산, 유산

These ancient buildings are part of the national heritage.

이 고대 건물들은 국가 유산의 일부이다.

유 inheritance, legacy, bequest, endowment, estate

② n. 전통

Present day the pigmy live in small settlements or towns, and maintain great pride in their heritage.

오늘날의 피그미 족은 작은 촌락 또는 마을을 이루어 살면서 그들의 전통에 대한 대단한 자긍심을 지켜 나가고 있다.

유 tradition, history, background

impetus

[ímpətəs]

n. 자극, 충동

The treaty gave fresh impetus to trade.

그 조약은 무역에 신선한 자극을 주었다.

유 stimulus, drift

importance
[impɔ́ːrtəns]

n. 중요성

The doctor drove home the importance of good rest.

의사는 충분한 휴식이 중요함을 납득시켰다.

윤 significance, consequent, moment, weight

jeopardy
[dʒépərdi]

n. 위험

His political activity placed in jeopardy both his life and his family.

그의 정치 활동 때문에 그의 생활과 가족이 모두 위험에 빠졌다.

윤 danger, hazard, peril, risk, endangerment

mammoth
[mǽməθ]

a. 거대한

It was a mammoth performance, with hundreds of singers and actors.

그것은 연기자와 가수가 수 백 명이나 참가한 거대한 공연이었다.

윤 huge, enormous, giant, gigantic, vast, immense

manipulate
[mənípjulèit]

v. 조종하다, 교묘하게 조작하다

He manipulated the account to conceal his irregularities.

그는 자기의 비리 행위를 감추기 위해 장부를 조작했다.

윤 influence, control, exploit, maneuver

mastery
[mǽstəri, máːs-]

n. 숙달, 전문 기술

Dutch people in contact with foreigners often are eager to show their mastery of foreign languages, in particular English.

외국인과 만난 네덜란드 사람들은 종종 그들이 외국어, 특히 영어에 숙달했다는 것을 보여주는 데 열심이다.

윤 proficiency, skillfulness, expertise

mock
[mák]

v. 조롱하다

Then do not be surprised and resentful when people continue to mock you.

그렇다면 사람들이 당신을 계속 조롱할 때 놀라거나 분개하지 마십시오.

㈀ ridicule, sneer at, deride, scorn, make fun of

paradoxical
[pæ̀rədáksikəl]

a. 역설의, 자기모순의

It's paradoxical that we should feel cold in hot weather.

더운 날씨에 추위를 느낀다는 것은 역설적이다.

㈀ seemingly contradictory, incomprehensible, inexplicable

parallel
[pǽrəlèl, -ləl]

① a. ~와 유사한

I offer this historical example to show the parallels in the ongoing Global War on Terror and specifically the War in Iraq.

나는 현재 진행중인 세계적인 테러와의 전쟁, 특히 이라크 전쟁이라는 유사한 경우를 보여주기 위해 이러한 역사적 사례를 제시한다.

㈀ comparable, corresponding, similar, like, analogous

② v. ~와 유사하다, 필적하다

Nobody parallels him in playing the piano.

피아노 연주에 있어서는 그에 필적할 자가 없다.

㈀ match, correspond, compare,

rigid
[rídʒid]

① a. 단단한, 딱딱한

These two parts are held together by strong, rigid steel bars.

이 두 부분은 강하고 단단한 철근들에 의해서 버텨진다.

㈀ stiff, inflexible, unmoving

② a. 엄격한

The rigid rules of the National Assembly are close to impossible to change.

엄격한 국회의 법을 바꾸는 것이 거의 불가능하다.

㈀ strict, severe, stern, rigorous

set
[sét]

v. 놓다, 두다

Fry the onion for five minutes and then set it aside while you cook the fish.

양파를 5분 동안 볶고 난 다음 생선을 요리할 동안 옆에 두세요.

위 put, situate, place, locate

spirit
[spírit]

n. 정신, 영혼

The indomitable spirit of the paramedics helped save many lives.

구급 요원들의 불굴의 정신은 많은 생명을 구하는 데 일조했다.

위 mind, liveliness, heart, intent

spoil
[spóil]

v. 망치다

A succession of accidents spoiled our train trip.

사고가 연속돼 우리 기차 여행을 망쳤다.

위 mar, damage, impair, blemish, destroy, wreck

stride
[stráid]

n. (pl.) 진보, 발전

Some teachers are making great strides to help their students hold on to their heritage.

일부 교사들은 그들의 문화유산을 고수하도록 그들 학생들을 돕는 데 큰 진전을 보이고 있습니다.

위 progress

struggle
[strʌ́gl]

v. 싸우다, 격투하다

Small children are apt to let drive at others when they struggle.

작은 아이들은 싸울 때 다른 사람들에게 때리면서 덤비는 경향이 있다.

위 compete, contend, battle

subject
[sʌ́bdʒikt]

a. 영향을 받는(받기 쉬운)

The doctor said the cost is subject to changes according to the cause and skin condition.

의사는 원인이나 피부 상태에 따라 비용이 달라질 수 있다고 말했다.

위 susceptible

swift
[swíft]

a. 빠른, 신속한

With the failure of the peace talks all hopes of a swift end to the war have flown out of the window.

평화 회담이 실패로 돌아감에 따라 전쟁이 신속히 종식되리라는 희망이 사라졌다.

유 quick, fast, speedy, fleet
반 slow

synchronize
[síŋkrənàiz]

v. 동시에 일어나다

The sound in a movie must synchronize with the action.

영화의 음향은 액션과 동시에 진행되어야 한다.

유 contemporize, occur at the same time

transition
[trænzíʃən, -síʃ-]

n. 변천, 변화

His life was a transition from poverty to wealth.

그의 인생은 가난으로부터 부유함으로의 변천 과정이었다.

유 change, modification, alteration

voracious
[vɔːréiʃəs, və-]

a. 탐욕적인, 물릴 줄 모르는

Because of her pregnancy, she has a voracious appetite.

그녀의 임신 때문에, 그녀는 물릴 줄 모르는 식욕을 갖고 있다.

유 insatiable, acquisitive, gluttonous

worship
[wə́ːrʃip]

v. 예배하다, 숭배하다

Because the Romans had so many gods to worship, they lived in fear of angering them.

로마인들은 숭배할 매우 많은 신들이 있었기 때문에, 그들은 신들이 노여워 할 것을 두려워하며 살았다.

유 revere, venerate, honor, adore
반 blaspheme, dispise

Day 31

accustomed
[əkʌ́stəmd]

a. 익숙해진

People are accustomed to using mufflers to make themselves warm.

사람들은 자신을 따뜻하게 하기 위해서 목도리를 사용하는 것에 익숙해져 있다.

유 usual, used to, customary

assigned
[əsáind]

a. 정해진, 임명된

Assigned lifeguards are avoiding the local officials.

임명된 인명 구조원들은 지역 관계자들을 피해 다닌다.

유 specified, appointed, designated

brave
[bréiv]

a. 용감한

Amundsen was a brave pioneer who was one of the first explorers of the North and South Poles.

아문센은 북극과 남극을 처음으로 탐험한 사람 중 하나로 용감한 개척자이다.

유 courageous, heroic, gallant, fearless, gutsy
반 cowardly

challenge
[tʃǽlindʒ]

n. 과제, 난제

Our primary economic challenge is to curb inflation.

우리가 직면한 제 1의 경제적 과제는 인플레 억제이다.

유 questioning, inquiring, difficulty, problem

cleanse
[klénz]

v. 청결하게 하다, 씻다

Cleanse gently rinse the eyes and surrounding area with mild soap and water.

눈 부위를 순한 비누와 물로 부드럽게 씻어낸다.

유 clean, purify, neaten

conclusive

[kənklúːsiv]

a. 결정적인

Her fingerprints on the knife were conclusive proof of her guilt.

칼에 있던 그녀의 지문은 그녀의 죄에 대한 결정적 증거였다.

㉨ definite, undeniable, indisputable, unquestionable

construe

[kənstrúː]

v. 해석하다

This should not be construed as a problem with the pickled vegetable.

이는 절인 야채에 문제가 있다는 것으로 해석되어서는 안 된다.

㉨ interpret, see

counter to

phr. ~와 역행하여, 정반대로

That runs counter to all our expectations.

그것은 우리의 모든 예상에 역행되는 것이다.

㉨ in opposition to

crackdown

[krǽkdàun]

n. 갑자기 후려침, 단속

The crackdown, as often before in Russian history, threw the baby out with the bath water.

러시아의 과거 역사에서 흔히 그랬듯이 이번 단속은 목욕물과 함께 아기를 버리는 꼴이다.

㉨ enforce laws, suppression, crushing

daring

[déəriŋ]

a. 대담한

Audiences will thrill to the hero's daring exploits.

남자 주인공의 과감한 묘기를 보면 관객들은 전율할 것이다.

㉨ bold, adventurous, brave, courageous
㉰ cowardly, cautious

deadly

[dédli]

a. 치명적인

People become more likely to get deadly infections as they develop pneumonia.

폐렴이 진행되면서 환자는 치명적인 감염에 노출될 가능성이 높아집니다.

㉨ fatal, toxic, mortal, noxious

decisive
[disáisiv]

a. 결정적인, 중대한

The leg injury to their key player was a decisive factor in the football game.

그들의 주전 선수가 입은 다리 부상이 그 축구 경기의 결정적인 요소가 되었다.

유 definite, deciding, determining, final, crucial, influential
반 insignificant

far-reaching
[fáːríːtʃiŋ]

a. 멀리까지 미치는, 폭넓은

Reminders of the need for far-reaching U.N. reform keep rolling in.

광범한 유엔 개혁의 필요성을 일깨워 주는 사건들이 속속 나타나고 있다.

유 extensive, widespread, broad

fatal
[féitl]

a. 치명적인

Consumption of seashells from this beach could lead to fatal infection.

이 해변에서 잡은 조개들을 먹으면 치명적인 병에 감염될 수도 있다.

유 deadly, mortal, lethal, killing, final
반 harmless, beneficial

feeble
[fíːbl]

a. 연약한

Shamanism is the religion of feeble minds.

샤머니즘은 연약한 마음들이 믿는 종교이다.

유 weak, frail, powerless, delicate

flash
[flǽʃ]

v. 번쩍 비치다, 번쩍거리다

The screen flashed with advertisement for cosmetic surgery clinics.

스크린은 성형 수술 병원의 광고로 번쩍거렸다.

유 shine, brassy, dart, flaunt

full-blown
[fúl-blóun]

a. 성숙한, 완전한

He has some symptoms, but not yet the full-blown disease.

그가 약간의 증상은 있지만, 아직 병이 완전히 진행된 것은 아니다.

유 complete, mature

henceforth

[hènsfɔ́:rθ]

adv. 앞으로

Henceforth, all students must have masks.

지금부터, 모든 학생들은 마스크를 소지해야 한다.

윤 from now on

imaginable

[imǽdʒənəbl]

a. 상상할 수 있는

In her works, she has used every color imaginable.

그녀는 자신의 작품에 생각해 낼 수 있는 모든 색상을 사용했다.

윤 conceivable, thinkable

inveigle

[invéigl, -ví:-]

v. 꾀다, 유인하다

She inveigled him into buying a new shoes.

그녀는 그가 새로운 신발을 사도록 유도했다.

윤 entice, lure, wheedle, cajole

manage

[mǽnidʒ]

v. 경영하다, 관리하다

After endless discussions they finally laid a course how to manage two companies at the opposite sides of the globe.

끝이 없는 토론 끝에 그들은 마침내 지구 반대 편에 있는 두 회사를 어떻게 경영할 것인지 정하였다.

윤 run, direct, lead, control, conduct, superintend

opposite

[ápəzit]

① a. 반대편의, 정반대의

The gambling operation run exists for the opposite reason.

도박 사업은 정반대의 이유에서 존재한다.

윤 different, unlike, counter, contrary, reverse, contradictory

빈 same, like, identical

② n. 정반대

He met a girlfriend who was almost the exact opposite of the previous one.

그는 이전과 거의 정확히 정반대되는 여자 친구를 만났다.

윤 contrast, reverse, contrary

perceive

[pərsíːv]

v. 감지하다, 알아차리다

I perceived that you didn't think I was
intelligent enough.

나는 당신이 나를 충분히 지적이지 않다고 생각하는 것을 알아차렸습
니다.

유 see, catch, spot, observe, glimpse, notice, make out

piece

[píːs]

① n. 조각

These are more like pieces of well-crafted
armaments than decorative objects to be worn
by the ladies who lunch.

이것들은 식사하는 여인이 착용한 장신구라기보다는 정교하게 만들어
진 무기 조각과 더 흡사하다.

유 fragment, shard, part, bit, section, segment

② v. 잇다, 접합하다

The details of their daily life must be pieced
together from classical references, and
legends later put into writing.

이들의 일상생활을 자세히 알려면 고전 작품에 나오는 인용문이나 훗
날 문자화된 전설 등을 짜 맞추어야 합니다.

유 join, combine, patch

ratify

[rǽtəfài]

v. 비준하다, 승인하다

The Luxembourg parliament is expected to
ratify the treaty in spring 2005.

룩셈부르크 의회는 2005년 가을에 그 조약을 비준할 예정이다.

유 endorse, confirm, sign, sanction, warrant, approve

raw

[rɔ́ː]

a. 가공하지 않은

Obtain some raw milk, produced in a clean,
healthy environment by healthy cows or
goats.

건강한 소나 염소에게서 얻어져서 깨끗하고 건강한 환경에서 생산된
비가공 우유를 약간 얻으십시오.

유 unprocessed, unrefined, crude, coarse, unprepared

rot
[rát]

v. 썩다, 부패하다

The box of potatoes sat so long in the hall that the vegetable began to rot.

감자 상자를 현관에 너무 오래 둔 바람에 감자가 썩기 시작했다.

�유 decay, corrupt, decompose

shallow
[ʃǽlou]

a. 얕은

Most crocodile attacks take place in shallow water, where crocodiles often hunt.

대부분의 악어 공격은 상어들이 즐겨 사냥하는 얕은 물에서 이루어진다.

�유 shoal, not deep   ㊇ deep

shrivel
[ʃrívəl]

v. 시들다, 오그라들다

Fungus shrivels when exposed to air and light.

균류는 공기나 빛에 노출되면 시든다.

�유 dry up, desiccate, wither

special
[spéʃəl]

a. 특별한

Experts in a special control room observed the work of the machinery.

특별 통제실에 있는 전문가들은 그 기기의 작동을 관찰했다.

�유 exceptional, remarkable, unusual, extraordinary
㊇ ordinary, usual, general

straightforward
[strèitfɔ́:rwərd]

adv. 똑바로, 솔직히

I finally lost my temper and told him straightforward how I feel.

나는 결국 화가 폭발해서 그에게 내 마음을 솔직히 말했다.

�유 clearly, directly, straight, plainly

tool
[túːl]

n. 도구, 연장

I think it's fine for it to meld into the infrastructure and be a special tool.

나는 그것을 혼합하여 특별한 도구로 만드는 게 좋다고 생각합니다.

�유 implement, utensil, device, aid, instrument

unbearable
[ʌnbέərəbl]

a. 견딜 수 없는

The pain seems unbearable, but I can promise you that the hurt will go away.
고통을 견딜 수 없을 것 같지만, 약속하건데 고통은 사라질 것입니다.

㉠ intolerable, insufferable, unendurable, unacceptable

unceasing
[ʌnsíːsiŋ]

a. 끊임없는, 부단한

The nightly noise and tumult were unceasing and intolerable.
밤마다의 소음과 소란은 끊이지 않았고, 참기 힘들었다.

㉠ continuing, continual, ceaseless, uninterrupted, incessant

undertaking
[ʌndərtéikiŋ, ←←←-]

n. 사업, 떠맡은 일

Writing a business plan is essential to the success of this undertaking.
사업 계획을 작성하는 것이 이 사업의 성공을 위해서 긴요하다.

㉠ enterprise, project, task, labor

uninitiated
[ʌniníʃièitid]

a. 충분한 경험이 없는

To the uninitiated, the systems analysis seems extremely complicated.
초보자들에게 이 시스템 분석은 지극히 복잡하게 보인다.

㉠ inexperienced, inexperient

ware
[wέər]

n. 제품

The streets were full of people hawking their wares.
거리는 상품을 행상하는 사람들로 가득했다.

㉠ product, merchandise

yet
[jét]

conj. 그럼에도 불구하고

Yet the importance of the public role of broadcasters cannot be overemphasized.
그럼에도 방송사의 공공적 역할의 중요성은 아무리 강조해도 지나치지 않다.

㉠ nevertheless, still

Day 32

---

absurd

[æbsə́:rd, -zə́:rd]

① a. 불합리한

The prosecution has received the suspect's absurd statement.

검찰은 용의자의 불합리한 진술을 받았다.

☞ illogical, unlogical

② a. 어리석은

It was absurd of you to get involved in another's quarrel.

다른 사람의 싸움에 끼어들다니 네가 어리석었다.

☞ preposterous, foolish

---

activity

[æktívəti]

n. 활기, 호경기

There isn't much activity in the big markets after midnight.

자정 이후에는 대형 슈퍼마켓에 활기가 많지 않다.

☞ liveliness

---

allege

[əlédʒ]

v. 단언하다, 강력히 주장하다

The prosecution alleges that the business group is in breach of the law.

검사는 그 기업 집단이 법을 위반했다고 주장합니다.

☞ assert, maintain, asseverate, plead, say

---

break

[bréik]

v. 부수다

The sound of your voice is about as noisy as a jackhammer breaking up concrete on a sidewalk.

당신의 목소리는 거의 콘크리트 보도를 부수는 착암기의 소음과 맞먹는 수준으로 시끄럽습니다.

☞ smash, shatter, crack, fracture, crash, demolish

---

catastrophic
[kæ̀təstráfik]

a. 파멸의, 비극적인

The most catastrophic result of "peace movements" was World War II.

'평화운동'의 가장 심각한 재앙적인 결과가 제 2차 세계대전이었다.

㈜ disastrous, harmful

clarify
[klǽrəfài]

v. 뚜렷하게 하다

Here we meet to clarify our mission statement and corporate goals.

우리는 우리 회사의 사명 선언과 기업 목표를 명확히 하기 위해 이곳에 모였습니다.

㈜ clear up, elucidate

constantly
[kánstəntli]

adv. 끊임없이

The weather was hazardous and wild animals constantly threatened us.

날씨는 위험하고 야생 동물들은 끊임없이 우리를 위협했다.

㈜ continually, continuously, perpetually, always

context
[kántekst]

n. 배경

Context is needed to understand this polarization phenomenon.

이러한 양극화 현상을 이해하기 위해서는 배경 설명이 필요하다.

㈜ background, backdrop, setting

deception
[disépʃən]

n. 기만, 속임

The manager spread false information as a deception to mislead investors.

그 부장은 투자자들을 호도하려고 속임수로 거짓 정보를 퍼뜨렸다.

㈜ fraud, trickery

degree
[digrí:]

n. 정도

The degree of interest in new products or services is determined primarily by use of teenagers.

신제품이나 새로운 서비스에 대한 관심의 정도는 주로 십대들에 의해 결정된다.

㈜ extent, measure

disguise
[disɡáiz]

v. 숨기다, 감추다

Wigs are headpieces made from natural or synthetic hair which may be worn to disguise baldness or thin hair, or as part of a costume.

가발은 천연 혹은 합성 머리카락으로 만든 모자로, 대머리 혹은 머리 숱이 적은 것을 감추거나 복장의 일부분으로서 쓸 수 있다.

유 conceal, hide, cloak

emergency
[imə́ːrdʒənsi]

n. 비상사태, 위기

The Prime Minister proclaimed the month-long state of emergency during his visit to the major oil city.

총리는 원유 거래의 중심인 이 도시를 방문하던 중 한 달간의 비상사태를 선포했습니다.

유 exigency, crisis, urgent situation, danger, accident

hazard
[hǽzərd]

n. 위험

Above all, the government's still low credibility poses the most significant hazard.

무엇보다도, 여전히 낮은 정부 신뢰도는 가장 큰 위험 요소가 되고 있다.

유 danger, risk, peril, jeopardy, threat, menace

heighten
[háitn]

v. 증가시키다, 늘리다

His heavy black mustache heightened the aura of menace.

그의 풍성한 검은 수염은 위협의 기운을 증가시켰다.

유 increase

ingenious
[indʒíːnjəs]

a. 재간 있는, 독창적인

She's very ingenious when it comes to finding excuses.

변명하는 것에 관해서라면 그녀는 매우 재간이 있다.

유 clever, inventive, creative, shrewd, astute

insignificant

[ìnsignífikənt]

a. 대수롭지 않은

Your problems and worries suddenly seem insignificant.

당신의 문제와 걱정들은 갑자기 하찮은 것으로 보인다.

유 unimportant, trivial, trifling, negligible

kin

[kín]

n. 친척

His next of kin lives somewhere in Bulgaria and raises cows for a living.

그의 가까운 친척 한 분은 불가리아 어딘가에 살면서 생계를 위해 젖소를 키우고 있다.

유 relative, tribe

protect

[prətékt]

v. 보호하다, 막다

Drivers are required to fasten safety belts to protect themselves.

운전자들은 자신을 보호하기 위해서 안전벨트를 매야만 한다.

유 shield, keep safe, safeguard, preserve, defend, shelter

provided

[prəváidid]

conj. ~을 조건으로 하여, 만약 ~이라면

I prefer to go by cab, provided (that) the roads aren't crowded.

만약 도로가 붐비지 않는다면, 택시로 가고 싶다.

유 if

reject

[ridʒékt]

v. 거절하다

The ambassador rejected the host country's requests outright, and labeled them outrageous.

대사는 주최국의 요청을 말도 안 된다며 일언지하에 거절했다.

유 refuse, renounce, turn down, decline, deny

relevance

[réləvəns]

n. 적절, 관련성

His testimony is of no relevance to the case.

그의 증언은 그 사건과 관계가 없다.

유 germaneness

representative
[rèprizéntətiv]

a. 대표적인, 전형적인

Collect representative data on wages of men and women, along with their positions

그들의 직위에 따라 남자와 여자의 임금에 대한 대표적인 자료를 모아 주십시오.

㊤ typical, characteristic

resolve
[rizálv]

① v. 결심하다, 결의하다

He resolved to devote his whole life to the study of physics.

그는 물리학 연구에 평생을 바치기로 결심했다.

㊤ determine, decide, settle on, undertake

② v. 분해하다, 분석하다

Resolve a problem into simple components.

문제를 간단한 구성 요소로 분석하시오.

㊤ find a solution for, break down, disintegrate, dissolve

roster
[rástər]

n. 근무 명부

I'll swing by your office this morning to talk about the old department rosters.

오늘 오전에 당신 사무실에 들러서 예전 부서 명부에 관해 이야기하겠습니다.

㊤ list, register, card, rota

ruin
[rúːin]

v. 파멸시키다

A series of calamities ruined them - droughts, a failed harvest, and the death of a son.

가뭄, 흉작, 아들의 죽음으로 줄줄이 이어진 재난이 그들을 파멸시켰다.

㊤ destroy, devastate, wreck

scan
[skǽn]

v. 자세히 조사하다

These sensors scan the hands in motion, 30 times per second.
이 감응장치들이 움직이는 손을 1초에 30번씩 탐시합니다.

유 examine, see, scrutinize

sever
[sévər]

v. 절단하다

He helped sever the link between federal and state authorities.
그는 연방정부와 당국의 연결 고리를 끊는 데 일조했다.

유 cut, separate, part

shortcoming
[ʃɔ́ːrtkʌ̀miŋ]

n. 결점

Intelligence analyst Anthony has identified some 'shortcomings' in our intelligence capabilities.
정보 분석가 안토니는 우리의 정보력에 약간의 '결점'이 있다고 밝혔습니다.

유 disadvantage, defect, fault, flaw, imperfection

strikingly
[stráikiŋli]

adv. 두드러지게, 눈에 띄게

Fine clothes added to his strikingly handsome appearance.
멋진 옷이 그의 놀랍도록 잘생긴 외모를 더 두드러져 보이게 했다.

유 remarkably, exceedingly

subtract
[səbtrǽkt]

v. 빼다

3-year-old babies are also able to add and subtract small numbers of things.
3살짜리 아기들도 적은 수의 물건을 더하거나 뺄 수 있다.

유 deduct, take off, discount
반 add

temperament

[témpərəmənt,
-pərmənt]

n. 기질, 성질

My husband said if our son has my
temperament and his voice, we're in
trouble.

나의 남편은 우리의 아들이 내 기질과 그의 목소리를 갖는다
면, 우리는 난감한 상황이라고 말했다.

유 disposition, character, nature, temper

vestige

[véstidʒ]

n. 흔적, 자취

Not a vestige of the abbey remains.

그 수도원은 흔적도 남아 있지 않다.

유 remnant, trace, tincture

warrant

[wɔ́ːrənt, wɑ́r-]

v. 정당화하다

A minor incident like this scarcely
warrants the media attention it has
received.

이와 같은 작은 사건은 이에 대한 언론의 관심을 거의 정당화
하지 못한다.

유 justify, confirm, reassert

wit

[wít]

n. 위트, 재치

He learned to write poems at the age of
eight and had a quick wit.

그는 8살에 시를 쓰는 법을 배웠고, 예리한 기지가 있었다.

유 humor, wittiness

wreck

[rék]

v. 난파시키다, 파괴하다

Buying both Brazilian goods and a
flood of imported products wreck our
family economy.

브라질산 물건들과 엄청난 수입품의 구입은 우리 가정 경제
를 파멸시킬 것이다.

유 destroy, ruin, bust up, wrack

Day 33

amass
[əmǽs]

v. 쌓다, 모으다

He has amassed a lot of money through investments in properties and the stock market.

그는 부동산과 주식에 투자함으로써 많은 돈을 모았다.

유 accumulate, collect, gather, assemble

beam
[bíːm]

v. 빛나다, 빛을 발하다

Try to imagine the warm breeze in your face and the sun radiantly beaming on your body.

따뜻한 산들바람이 당신의 얼굴에 불어오고, 태양이 당신 몸에 눈부시게 빛을 내리쬐고 있다고 상상해 보십시오.

유 ray, shine

coarse
[kɔ́ːrs]

a. 거친

A coarse, red-faced man yelled something across the street.

붉고 거친 얼굴의 남자 한 명이 길 건너에서 뭐라고 고함을 질렀다.

유 rough, crude, scratchy, shaggy, rugged
반 fine

collectively
[kəléktiv]

adv. 공동으로

They were known collectively as the "Gang of Four."

그들은 한데 뭉뚱그려 '4인방'으로 알려졌었다.

유 together, unitedly

concentrate
[kánsəntrèit]

① v. 집중하다

The crack in his armor is that he can't concentrate on studying for a long time.

그의 약점은 공부에 오랫동안 집중할 수 없다는 것이다.

유 focus, center, converge, centralize, consolidate
반 diffuse, disperse, dissipate

② v. 모으다

Original scripts are in short supply, and investments are concentrated on projects by famous directors.

독창적 영화대본의 공급이 부족하고 유명 감독의 영화에만 투자가 모이고 있다.

㊫ collect, cluster, gather, congregate, accumulate

conditional
[kəndíʃənl]

a. 조건부의

He was sentenced to death but received a conditional pardon in 1750.

그는 사형이 구형되었지만, 1750년에 조건부 사면을 받았다.

㊫ dependent, contingent, qualified, provisional

control
[kəntróul]

v. 지배하다

Although money has a powerful effect on us, they do not control all of our lives.

비록 돈이 우리에게 엄청난 영향을 미치지만, 우리의 모든 삶을 지배하는 것은 아닙니다.

㊫ manage, head, direct, conduct, rule, govern

cultivator
[kʌ́ltəvèitər]

n. 경작자

A cultivator may find it more difficult to meet the requirements.

경작자는 필요를 충족시키는 것이 더 어렵다는 것을 알게 될 것이다.

㊫ farmer, agriculturalist, grower, raiser

demanding
[diméndiŋ]

a. 요구가 지나친, 큰 노력을 요하는

Laundry can be combined with just about any other extreme activity, but it is a demanding sport.

빨래는 다른 어느 극한 활동과도 결합될 수 있는 스포츠로, 상당히 힘든 운동입니다.

㊫ strict, difficult, exacting, exigent

designated

[dézignèitid]

a. 지정된

These independent films were screened in specially designated theaters in a category known as restricted viewing.

이들 독립 영화는 '제한상영관' 이라고 부르는 특별히 지정된 극장에서 상영되었다.

유 specified, assigned, appointed

discover

[diskʌ́vər]

v. 발견하다, 알다

He was extremely disappointed to discover that his mark was much lower than he thought it would be.

그는 자기 생각보다 점수가 너무 적은 것을 알고 몹시 실망했다.

유 find, detect, ascertain

dormant

[dɔ́:rmənt]

a. 잠자는

During autumn, the leaves start to change colors and the grass starts to become dormant.

가을 동안에, 나뭇잎들은 색이 변하기 시작하고, 잔디는 휴면하기 시작합니다.

유 sleeping, inactive, inert, slumbering, latent, stagnant
반 active

emissary

[éməsèri]

n. 사절, 밀사

Europe was overrun with U.S. emissaries.

미국 특사들이 유럽을 잇달아 방문했다.

유 messenger, spy, agent, envoy

encompass

[inkʌ́mpəs, en-]

v. 포함하다, 싸다

The general arts course encompasses a wide range of subjects.

일반 교양과목 과정은 광범위한 과목들을 포함한다.

유 include, embrace, cover, contain

evoke
[ivóuk]

v. 일깨우다, 환기시키다

The girl still compels the pity and sadness that great tragedy is supposed to evoke.

그 소녀는 여전히 위대한 비극 작품의 주인공처럼 연민과 슬픔을 불러일으킵니다.

㉠ arouse, draw, elicit

flood
[flʌ́d]

v. 범람시키다, 많이 몰려들다

The river reached record levels and flooded neighboring farms.

그 강은 사상 유례없는 수위를 기록해 인근 농장들을 범람시켰습니다.

㉠ deluge, inundate, swamp

game
[géim]

n. 사냥감

The victims were mostly inhabitants and hikers who were mistaken for game.

희생자들은 대개 사냥감으로 오인된 주민들과 하이킹하는 사람들이었다.

㉠ prey

halt
[hɔ́ːlt]

v. 멈추다, 서다

Though our company has sometimes halted, and sometimes delayed the payment, we must follow no other company.

우리 회사가 지금을 때로 멈추기도 하고 때로 지연시킨 적도 있지만, 다른 회사로 가서는 안 됩니다.

㉠ stop, cease, hold, arrest

hollow
[hálou]

a. 텅 빈

The pear was hollow from insects feeding inside.

그 배는 벌레들이 속을 파먹어서 텅 비었다.

㉠ empty, unfilled, vacant, void, vain

leading
[líːdiŋ]

a. 주요한, 주된

Rubber, the nation's leading export, has declined in importance over the last decade.

그 나라의 주요 수출품이었던 고무는 지난 10년 동안 그 비중이 떨어졌다.

㉠ chief, dominant, major, superior

massacre

[mǽsəkər]

n. 대량 학살

The massacre of wild animals like minks almost made them extinct.

대량 학살으로 인해 밍크와 같은 야생 동물들은 거의 멸종 상태에 이르렀다.

㈜ mass slaughter, mass murder, annihilation, extermination

mutation

[mju:téiʃən]

n. 변화, 변경, 전환

Terrorism is the latest mutation of ultraleftist organizations.

테러는 극좌 단체의 최근 변형이다.

㈜ change, alteration, variation

mute

[mjú:t]

a. 무언의

No one can be expected to remain mute when they are attacked by other forces.

어느 누구도 그들이 다른 세력으로부터 공격 당했을 때 침묵 속에 가만히 있을 것으로 기대할 수 없다.

㈜ silent, speechless, wordless, dumb ㈎ voluble

pass through

phr. ~ 을 통과하다, 꿰뚫다

Regulations require that all transportation sectors maintain low speed as they pass through towns.

규정에 따르면 모든 운송 수단은 마을을 통과할 때 서행해야 된다.

㈜ passage, transit, penetrate

pit

[pít]

① n. 구멍

This light is scattered by the pits in the reflective layer of the disk.

이 불빛은 디스크의 반사면에 있는 구멍들에 의해 산란된다.

㈜ hole, cavity, abyss, chasm, crater, excavation

② v. 대항하다

The two authorities have been pitted against each other over how to revamp criminal investigations.

검찰과 경찰 두 기관들은 범죄 수사 방식을 놓고 서로 대립해 왔다.

㈜ set into opposition

raise
[réiz]

v. 올리다

Many domestic lenders have raised interest rates on their loans and deposits.
금융기관들이 대출과 예금 금리를 올렸다.

㈌ lift, boost, elevate, hoist, heave up

rather than

phr. ~ 대신에

They send injured workers home rather than prescribe some medicine for them.
그들은 부상 근로자들에게 약을 처방하는 대신 집으로 돌려 보낸다.

㈌ instead of

remote
[rimóut]

a. 먼, 멀리 떨어진

Some of them arrived at remote polling stations by boat.
그들 가운데 일부는 멀리 떨어진 투표소로 배를 타고 도착했습니다.

㈌ distant, seclude, inaccessible ㈏ close

resemble
[rizémbl]

v. 닮다

The map of Italy vaguely resembles a boot.
이태리 지도는 구체적이지 않지만 장화를 닮았다.

㈌ be similar to, take after, imitate

seemingly
[síːmiŋli]

adv. 겉으로는

In addition, the man is seemingly immune to fire and high temperatures.
게다가, 그 남자는 겉보기에도 불이나 높은 온도에 면역이 되어 있다.

㈌ apparently

span
[spǽn]

n. 기간

It has been achieved over a span of one month.
그것은 1달 간의 기간에 걸쳐 달성되었다.

㈌ duration, continuance, period

stipulation
[stìpjuléiʃən]

n. 규정, 조건

I borrowed his car on the stipulation that I pay him the money.

돈을 지불하겠단 조건으로 나는 그에게 차를 빌렸다.

윤 condition, requirement, qualification, precondition

stunt
[stʌ́nt]

a. 무리하게 발육을 정지시킨, 발육이 멎은

The war stunted his artistic development.

전쟁은 그의 예술적 발달을 저해했다.

윤 inferior, hindered

survive
[sərváiv]

v. 살아남다

Strong companies survive, weak companies fail, and are replaced by stronger companies.

강한 기업들은 살아남고, 약한 기업들은 실패하며, 더 강한 기업들에 의해 대체된다.

윤 live, remain, live on, make it

swelling
[swéliŋ]

n. 팽창

Swelling in your leg usually decreases over a span of three to six months after surgery.

다리의 부기는 보통 수술 후 3개월에서 6개월의 기간 후에 가라앉는다.

윤 enlargement, expansion, puffiness, lump

thorough
[θə́ːrou, θʌ́r-, -rə]

a. 철저한, 완전한

In that time he gained thorough knowledge of all risks involved.

그 당시 그는 수반될 수 있는 모든 위험에 관한 완벽한 지식을 얻었다.

윤 exhaustive, complete, comprehensive, full, intensive

up to

phr. ~에게 달려 있는

It's up to you to decide whether we'll take the proposal or not.

우리가 그 제안을 받아들일 것인지 아닌지는 너의 결정에 달려 있다.

윤 rest with

Day 34

affluent
[金fluənt]

a. 풍부한, 부유한

Maybe you couldn't afford to live in an affluent neighborhood.

아마도 당신은 부유한 지역에 살 형편이 되지 못할 것입니다.

㈇ plentiful, wealthy, abundant, rich

altogether
[ɔ̀ːltəgéðər]

adv. 전적으로, 완전히

The heavy snow missed the east of the country altogether, and the south copped a lot.

폭설이 그 나라의 동쪽 지방을 완전히 비켜 갔지만, 남쪽 지방은 큰 피해를 보았다.

㈇ entirely, relatively, nearly, approximately

applicable
[金plikəbl, əplí-]

a. 적용할 수 있는

His ideas are not always ideally applicable to those problems.

그의 아이디어가 항상 이상적으로 그 문제들에 적용할 수 있는 건 아니다.

㈇ relevant

aptly
[金ptli]

adv. 적절히

Fusion aptly describes most interesting and popular items on T-won's menu.

퓨전이란 용어는 T-원 메뉴의 가장 흥미롭고 인기있는 음식을 가장 적절히 설명해 준다.

㈇ appropriately, incompetently, suitably, relevantly

blunt
[blʌ́nt]

a. 무딘

This knife is too blunt to cut the meat into small pieces.

이 칼은 너무 무뎌서 고기를 잘게 썰 수가 없다.

㈇ dull, obtuse, pointless, unconditional ㈂ sharp

bury
[béri]

v. 숨기다

Her beautiful face was buried beneath layer upon layer of make up.

그녀의 아름다운 얼굴은 화장의 겹겹의 아래에 가려졌다.

㈇ conceal, hide

bustling
[bʌ́sliŋ]

a. 부산스러운, 떠들썩한

Saddar's usually bustling streets and markets were nearly vacant.

평상시에는 사람들로 북적대는 사다 시의 거리와 시장에는 거의 인적이 없습니다.

㈇ active, busy

cognitive
[kágnətiv]

a. 인식의, 인식력 있는

The surgery has significantly impaired several of her cognitive functions.

그 수술은 그녀의 몇몇 인지 기능을 중대하게 손상했다.

㈇ mental

confront
[kənfrʌ́nt]

v. 직면하다

If people do not confront a certain amount of happiness in their lives, they will end up being disappointed.

사람들이 삶에서 어느 정도의 행복을 직면하지 않는다면, 그들의 삶은 실망스러울 것입니다.

㈇ face, meet, affront, encounter

confuse
[kənfjúːz]

v. 혼란시키다

The purpose of a stunt is to confuse opposing blockers.

묘기의 목적은 상대 수비들을 혼란스럽게 하는 것이다.

㈇ disturb, disconcert, bewilder, perplex, confound
㈏ enlighten, clarify

crack
[krǽk]

v. 찰깍하며 깨지다

The pottery cracked but did not splinter.

도자기에 금이 가긴 했지만 산산이 부서지진 않았다.

㈇ break, snap

cripple
[krípl]

v. 무능하게 하다

Of course you don't realize that that would cripple the economy and obstruct innovation.

물론 당신은 그것이 경제를 마비시키고, 혁신을 방해할 것이라는 것을 인식하지 못하고 있다.

â maim, ruin, lame, disable

detractor
[ditrǽktər]

n. 중상자, 명예 훼손자

The scheme is better than its detractors suggest.

그 계획이 그것을 비방하는 자들이 제의하는 것보다 낫다.

â critic

detrimental
[dètrəméntl]

a. 유해한, 불리한

He said this game would have a detrimental effect on children at a time when juvenile crime in Japan has rocketed.

일본 내에서 청소년 범죄가 급증하고 있는 시기에 이 게임이 아이들에게 악영향을 끼칠 것이라고 그는 말했습니다.

â harmful, damaging

diminutive
[dimínjutiv]

a. 소형의, 작은

She was a diminutive figure beside her tall husband.

그녀는 키 큰 남편 옆에서 아주 작아 보이는 몸매였다.

â small, little

dye
[dái]

n. 염료, 물감

We've marked thousands of ginseng roots this year with a detectable dye.

우리는 올해 수 천 그루의 산삼에 탐지용 물감으로 표식을 했습니다.

â pigment, coloring material

effort
[éfərt]

n. 노력

Computer analysts describe the merger as an effort to revitalize the brand.

컴퓨터 전문가들은 이들의 합병이 브랜드를 다시 살리기 위한 노력이라고 분석합니다.

â attempt, exertion, striving, endeavor

enthusiasm
[inθú:ziæzm, en-]

n. 열광

There was something almost fanatic about his enthusiasm.

그의 열광하는 모습에는 흡사 광신도 같은 구석이 있었다.

유 eagerness, passion, zeal

exacerbate
[igzǽsərbèit, eksǽs-]

v. 더욱 심하게 하다

This treaty will exacerbate the already tense relations between the two communities.

이 조약 때문에 두 지역 사이에 있었던 긴장이 악화될 것이다.

유 intensify, worsen, aggravate, exasperate

expedient
[ikspí:diənt]

a. 쓸모있는, 편의적인

His action is seen as expedient rather than principled.

그의 행동은 원칙적이 아니라 편의적인 것으로 보인다.

유 advantageous, opportunistic, politic, opportunist

flair
[flέər]

n. 재능, 능력

He has a flair for fixing up gadgets that need repairing in the home.

그는 집 안의 도구들을 고치는 데 소질이 있다.

유 gift, talent, genius

forbid
[fərbíd, fɔːr-]

v. 금하다

Under the rule, feeding the animals in the zoo is absolutely forbidden.

규칙에 의하면, 동물원 동물들에게 먹이를 주는 것은 절대적으로 금지되어 있습니다.

유 prohibit, proscribe

full
[fúl]

a. 완전한

Mickle fulfilled his marriage vows and is entitled to a full life.

마이클은 자신의 결혼 서약을 충실히 이행했고 완전한 삶을 살 권리가 있다.

유 complete, entire, whole, comprehensive, thorough

interval
[íntərvəl]

n. 간격

These settings permit you to check the number of occurrences of a rule during the time interval specified.

다음을 설정하면 지정한 시간 간격 동안 발생할 규칙의 수를 확인할 수 있습니다.

유 period, space, distance, absence

manageable
[mǽnidʒəbl]

a. 다루기 쉬운

The gallery's 1,000 pictures made up a manageable collection.

갤러리에 소장된 1,000개의 그림들은 관리할 만한 규모였다.

유 controllable, possible, affordable, directed

movement
[múːvmənt]

n. (정치적) 운동

It is surprising that there is a movement to prevent most kinds of police chases from taking place.

대부분의 경찰 추적 행위가 일어나지 못하도록 막는 운동이 있다는 것은 놀라운 일이다.

유 campaign, crusade, drive

overshadow
[ðuvərʃǽdou]

v. 가리다, 흐리게(어둡게) 하다

The takeover, however, was overshadowed tax probes into foreign companies.

하지만 인수는 외국 기업에 대한 세무 조사로 그림자가 드리워졌다.

유 dim, dominate, eclipse

power
[páuər]

n. 힘, 능력

He was a big man physically and had remarkable intellectual power.

그는 덩치가 컸으며, 놀랄만한 지적 능력을 갖고 있었다.

유 force, energy, might, strength

publish
[pʌ́bliʃ]

v. 발표하다

In the course of five months, his advisor expected him to publish at least one journal article.

그의 지도 교수는 그가 5개월 동안 최소한 한 편의 학회지 논문을 발표하기를 기대했다.

⊕ declare, announce, make known, notify, proclaim

readily
[rédəli]

adv. 쉽사리

However, residents should not feel that those opportunities are not readily available to them.

하지만, 주민들은 그러한 기회들이 쉽사리 공급이 안 될 것이라고 생각할 필요는 없습니다.

⊕ easily, effortlessly, with ease, without difficulty

shed light on

phr. ~을 비추다, ~을 명백히 하다

Recent research has shed new light on the causes of the disease.

최근 연구가 그 병의 원인을 새로 밝혀주고 있다.

⊕ clarify, elucidate

slope
[slóup]

n. 비탈, 경사

After a rainfall, the gentle slope dropped off into a steep slant.

비가 온 이후, 완만하던 경사가 급경사로 바뀌었다.

⊕ declivity, incline, drop

stress
[strés]

① n. 강조

I think the company places too much stress on cost and not enough on quality.

내 생각에는 회사가 비용은 너무 강조하고 품질은 충분히 중시하지 않는 것 같다.

⊕ emphasis, accent, priority, importance, significance

② n. 압박

There is much stress today on the lack of
civility and compromise in today's
government, and that is a critical problem.

오늘날 정부 내의 예절과 타협 부족에 대해 많은 압박이 있는데 이는
중요한 문제다.

윤 pressure, strain, tension, worry, anxiety

stun
[stʌ́n]

v. 기절시키다, 놀라게 하다

The researchers who stunned the world last
year by becoming the first to clone pig
embryos have made their technique more
efficient.

지난 해 세계 최초로 돼지 배아 복제에 성공함으로써 세계를 깜짝 놀라
게 만들었던 과학자들이 이번에는 그 같은 기술을 더욱 효율적으로 만
들었습니다.

윤 immobilize, amaze, astound, stupefy

tender
[téndər]

a. 부드러운

This is a tasty dinner salad, topped with
tender slices of pistachio encrusted chicken.

이것은 피스타치오가 촘촘히 박힌 부드러운 닭고기 조각들이 토핑된
맛있는 저녁 샐러드입니다.

윤 soft, mild

wrath
[rǽθ, rɑ́ːθ]

n. 격노, 분노

That won't be efficient in calming the public's
wrath.

그 정도로는 국민의 분노를 진정시키기에 효과적이지 않다.

윤 anger, rage, fury, annoyance, indignation, irritation

Day
35

accompany
[əkʌ́mpəni]

v. 동반하다

Their given status must be accompanied by saving face.

그들에게 부여된 지위는 그 신분에 따르는 체면 유지를 동반한다.

🌐 escort, go with, tag along

adverse
[ædvə́ːrs, ⸺]

a. 반대하는, 적의를 가진

Some people have an adverse reaction to artificial sweeteners.

일부 사람들은 인공감미료에 적대적인 반응을 보인다.

🌐 negative, unfavorable

appreciably
[əpríːʃiəbli]

adv. 눈에 띄게

Communist China's human-rights situation has not changed appreciably in the last year.

공산주의 중국의 인권 상황은 지난 해 눈에 띄게 변화를 보이지 않았다.

🌐 noticeably, significantly

breakthrough
[bréikθrùː]

n. 약진, 큰 발전

This breakthrough is likely to spark renewed debates over safety zones.

이 획기적인 실적으로 안전 지대에 대한 논쟁이 다시 불붙을 듯 합니다.

🌐 advance, progress, step forward, leap

budding
[bʌ́diŋ]

a. 나타나기 시작한, 신진의

On paper, the construction industry shows budding signs of turnaround in recent months.

통계상으로, 건설업종은 최근 회복의 기미를 보이고 있다.

🌐 emerging, undeveloped

choice
[tʃɔ́is]

n. 대안

None of the choices available to us were particularly attracting the attention.

우리들이 택할 수 있는 대안 중에 특별히 주목을 끄는 것은 하나도 없었다.

⊕ alternative, option, possibility, solution, answer

close
[klóuz]

① v. 닫다, 차단하다

They've closed the road because of an accident.

사고가 발생하자 그들은 도로를 차단했다.

⊕ shut, restrict, slam, fasten, secure

② a. 면밀한

We must take a close look at their proposal.

우리는 그들의 제안을 면밀하게 살펴보아야 한다.

⊕ careful, minute

comparatively
[kəmpǽrətivli]

adv. 비교적

We have comparatively stable and buoyant equity stock markets.

주식 시장이 비교적 안정되어 오름세에 있습니다.

⊕ relatively

dichotomy
[daikátəmi]

n. 이분, 양분

They set up a false dichotomy between working and taking a rest.

그들은 일과 가족 휴식을 잘못 양분했다.

⊕ division, duality

drought
[dráut]

n. 가뭄

Southern apple crops are surviving the drought, although the fruit is smaller than normal.

남부 지역의 사과 작물은 평년보다 과실의 크기는 작지만 가뭄을 잘 견디고 있다.

⊕ dryness, aridity, waterlessness

excessive
[iksésiv]

a. 과도한

The root cause of traction alopecia is excessive tension on the scalp.

견인성 탈모증의 근본적인 원인은 두피에 가해지는 과도한 자극이다.

유 extreme, undue, over the top, disproportionate

formative
[fɔ́ːrmətiv]

a. 형성하는, 발달의

The video violated students' right to neutral education while they are still in their formative period.

동영상이 아직 형성 단계에 있는 학생들이 중립적인 교육을 받을 권리를 침해했다.

유 constructive, shaping

founder
[fáundər]

v. (계획 등이) 실패하다

The second colony also foundered for lack of money and settlers.

두 번째 식민지 역시 자금과 식민지 정착자의 부족으로 인해 실패했다.

유 fail

gallant
[gǽlənt]

a. 용감한, 당당한

We offer our congratulations to the winner and commiserations to the gallant losers.

우리는 승자에게는 축하를, 그리고 당당한 패자들에게는 조의를 표합니다.

유 brave, valiant, courageous, spirited

important
[impɔ́ːrtənt]

a. 중요한

The spectroscope is an important tool used by physicists.

분광기는 물리학자들에게 이용되는 중요한 도구이다.

유 significant, big, great, notable, momentous

indigenous
[indídʒənəs]

a. 토착의, 지역 고유의

The indigenous peoples played games similar to lacrosse, lawn bowling, and field hockey.

토착민들은 라크로스, 론 볼링, 필드 하키와 비슷한 게임을 했다.

유 native, aboriginal

interpret
[intə́:rprit]

v. 해석하다, 설명하다

She is a violinist who interprets Mozart brilliantly.

그녀는 모짜르트를 훌륭하게 해석하여 연주하는 바이올리니스트다.

㈜ construe, see, explain

landslide
[lǽndslàid]

n. 사태, 산사태

The landslide remains the most costly in the history of the United States.

산사태는 미국 역사상 가장 희생이 컸다.

㈜ rockslide, mudslide, landslip

mainly
[méinli]

adv. 주로

Flowers produce pollen mainly during the early morning and early evening, when the sun is lower in the sky.

꽃은 태양이 하늘에 낮게 드리워 있는 이른 아침과 초저녁에 주로 꽃가루를 배출한다.

㈜ generally, mostly, predominantly, chiefly, largely

minimize
[mínəmàiz]

v. 최소로 하다

We made every effort to alter the design of sanctions to minimize those effects.

그 같은 영향을 최소화하기 위해 제재 방법을 바꾸기 위한 모든 노력을 기울였습니다.

㈜ reduce, decrease, curtail, cut back on, slash

note
[nóut]

n. 유명함, 명성, 중요함

Several actors of note made guest appearance in the movie.

그 영화에는 유명한 배우가 몇 명 객원 출현했다.

㈜ eminence, distinction, preeminence

obstinate
[ɑ́bstənət]

a. 완고한, 고집 센

The obstinate old man refused to go to hospital.

그 완고한 노인은 병원에 가기를 거부했다.

㈜ unyielding, determined, persistent, tenacious
㈐ complaisant, docile

order
[ɔ́ːrdər]

① n. 명령

The city government issued an evacuation order to the residents.

시 당국은 주민에게 피난 명령을 내렸다.

 command, direction, instruction, regulation, mandate

② n. 질서

After the riots, the police was brought in to restore law and order.

폭동 이후, 경찰은 법과 질서를 회복하기 위해 투입되었다.

 law, discipline, control, calm

perishable
[périʃəbl]

a. 상하기 쉬운, 썩기 쉬운

Perishable foods should be inspected frequently for signs of spoilage.

썩기 쉬운 음식들은 부패의 징후를 자주 검사해야 한다.

 spoilable, decayable, biodegradable

prolific
[prəlífik]

a. 열매를 많이 맺는, 다산의

He was probably the most important and prolific musical figure.

그는 아마 그 세대에 가장 중요하고 또한 작품을 많이 쓴 작곡가였을 것이다.

 fertile, fruitful, abundant, profuse sterile

provoke
[prəvóuk]

v. 화나게 하다

His rivals did everything possible to provoke him into losing his temper.

그의 라이벌들은 그를 화나게 하려고 모든 짓을 다했다.

 irritate, incite, vex, anger, annoy, incense

ramification
[ræ̀məfikéiən]

n. 결과

The ramifications undermine personal choice, the growth of business and industry, and threaten our economic competitiveness.

그 결과는 개인의 선택과 기업 및 산업의 성장을 무너뜨리고 미국의 경제적 경쟁력을 위협한다.

 consequence, result, effect

receive
[risíːv]

v. 받다, 얻다

The law enables us to receive several incentives.

그 법으로 우리들은 다양한 장려금을 받을 수가 있다.

㈜ obtain, accept, get, acquire, gain

retrieve
[ritríːv]

v. 되찾다, 만회하다

We shipped the company fifty books more than they ordered, and now we have to retrieve them.

그 업체에 그들이 주문한 것보다 50권의 책을 더 보냈는데, 이제 그걸 회수해야 합니다.

㈜ recover, recall, bring back, recollect, regain

rig
[ríg]

v. 장비를 갖추다

The cargo ship has already rigged for the voyage.

화물선은 이미 출항 장비를 끝냈다.

㈜ equip, set up

route
[rúːt]

n. 길, 경로

In all 50 cases in which the transmission route has been identified, the patients contracted the virus through the respiratory organs.

감염 경로가 확인된 50건 전부가 환자들이 호흡기를 통해 바이러스에 감염되었다.

㈜ path, course, itinerary, pathway, way

showcase
[ʃóukèis]

v. 전시하다

U.S. carmaker Ford is showcasing its new Mustang sports car to promote its young and ambitious image.

미국의 포드 자동차는 젊고 야심찬 이미지를 홍보하기 위해 신형 머스탱 스포츠카를 전시하고 있다.

㈜ exhibit, display

shrink
[ʃríŋk]

v. 오그라들다, 줄다

If allowed to continue, the human population of Japan will eventually shrink to zero.

계속되도록 허용된다면, 일본의 인구는 결국에는 제로로 줄어들 것이다.

유 condense, constrict, compress

silent
[sáilənt]

a. 침묵을 지키는, 말 없는

The suspect was silent as a grave and the police didn't find any clue whether he was related to terrorists groups.

용의자는 무덤같이 말이 없었고, 경찰은 그가 테러리스트 집단과 관련이 있는 지에 대해서 어떠한 실마리도 찾아내지 못했다.

유 quiet, still, speechless

stringent
[stríndʒənt]

a. 엄중한, 엄격한

The country has adopted stringent regulations for traffic control.

그 나라는 엄중한 교통통제 법규를 도입했다.

유 strict, demanding, austere

succession
[səkséʃən]

n. 연속, 계속

Be sure to test all of the audiences in succession to receive that you have satisfactory results for each of them.

각 대상에 대해 만족스러운 결과를 받으려면 모든 대상을 연속적으로 테스트 하십시오.

유 series, sequence, chronological sequence

transparent
[trænspɛ́ərənt]

a. 명쾌한

He brought forth a transparent counter-argument to deflect blame for his opinions.

그는 그의 의견에 대한 비판을 꺾을 명쾌한 반론을 제기했다.

유 obvious, clear

Day 36

adjust
[ədʒʌ́st]

v. 조절하다

The nice thing about these is that they
adjust to either a sitting or sleeping position.

이 제품은 앉거나 자는 자세에 맞게 조절할 수 있어서 좋아요.

⊕ adapt, fit, modify, amend, revise

agriculture
[ǽgrikʌ̀ltʃər]

n. 농업, 농학

Nowhere is the effect of government policy
more apparent than in agriculture.

농업보다 더 뚜렷하게 정부 정책의 효과가 나타나는 곳은 없다.

⊕ farming

collective
[kəléktiv]

a. 집합적인, 집단적인

China appears to have a collective leadership,
which gives a certain continuity to its policy.

중국은 정책에 일정한 일관성을 부여하는 집단체제를 갖고 있는
듯하다.

⊕ joint, mass, aggregate, assembled

deserved
[dizə́:rvd]

a. 응당한

An employee may be deprived of deserved
promotion in his job by a superior who has
personal bad image against him.

어떤 직원은 자신에 대해 개인적으로 나쁜 이미지를 갖고 있는 상
관 때문에 직장에서 응당한 승진을 박탈당할 수도 있다.

⊕ due, condign, earned   ⊕ unmerited

drain
[dréin]

v. 배수하다

They drained the swamps dry.

그들은 늪이 마르도록 물을 빼냈다.

⊕ empty, remove water

enlarge
[inláːrdʒ]

v. 크게 하다, 확대하다

This new photocopier will enlarge documents by up to 300%.

이 새 복사기는 서류를 300퍼센트까지 확대한다.

㉤ amplify, increase, extend

exclude
[iksklúːd]

v. 제외하다, 배제하다

The country prefers to exclude ribs from the list of import items.

그 나라는 수입 품목에서 갈비를 제외하고자 하고 있다.

㉤ expel, bar, keep out, prohibit, forbid, prevent
㉡ include

exploit
[iksplɔ́it]

① v. (부당하게) 이용하다

They exploited her generosity shamelessly.

그들은 뻔뻔스럽게도 그녀의 관대함을 이용했다.

㉤ abuse, use, misuse

② n. 공훈, 위업

He describes his exploits as a war correspondent in his new autobiography.

그는 새 자서전에서 종군 기자로서 자신이 이룩한 위업을 묘사하고 있다.

㉤ accomplishment, work, feat

extraordinary
[ikstrɔ́ːrdənèri, èkstrəɔ́ːr-]

a. 비범한

Brown's extraordinary talent of creating color seems to be the center of his works.

색상을 창조해 내는 브라운의 비범한 재능이 그의 작품의 핵심인 듯 보인다.

㉤ abnormal, unusual, exceptional, uncommon

fiery
[fáiəri]

a. 불의, 불 같은

Eyewitnesses claimed to see "a ball of fire" or "falling star with a fiery tail."

목격자들은 '불덩어리' 또는 '불타는 꼬리의 유성'을 목격했다고 주장했다.

㉤ fervent, passionate, hot

focal point
[fóukəl pòint]

n. 중심지

Reducing poverty is the focal point of the government's plans.

빈곤을 줄이는 것이 정부계획의 관심의 중심점이다.

⊕ focus, central area

frequent
[fríːkwənt]

a. 자주 일어나는, 빈번한

He makes frequent visits to his hometown, although nobody is quite sure why.

그는 그의 고향에 자주 가는데 그 이유를 확실히 아는 사람은 없다.

⊕ often, regular, recurrent, repeated, common
⊖ rare, infrequent, few

hand in hand

phr. 손에 손을 잡은, 친밀한

Discovery in astronomy goes hand in hand with innovation in technology.

천문학에서의 발견은 과학 기술 혁신과 함께 이루어진다.

⊕ together

hindrance
[híndrəns]

n. 방해, 장애

We were lucky to get the things done without hindrance.

아무런 장애도 없이 우리의 일을 다 할 수 있던 것은 행운이었다.

⊕ deterrent, impediment, obstacle, barrier

lavish
[lǽviʃ]

① v. 낭비하다

He lavished millions of dollars on a failed election campaign.

그는 낙선한 선거 캠페인에 수백만 달러를 낭비했다.

⊕ waste, expend

② a. 사치스러운, 낭비벽이 있는

A lavish life is not for a chosen few but for anyone who cares about themselves.

사치스런 생활은 선택된 소수를 위한 것이 아니며 누구든 스스로를 돌보는 사람을 위한 것이다.

⊕ deluxe, luxurious, extravagant, excessive

lengthen
[léŋkθən, lénθ-]

v. 연장하다

If your engine is one year old or less, you may lengthen its useful life even more.

엔진이 1년이 안 됐을 경우에는, 그 수명을 더 늘릴 수도 있습니다.

㊞ prolong, make longer, extend, stretch, increase
㊝ shorten, curtail, decrease

magnificent
[mægnífəsnt]

a. 웅장한

It's a very exciting experience to visit the magnificent churches and palaces.

웅장한 교회와 궁전들을 찾아가 보는 것은 매우 신나는 경험이 될 것이다.

㊞ gorgeous, splendid, grand, impressive

maneuver
[mənú:vər]

① n. 책략

He was trying to weigh less through this maneuver.

그는 이 책략을 통해 몸무게가 덜 나가도록 하려 했다.

㊞ scheme, plot

② v. 책략으로 움직이다

We maneuvered them into a compromise.

우리는 책략을 써서 그들을 타협으로 이끌었다.

㊞ move, act

material
[mətíəriəl]

a. 물질의, 물질적인

The challenges for Europe in integrating Turkey are material, cultural, and symbolic, as are the benefits.

터키와 통합하는 데 따른 EU의 과제는 물질적, 문화적, 상징적인 것으로서 각종 혜택 못지 않게 크다.

㊞ physical, corporeal   ㊝ ethereal

nervous
[nə́:rvəs]

a. 신경질의

He is a man of highly nervous temperament.

그는 아주 신경질적인 사람이다.

㊞ on edge, fearful, tense, strained, excitable

pace
[péis]

① n. 걸음걸이

He slowly took three paces toward the edge of the bridge.

그는 천천히 다리 난간을 향해 세 걸음을 걸었다.

윤 step, gait

② n. (걷는) 속도

If you increase the pace, you'll put stress on the knee and ankle, and it won't heal right.

걸음 속도를 늘리면, 무릎과 발목에 무리가 가서 완전히 낫지 않을 수도 있습니다.

윤 speed, tempo, velocity

pack together

phr. 모이다

Everyone was packed together on the station platform.

역 플랫폼에는 사람들로 꽉 차 있었다.

윤 cluster, group

pound
[páund]

v. 마구 치다

You can't pound that nail for long if you don't have a hammer.

당신은 망치가 없다면 그 못을 오랫동안 두드려 박을 수 없다.

윤 beat, thrash

progressive
[prəgrésiv]

a. 진보하는

Considered a progressive school, the Korea Foreign School has ten executive officers, eight of whom are women.

진보적인 학교로 알려진 코리아 외국인 학교는 10명의 임원 중 8명이 여성이다.

윤 radical, advanced, reforming, innovative
반 conservative, reactionary

promising
[prάmisiŋ]

a. 장래성 있는, 유망한

Research into the treatment of alcohol-related health problems is looking very promising.

술 관련 건강 문제 치료에 대한 연구가 앞으로는 아주 유망해 보인다.

⑪ encouraging, likely, bright

proof
[prúːf]

n. 증명, 증거

The priest was always looking for proof of his favorite theory.

그 성직자는 항상 그가 선호하는 이론에 대한 증거를 찾고 있었다.

⑪ evidence, testimony

proven
[prúːvən]

a. 증명된

It's a field of research that has already produced proven therapies.

이는 이미 입증된 각종 치료법을 개발한 연구 분야이다.

⑪ established, tested, verified

punctuality
[pʌ̀ŋktʃuǽləti]

n. 시간 엄수

She's obsessive about punctuality.

그녀는 시간 엄수에 대해 강박적이다.

⑪ promptness   ⑫ tardiness

register
[rédʒistər]

v. 등록하다

For each month, you must register and pay prior to the date on which the conference begins.

매달마다 등록을 해야 하며 토론회 시작일 이전에 참가비를 지불해야 합니다.

⑪ record, sign up, enroll, enter, set down

sedentary
[sédntèri]

a. 앉아 있는

Most of students lead terribly sedentary lives.

학생들 대부분은 너무나 심하게 앉아 있는 생활을 한다.

⑪ stationary, inactive

site
[sáit]

n. 현장, 장소

A piece of skull has been found among the remains uncovered at the site.

그 장소에서 두개골의 조각이 유해들 사이에서 발견되었다.

⑲ place, position, situation

sterile
[stéril]

a. 불모의

Avoid using non-sterile soil to plant your banana tree.

당신의 바나나 나무를 심으려면 메마르지 않은 흙을 사용하는 것을 삼가하십시오.

⑲ unproductive, unfruitful, unyielding, arid, dry

weed out

phr. 제거하다

It's time to weed out all incompetent officials.

무능력한 공무원을 추려내야 할 때입니다.

⑲ remove, eliminate

wild
[wáild]

① a. 야생의

The Wildlife Conservation Park has been built on land that is important for the survival of birds and wild animals.

동물 보호 공원은 새들과 야생동물들의 생존을 위해 중요한 땅에 지어졌다.

⑲ uncultivated, natural, native
⑪ tame

② a. 광란의

His house is a mess after a wild party from the previous night.

그의 집은 전날 밤 광란의 파티 이후 엉망진창이다.

⑲ frantic, frenzied, hysterical, crazed
⑪ restrained

Day 37

abhor
[æbhɔ́ːr]

v. 몹시 싫어하다

I abhor working with lawmakers who still believe in dictatorship and repressing human rights.

나는 독재와 인권억압을 신봉하는 의원들과 함께 일하는 것이 죽기보다 싫다.

유 detest, loathe, hate, abominate, dislike　반 love, admire

additive
[ǽdətiv]

n. 첨가제

I was asked by my doctors to remove the food additives which can cause allergies from my diet.

나는 담당 의사로부터 음식에서 알레르기를 유발할 수 있는 식품 첨가제를 제거하라는 지시를 받았습니다.

유 addition, add-on

appendix
[əpéndiks]

n. 부가물, 부록

This magazine has several appendices, including one on the latest fashions.

이 잡지에는 최신 유행에 관한 것을 포함하여 몇 가지 부록이 들어 있다.

유 supplement, adjunct

aromatic
[ǽrəmǽtik]

a. 향기로운

The pipe tobacco that he smokes is aromatic.

그가 피는 파이프 담배는 향이 좋다.

유 fragrant

certainly
[sɔ́ːrtnli]

adv. 확실히, 분명히

It certainly makes a change to read a bit of good news in the papers for once.

한 번이라도 신문에서 약간의 좋은 소식을 읽는다는 것은 분명 하나의 변화다.

유 surely, assuredly

conclusively
[kənklúːsivli]

adv. 결정적으로

The scientist proved conclusively that microbes were the cause of certain diseases.

그 과학자는 세균이 몇몇 질병의 원인이라는 것을 단정적으로 입증했다.

유 decisively, absolutely, definitely

definite
[défənit]

a. 명확한

There is a definite method in her manner of interrogation.

그녀의 심문 방법은 명확하다.

유 decisive, distinct, unambiguous, certain

dogma
[dɔ́ːgmə, dáːg-]

n. 신조

He is a key North Korean figure who is more a pragmatist rather than a disciple of strict communist dogma.

그는 북한에서 공산주의의 신조를 엄격하게 따르기 보다는 실용주의에 가까운 핵심 인물이다.

유 belief, tenet, credo

essentially
[isénʃəli]

adv. 본질적으로

Essentially the body suffers a little trauma, or little bits of pain, and over time it gets larger and larger.

본질적으로 신체는 가벼운 외상을 입게 되면 약간의 고통을 겪게 되는데, 시간이 흐르면서 고통이 점점 더 심해지게 된다.

유 basically, originally, primarily

exponential
[èkspounénʃəl, -pə-]

a. 기하급수적인, 급격한

The exponential increase in costs is expected in July.

경비의 기하급수적 증가가 7월에 예상된다.

유 explosive

fashion
[fǽʃən]

v. 만들어내다, 형성하다

The artist fashioned a lump of clay into a crude teacup.
예술가는 진흙 덩어리를 투박한 찻잔으로 만들었다.

유 make, form, shape

forestall
[fɔːrstɔ́ːl]

v. 앞서다, 선수를 치다

His plans to retire under the age limit were forestalled by a series of corruption scandals.
그가 정년퇴임하려던 계획은 연속적인 부패 스캔들로 인해 앞질러 방해되었다.

유 prevent, hinder, foreclose, preclude

fragrance
[fréigrəns]

n. 향기로움, 방향

Most flowers shed their fragrance around.
대부분의 꽃들은 주위에 향기를 풍긴다.

유 perfume, aroma, balm, scent

genetic
[dʒənétik]

a. 유전, 유전자의

They have been improving varieties of rice, using various genetic technologies.
그들은 다양한 유전적 기술을 사용하여 벼의 품종을 개량하고 있다.

유 heritable, inheritable, inborn

identity
[aidéntəti]

n. 동일함

They need to develop a sense of identity with the organization.
그들은 조직과의 동일감을 개발할 필요가 있다.

유 similitude, sameness

illuminate
[ilúːmənèit]

v. 명백히 하다

The focus of the probe will be to illuminate the truth, said Park.
"수사의 초점은 진상을 규명하는 데 맞춰질 것이다"라고 박 팀장은 말했다.

유 clarify, make clear, elucidate, explain, explicate

imposing
[impóuziŋ]

a. 인상적인, 남의 눈을 끄는

By doing aerobics for an hour everyday, she can have an imposing appearance.

매일 유산소 운동을 한 시간씩 함으로써, 그녀는 <u>멋들어진</u> 외모를 가질 수 있게 되었다.

유 impressive

in terms of

phr. ~에 관하여

The job is great in terms of welfare but there are disadvantages.

그 직장이 복지면<u>에서는</u> 대단하지만 안 좋은 점들도 있다.

유 in relation to, with regard to

legendary
[lédʒəndèri]

a. 전설적인, 전설의

Robin Hood, known as the Black Knight, was a legendary person.

흑기사로 알려진 로빈 후드는 <u>전설적</u> 인물이었다.

유 mythological, unreal

location
[loukéiʃən]

n. 위치, 장소

Scientists cannot predict the exact location, time, or intensity of an earthquake.

과학자들은 정확한 지진의 <u>장소</u>, 시간 혹은 강도를 예측할 수 없다.

유 site, position, place, situation

look
[lúk]

v. 보다

Immediately they stop the boat and go down to look at the fish caught in the net.

그들은 즉각 배를 멈추고 그물에 잡힌 고기를 <u>보기</u> 위해 아래로 내려갔다.

유 gaze, watch, glance, stare, see

luxurious
[lʌgʒúəriəs]

a. 사치스러운

She is too arrogant, too luxurious to marry him.

그 여자는 너무나 거만하고 <u>사치스러워</u>서 그와 결혼할 수 없다.

유 sumptuous, rich, indulgent

matter
[mǽtər]

① n. 물질

The researcher registered a positive for organic particulate matter.

연구원은 미립 물질에 대한 양성 반응을 찾았습니다.

유 material, substance, stuff
반 spirit

② n. 소재, 내용

He refused to testify further on specific matters, the NIS investigators said.

그는 구체적인 내용에 대해서는 증언을 거부했다고 국정원 수사관들은 말했다.

유 subject, topic, issue, question, theme, content

motion
[móuʃən]

n. 운동, 동작

At his slightest motion of a finger, the room fell silent.

그가 손가락을 약간 움직이자 방이 조용해졌다.

유 movement, move, motility

narrate
[nǽreit, -´-]

v. 이야기하다

The soldier narrated gripping stories of wartime heroism.

그 병사는 전시의 영웅적 행위에 대해 흥미진진한 이야기를 했다.

유 recount, tell, recite

pant
[pǽnt]

① v. 헐떡거리다, 숨차다

The reporter panted out the news under a heavy load.

리포터는 무거운 짐을 지고, 헐떡거리며 소식을 전했다.

유 gasp

② n. 바지

They are usually worn with a dark grey pair of striped formal pants.

그들은 보통 격식을 차린 짙은 회색의 줄무늬 바지를 착용한다.

유 trouser

pension
[pénʃən]

n. 연금

The country is now extending the number of years people have to work to qualify for pensions.

그 나라는 현재 연금 급여 자격을 얻는 근로 연수를 연장하고 있다.

㊌ subsidy, retirement check, allowance, regular payment

recreational
[rèkriéiʃənl]

a. 오락의, 휴양의

With the great variety of recreational activities available at this place, young men will not have any difficulty finding ways to cure for boredom.

이곳에서는 매우 다양한 오락 활동들을 이용할 수 있기 때문에, 젊은 남성들은 지루함을 해결하는 방법을 찾는 데 어려움이 없을 것이다.

㊌ as a hobby, nonprofessional

reasonable
[ríːzənəbl]

a. 도리에 맞는, 적당한

The company finally brought up the price to a reasonable figure.

그 업체는 결국 적당한 금액으로 가격을 올렸다.

㊌ sensible, logical, rational, coherent

recruit
[rikrúːt]

v. 모집하다

They recruited volunteers for making donations and volunteer work.

그들은 성금 조성과 자원봉사를 하기 위한 자원 봉사자를 모집했다.

㊌ obtain, engage, enlist

resume
[rizúːm]

v. 다시 시작하다

Following the divorce, she was courted by local movie industry to resume her career.

이혼 이후, 그녀는 국내 영화 산업으로부터 활동을 재개하라는 제의를 받았다.

㊌ begin again, carry on, take up, continue, restart

ruinous
[rúːənəs]

a. 파괴된, 파괴적인

The company would go bankrupt sooner or later due to the ruinous effects of the strike.

그 회사는 파멸을 초래한 파업의 영향으로 조만간에 파산할 것이다.

유 destructive, harmful

unqualified
[ʌ́nkwɑ́ləfàid]

a. 제한되지 않은, 무조건의

He deserves unqualified praise because he is too active to remain idle

그는 부지런한 사람으로 한시도 노는 일이 없으므로, 무조건적인 칭찬을 받을 만하다.

유 complete, unlimited, absolute

vogue
[vóug]

n. 유행

Jane gave vogue to high boots among young women.

제인은 젊은 여자들 가운데서 긴 부츠를 유행시켰다.

유 mode, fashion, style, trend, craze

vulnerable
[vʌ́lnərəbl]

a. 상처입기 쉬운

The climate of high temperature and humidity made them more vulnerable to illness.

고온 다습한 기후가 그들을 질병에 더욱 취약하게 만들었다.

유 unsafe, weak, helpless, unprotected

wholly
[hóulli]

adv. 전적으로, 완전히

The country wholly depends on imports for its raw material

그 나라는 원유 소요분을 전적으로 수입에 의존하고 있다.

유 completely, fully, entirely, totally, thoroughly

Day
38

a great deal of

phr. 다량의

A great deal of cloak-and-dagger stuff goes on in political circles.
정치 집단 속에서는 많은 음모가 득실거리고 있다.

⊕ a lot of

accelerate

[æksélərèit, ək-]

v. 속력을 빠르게 하다, 촉진하다

The scandal accelerated the fall of the Cabinet.
그 추문은 내각의 붕괴를 앞당겼다.

⊕ speed up, go faster, step up, spur

alarm

[əláːrm]

① n. 놀람, 공포

Everyone rushed out in alarm when the fire alarm goes off.
화재 경보기가 울렸을 때 모든 사람이 놀라서 급히 나왔다.

⊕ fear, fright, terror, panic, unease

② v. 놀라게 하다

The news has alarmed many Internet users who post malicious content online.
이번 뉴스는 인터넷에 악의적인 댓글을 단 수많은 네티즌들을 놀라게 했다.

⊕ upset, startle

altitude

[ǽltətjùːd]

n. 높이, 고도

The flight equipment is designed to operate at any altitude.
그 비행 장비는 어떤 고도에서도 작동하도록 설계되어 있다.

⊕ height, elevation, tallness, loftiness

anger
[ǽŋgər]

v. 성(화)나게 하다

She angered her boss by asking for leaving earlier in the evening.

그녀는 일찍 퇴근하겠다고 요청해서 상사를 화나게 했다.

㈜ annoy, provoke, infuriate, enrage, irritate

bode
[bóud]

v. ~의 징조가 되다

These consumer complaints do not bode well for the company's future.

이런 소비자 불만들은 회사 장래를 위해 좋지 않은 조짐이다.

㈜ foretell, omen, presage

bound
[báund]

n. 경계, 범위

His impolite behavior passed the bounds of common sense.

그의 무례한 행동은 상식의 선을 넘었다.

㈜ limit, boundary, precinct

broaden
[brɔ́ːdn]

v. 넓히다

The actor now expected to broaden his artistic boundaries on the international stage.

그 배우는 자신의 예술적 영역을 국제 무대로 확장할 것으로 기대된다.

㈜ enlarge, widen, expand, extend

characterize
[kǽriktəràiz]

v. ~에 특성(성격)을 부여하다

His work is characterized by its imagery and humor.

그의 작품은 심상과 유머가 그 특징이다.

㈜ distinguish, mark, differentiate

check
[tʃék]

① v. 조사하다

The commitee said yesterday it plans to check whether his charges are true.

위원회는 어제 그의 진정 내용이 사실인지 조사할 계획이라고 밝혔다.

㈜ look at, examine, inspect

② v. 저지하다, 억누르다

The doctors strived to check the spread of flu epidemic.

의사들은 독감의 전염을 저지하기 위해 애쓰고 있었다.

유 hinder, restrain

compliment
[kάmpləmənt]

n. 찬사, 칭찬의 말

He paid her compliment, and a smile played on her lips for the rest of the shoot.

그는 찬사를 늘어놓았고, 촬영이 끝날 때까지 그녀의 입가에는 미소가 떠나지 않았다.

유 commendation, praise, honor

consensus
[kənsénsəs]

n. 일치, 합의

There is a general consensus among the teachers that school should be closed for some while ahead.

전문가들은 학교가 당분간 휴교를 해야 한다는 데 대체로 합의를 보고 있다.

유 agreement, accord

explicit
[iksplísit]

a. 명백한

The entertainer prohibited his manager from giving information to the press without his explicit approval.

그 연예인은 그의 매니저가 자신의 명백한 승인 없이 기자들에게 정보를 알려주는 것을 금했다.

유 clear, obvious, direct, plain, definite

force
[fɔ́ːrs]

n. 힘

In almost every field, education forces are winning out.

거의 모든 영역에서, 교육의 각종 힘이 실현되고 있다.

유 strength, energy, power

innocuous
[inάkjuəs]

a. 해가 없는, 악의 없는

Some fruits look innocuous but are in fact severe poisonous.

어떤 열매들은 해가 없어 보이지만, 실제로는 강한 독성이 있다.

유 harmless

mankind
[mǽnkáind]

n. 인류, 인간

Many epidemics plagued mankind for centuries.

많은 전염병들이 수세기 동안 인류를 괴롭혀 왔습니다.

㊦ human

nurture
[nə́:rtʃər]

v. 양육하다

The young couple nurture their children in a loving environment.

그 젊은 부부는 자녀들을 사랑의 환경에서 양육한다.

㊦ rear, raise, bring up, parent

offset
[ɔ́:fsèt, áf-]

v. 상쇄하다

The company had to put up prices to offset the increased cost of materials.

그 회사는 증가한 자재비를 벌충하기 위해 가격을 올려야 했다.

㊦ balance, equilibrate, counterbalance

once
[wʌ́ns]

conj. 한 번(일단) ~하면

Once the ball is on the screen, a dolphin can drive it and play with it almost like a video game.

공이 스크린에 뜨기만 하면, 돌고래는 마치 비디오 게임처럼 공을 조종하며 가지고 놀 수도 있습니다.

㊦ when

output
[áutpùt]

n. 생산, 출력

The average output of the factory is 200 shoes a day.

그 공장의 평균 생산량은 하루에 구두 200켤레이다.

㊦ production, yield, achievement, accomplishment

positive
[pázətiv]

① a. 긍정적인

She could break the road thanks to her positive attitude.

그녀는 그녀의 긍정적인 태도 덕분에 곤란을 물리치며 나아갈 수 있었다.

㊦ optimistic, favorable, promising, encouraging

② **a. 확신하는**

I'm positive a guy with your experience can help me out.

네 정도의 경험을 가진 사람이면 나를 도울 수 있을 거라고 난 확신해.

㋒ certain, sure, confident, convinced, assured

precipitation
[prisìpətéiʃən]

n. 촉진

The effects of overspending gave precipitation to his financial downfall.

과소비로 인한 여파가 그의 경제적 몰락을 재촉했다.

㋒ acceleration

principle
[prínsəpl]

n. 원리, 원칙

The underlying principle of happiness is to think the positive aspects of everyday life.

행복의 가장 기초적인 원리는 일상의 긍정적인 면만을 생각한다는 것이다.

㋒ original, method, rule

protest
[prətést, próutest]

v. 항의하다

We protested to the boss that salaries were too low.

우리는 급여가 너무 낮다고 사장에게 항의했다.

㋒ object to, oppose, complain about, demonstrate against

range
[réindʒ]

① **n. 범위, 구역**

This candidate has an impressively diverse range of interests and experience.

이 후보는 인상깊게도 다양한 범위의 관심과 경험을 가지고 있다.

㋒ extent, scope, spectrum, compass, span, scale,

② **v. 변화(변동)하다**

Prices range between eighty and ninety dollars.

가격은 80달러에서 90달러 사이이다.

㋒ vary, fluctuate

signify
[sígnəfài]

v. 의미하다, 나타내다

His remarks signify that he has no intention to get back home.

그의 발언은 그가 집으로 돌아갈 의도가 전혀 없다는 것을 나타낸다.

㈜ mean, denote, indicate

simple
[símpl]

a. 순진한

For now, the rate cut is a sign that there is no room for anyone to indulge in simple optimism.

현재로서, 금리 인하는 누구나 순진한 낙관론에 빠져들 수 있는 여지가 있다는 신호가 되고 있다.

㈜ innocent, naive, ingenuous

spectrum
[spéktrəm]

n. 범위

A broad spectrum of restaurants is listed with the guide book, ranging from budget restaurants to five-star restaurants.

이 여행 책자에는 광범위한 종류의 식당이 등재되어 있는데 저렴한 식당에서부터 5-스타 레스토랑까지 망라하고 있다.

㈜ range, scope, reach, compass

steadfast
[stédfæst]

a. 확고한

She commended the steadfast courage of families caring for handicapped children.

그녀는 장애 아동을 돌보는 가정들의 확고한 용기를 칭찬했다.

㈜ unwavering, constant, firm, resolute

strain
[stréin]

① v. 잡아당기다

The dog was straining at the leash, eager to snap up a piece of meat.

개는 고깃점을 덥석 물려고 개 줄을 끌어당기고 있었다.

㈜ tighten, tug

② n. 팽팽함, 긴장

This will not be the last time that a strain on relations between the two countries.

양국 간의 긴장 관계가 이번이 마지막이지 않을 것이다.

㈜ tension

stroke
[stróuk]

n. 타격, 일격

If such an approach is taken, then he will surely give a stroke again.

그러한 접근을 취하면, 그는 분명히 다시 일격을 가할 것이다.

유 hit, blow, striking, smack

sturdy
[stə́:rdi]

a. 억센, 튼튼한

You have to wear boots or thick sturdy shoes because you might step on a nail.

못을 밟을 수도 있기 때문에 부츠나 두꺼운 튼튼한 신발을 신어야 합니다.

유 strong, robust, rugged, hardline

testify
[téstəfài]

v. 입증하다, 증명하다

Children are particularly at risk because, as any parent can testify, kids get sick more often than anyone else.

아이들은 특히 위험한데, 어떤 부모도 입증할 수 있듯, 아이들은 다른 누구보다 더 자주 아프기 때문이다.

유 provide evidence, prove, show

twig
[twíg]

n. 작은 가지

The bird builds a small twig nest in a small tree and normally lays one white egg.

그 새는 작은 나무에 잔가지 둥지를 만들어서 보통 흰 알 하나를 낳는다.

유 branch, stick

with respect to

phr. ~에 관하여

This is true with respect to English but not to German.

이것은 영어에 대해서는 옳지만 독어에 대해서는 그렇지 않다.

유 as regards, in reference to, interms of

Day 39

ache
[éik]

v. 아프다

Her heart ached for the poor orphan.

그 불쌍한 고아 때문에 그녀의 가슴은 아팠다.

🔁 hurt

adore
[ədɔ́ːr]

v. 숭배하다, 존경하다

We adore them for their generosity and temperate livings.

우리는 그들의 관대함과 절제된 생활을 존경한다.

🔁 worship, glorify, praise, revere, exalt

asymmetric
[èisəmétrik, æ̀sə-]

a. 균형이 잡히지 않은

This is a perfect intellectual foundation for a strategy of 21stcentury asymmetric warfare

이 말은 21세기 중국의 불균형적인 전쟁 전략의 지적 기반이 되고 있다.

🔁 unequal, lopsided, unsymmetrical

besides
[bisáidz]

adv. 게다가

Besides, allegations of real estate speculation and market manipulation have been investigated many times before.

게다가, 부동산 시장의 투기와 조작에 관한 갖가지 주장을 과거에 여러 차례 조사했다.

🔁 in addition to, moreover

brilliance
[bríljəns]

n. 광휘

Though a talented musician, he was completely eclipsed by the brilliance of his master.

재능 있는 음악가였지만 그는 스승의 광휘에 가려져서 전혀 빛을 보지 못했다.

🔁 radiance, glare, blaze

cargo
[ká:rgou]

n. 화물

The airline industry plans to operate only half of its domestic flights and not to run cargo flights next month.

그 항공사는 다음 달 국내선의 경우 절반만 운항하고 화물 운송은 전면 결항할 계획이다.

⊕ load, freight

celestial
[səléstʃəl]

a. 하늘의

That was the first time an active volcano has been observed on another celestial body.

활화산이 다른 천체에서 목격된 것은 그때가 처음이었다.

⊕ heavenly

conduit
[kándwit]

n. 도관, 전선관

There are various methods to patch a bad conduit connection.

불량 도관 연결을 고치는 다양한 방법이 있다.

⊕ pipe, passage, tube

contrary
[kántreri]

a. 반대의

Contrary to popular opinion, men are not better drivers than women.

통속적인 견해와 반대로, 남자들이 여자들보다 좋은 운전자들이 아니다.

⊕ opposite, different, converse

dangle
[dǽŋgl]

v. 매달리다

Dried persimmons are dangling from the ceiling.

곶감이 천장에 대롱대롱 매달려 있다.

⊕ hang, swing, sway, trail, droop

density

[dénsəti]

n. 농도, 밀도

Weather forecasters said that the highest level of warnings can be posted for some areas depending on the density of dust in the air.

기상청은 대기 중 먼지 밀도에 따라 일부 지역에 황사 경보가 발령될 수 있다고 발표했다.

⊕ concentration, denseness, tightness

dual

[djúːəl]

a. 둘의, 이중의

His dual nationality was challenged by the Ministry of Justice.

그의 이중 국적은 법무부가 문제로 삼았다.

⊕ double, multiple, plural

endorse

[indɔ́ːrs, en-]

① v. 배서하다

If you want to pay by check, please endorse your name on it.

수표로 계산하시려면, 배서해 주십시오.

⊕ sign, autograph, underwrite, validate

② v. 보증하다, 승인하다

She was pleased that the proposal had been endorsed by the commitee.

그 제안이 위원회의 승인을 받아서 그녀는 기뻤다.

⊕ confirm, approve, support, authorize, confirm

endure

[indjúər]

v. 참다, 견디다

The prisoner endured two years in prison for his religious beliefs.

그 죄수는 자신의 종교적 신념을 위해 교도소에서 2년을 견뎠다.

⊕ bear, suffer, tolerate, survive

ensue

[insúː]

v. 뒤이어 일어나다

A spate of follow-up advertisement ensues in the wake of a story like this one.

이런 유형의 광고가 나간 후에는 후속 광고들이 홍수처럼 쏟아져 나온다.

⊕ come, follow, result

equip
[ikwíp]

v. 갖추어 주다

General farms are already equipped with pesticides to deal with the insect attacks.

일반적 농가들은 해충 피해에 대처하기 위한 농약을 이미 보유하고 있다.

유 provide, furnish

finance
[finǽns, fáinæns]

v. 자금을 조달하다

The leading company has enough capacity to finance the acquisition project.

그 중견 기업은 인수에 필요한 자금을 조달할 역량이 충분히 있다.

유 pay

first and foremost

phr. 무엇보다도 먼저

He directed some movies, but first and foremost he's an actor.

그는 몇몇 영화를 감독했지만, 무엇보다도 먼저 그는 배우이다.

유 above all, primarily

flee
[flí:]

v. 피하다, 달아나다

The fleeing rebels found sanctuary in the St. Andrew's Church.

도망친 반역자들이 성 앤드류 성당을 은신처로 삼았다.

유 escape, run away, evade, bolt, rush

frantic
[frǽntik]

a. 광란의, 미친

There was a frantic scramble for the two vacant seats in the subway.

지하철 내에서 두 개의 빈 좌석을 잡기 위하여 광적인 쟁탈전이 있었다.

유 frenzied, desperate, hectic, frenetic

guard
[gá:rd]

v. 지키다

Cerberus, the three-headed watchdog in Greek mythology who guards the underworld.

그리스 신화에 나오는 머리가 세개인 경비견, 케르베로스는 지하 세계를 지킨다.

유 protect, defend, hold

hectic
[héktik]

a. 몹시 흥분한, 열광적인

This would be the most insane, hectic day I can ever remember.

이 날은 내가 기억할 수 있는 가장 제정신이 아닌, 몹시 흥분한 날이다.

⟨유⟩ feverish, agitated

jubilant
[dʒúːbələnt]

a. 좋아하는, 기쁨에 넘치는

For the moment those who enjoy the sound of the countryside are jubilant.

시골의 소리를 즐기는 사람들은 잠시 기쁨에 넘친다.

⟨유⟩ exulting, joyous, elated

lusty
[lʌ́sti]

a. 건장한

I was the one always being judged as too lusty.

나는 항상 너무도 건장하다고 판단되는 사람이었다.

⟨유⟩ healthy, vigorous, passionate

marvelous
[máːrvələs]

a. 놀라운

This synthetic detergent has marvelous sterilizing power.

이 합성 세제는 놀라운 살균력을 가지고 있다.

⟨유⟩ amazing, astounding, wonderful, astonishing

mode
[móud]

n. 양식, 형식, 형태

The concern about the pollution of the environment has changed our mode of living.

환경 오염에 대한 걱정은 우리들의 생활 양식을 바꿔 놓았다.

⟨유⟩ manner, style, way, fashion

outlive
[àutlív]

v. ~ 보다 더 살다, 살아남다

Among women, Canadians outlive Americans by 2,3 years.

여자들 중에, 캐나다인은 미국인에 비새 2, 3년 더 오래 산다.

⟨유⟩ survive, outlast

overwhelmingly
[ðuvərhwélmiŋli]

adv. 압도적으로

The movie as a whole received overwhelmingly negative reviews by film critics.

전체적으로 볼 때 그 영화는 영화 비평가들에 의해 압도적으로 비관적인 평론을 받았다.

⊕ primarily, predominantly

patron
[péitrən]

n. 단골손님, 고객

Patrons are requested to leave their valuables in the cloakroom.

고객들은 귀중품을 휴대품 보관소에 맡겨 주시기 바랍니다.

⊕ customer, client, guest

persistent
[pərsístənt, -zís-]

a. 끊임없는

His persistent persuasion finally goaded me into buying the merchandise.

그의 끈질긴 설득이 마침내 나로 하여금 그 상품을 사도록 부추겼다.

⊕ constant, continuous, incessant, unceasing

plausible
[plɔ́zəbl]

a. 그럴듯한

I don't know if that is true, but it sounds plausible to me.

나는 그것이 사실인지 아닌지 모르지만, 그것은 내게 그럴싸하게 들린다.

⊕ believable, credible, convincing, persuasive, likely

preliminary
[prilímənèri]

a. 예비적인, 준비의

Preliminary studies suggest it may be an effective anti-inflammatory medication.

예비 검사 결과 그 약은 염증 예방에 효과가 있을 것으로 보인다.

⊕ initial, introductory, prior, preparatory

presently
[prézntli]

adv. 이윽고, 곧

The island is presently used for weather observation and has a radio station

이 섬은 곧 기상관측으로 이용되며, 라디오 방송국이 생긴다.

⊕ soon, shortly, directly

probe
[próub]

① n. 엄밀한 조사

The Institute of Atomic Energy Research recently launched its own probe into possible problems within the work.

원자력 연구소는 최근 연구 상 발생했을지 모를 문제점에 대한 자체 조사에 돌입했다.

㊀ exploration, investigation, scrutiny, examination

② v. 엄밀히 조사하다

The university will probe the degree of contribution made by each co-writer to Prof. Kim's research.

대학은 김 교수 논문의 공동저자들 각각의 기여도를 조사할 계획이다.

㊀ search, examine, investigate, look into

stamina
[stǽmənə]

n. 지구력, 체력

The marathon runner lacked the stamina to finish the race.

그 마라톤 선수는 완주할 만한 지구력이 없었다.

㊀ endurance, staying power, toughness

upsurge
[ʌ́psə́:rdʒ]

n. 급증, 쇄도

There has been a recent upsurge of violence in the area.

이 지역에는 최근 폭력이 급증하고 있다.

㊀ increase, step-up

vacuum
[vǽkjuəm,
-kju(:)m]

n. 공백

The fall of the military government left a power vacuum that the nationalists attempted to fill.

군사 정권이 몰락하자 민족주의자들은 권력의 공백을 채우고자 시도했다.

㊀ void, emptiness, vacancy

Day **40**

a host of

phr. 많은 수의

Sugar prices affect a host of other food prices, too.

설탕 가격도 다른 다수의 식료품 가격에 영향을 미친다.

㈜ a lot of, numerous, a great many

adjourn
[ədʒə́ːrn]

v. 연기하다

The staff meeting was adjourned for an indefinite period.

직원 회의는 무기한 연기되었다.

㈜ suspend, postpone, put off, defer, delay

antiquity
[æntíkwəti]

n. 태고, 고대

The temple is considered to be of considerable antiquity.

그 사원은 상당히 고대의 것으로 간주되고 있다.

㈜ historic period, ancientness

apathetic
[æ̀pəθétik]

a. 무감각한, 냉담한

The illness made her apathetic and unwilling to meet people.

그 병은 그녀를 무감각하게 해서 사람들을 만나고 싶지 않게 했다.

㈜ indifferent, uninterested, spiritless

band
[bǽnd]

n. 집단, 무리

After many years of wandering, this band of hunters found the sign in 1325.

수 년간의 방랑 후에, 이 사냥꾼들의 무리는 1325년에 그러한 곳을 발견했다.

㈜ group, troop, party

basic
[béisik]

n. 기본, 기초

We must return to the basics and think about the fundamentals.

기본으로 돌아가서 기본 원칙을 생각해야 한다.

㈜ essential, staple

brittle
[brítl]

a. 깨지기 쉬운, 부서지기 쉬운

If cooked too much, it will be too brittle.
너무 많이 익히면, 부서지기 쉽습니다.

유 weak, breakable

cleave
[klíːv]

① v. 나누다, 쪼개다

A froe is a tool for cleaving wood by splitting it along the grain.
손도끼는 나뭇결을 따라서 가르는 나무를 쪼개는 도구이다.

유 split, rive

② v. 고수하다

Your intellectual deficiencies lead you to cleave to superstition.
당신의 지적 결핍이 당신으로 하여금 미신에 집착하게 한다.

유 cling, adhere, stick, cohere

coordination
[kouɔ́ːrdənéiʃən]

n. (근육 운동의) 공동 작용

You need good coordination of hand and leg to play ball games.
구기 종목을 경기하려면 손과 다리의 운동 신경이 좋아야 한다.

유 grammatical relation

demolish
[dimáliʃ]

v. 헐다, 파괴하다

The old department store was demolished and a modern apartment complex built in its stead.
옛날 백화점이 허물어지고 그 대신에 현대식 아파트 단지가 들어섰다.

유 destroy, smash, crush, wreck

discard
[diskáːrd]

v. 버리다

The park was littered with discarded cans and cardboard boxes.
공원에는 버려진 깡통들과 판지 상자들이 흩어져 있었다.

유 throw away, abandon, dispose of, scrap, dispense with
반 keep, retain

elapse
[iléps]

v. 경과하다

Four days elapsed and hope of his rescue diminished.

4일이 경과하자 그는 구조에 대한 희망이 줄어들었다.

㈜ pass, slip by, go by

faction
[fǽkʃən]

n. 당파, 파벌

When he becomes the country's president, the defeated faction might try to weaken him.

그가 대통령이 되면, 패배한 파벌이 그를 약화시키려 들 것이다.

㈜ side, party, sector, section, group

gigantic
[dʒaigǽntik, dʒi-]

a. 거대한

There, to her amazement, was a gigantic bronze statue of an eagle.

그녀가 놀랍게도 거대한 청동 독수리 동상이 있었다.

㈜ giant, huge, immense, enormous, colossal, massive
㈝ diminutive, tiny

immobility
[ìmoubíləti]

n. 부동성

The disease affects the legs, causing swollen, painful joints and, in its chronic stages, even to total immobility.

그 병은 다리에 영향을 미치며 관절이 붓고, 통증을 겪게 되며 만성 단계에서는 아예 활동을 못하게 됩니다.

㈜ stationariness, fixedness

impressive
[imprésiv]

a. 강한 인상을 주는, 감동적인

His inimitable mixtures, and the contrasts of colors with blue, grey, and pink are very impressive.

누구도 모방할 수 없는 청색, 회색, 핑크색 등의 색채 혼합과 대비가 인상적이다.

㈜ striking, moving, inspiring, affecting

isolate
[áisəlèit, ís-]

v. 고립시키다, 격리시키다

We have to get the schematics on all the isolated zones.

우리는 모든 격리 지역의 도면을 얻어야 한다.

유 separate, divide, part, segregate

metamorphose
[mètəmɔ́ːrfouz, -fous]

v. 변태(변형)하다

What is more, many die long before they metamorphose from tadpoles to adult frogs.

게다가, 그것들은 올챙이에서 다 자란 개구리로 변화하기 훨씬 전에 죽는다.

유 change, transform, transmute

misconception
[mìskənsépʃən]

n. 오해

It's a common misconception that one can live healthy by exercise alone.

운동만으로 건강할 수 있다는 것은 흔히 하는 오해이다.

유 false belief, wrong belief, falsehood, fallacy

outcome
[áutkʌm]

n. 결과

We were positive of the outcome of the elections.

우리들은 선거 결과에 대해 긍정적이었다.

유 result, sequel, consequence, product, conclusion

pile
[páil]

v. 쌓아 올리다

Dishes were piled up in a heap on the draining board.

그릇들이 설거지대에 무더기로 쌓여 있었다.

유 put together, stack, heap

practicable
[præktikəbl]

a. 실행 가능한

The only practicable alternative is to postpone the meeting.

유일하게 실행 가능한 대안책은 회의를 미루는 것이다.

유 feasible, possible, practical

predicate [prédikət]

① v. 단정(단언)하다

We can predicate that the market collapse was caused by weakness of the dollar.

시장 붕괴는 달러화의 약세로 인한 것이라고 단언할 수 있다.

㊒ affirm, declare

② v. 기초를 두다

My advice not to drink is predicated on my experience.

술 마시지 말라는 나의 충고는 나의 경험에 입각한 것이다.

㊒ base, found

prospect [práspekt]

n. 가망

There is no immediate prospect of a trial program settlement.

즉각 새로운 제도가 정착될 가망은 없다.

㊒ possibility, likelihood, hope, expectation, anticipation

realize [rí:əlàiz]

v. 이해하다

The boy didn't have enough wits to realize what was happening.

그 남자 아이에게는 무엇이 일어나고 있는지 이해할 만한 판단력이 없었다.

㊒ be aware of, understand, comprehend, grasp

resist [rizíst]

v. ~에 저항하다

Children can hardly resist sweet, crunchy pastry with ice cream inside

아이들은 아이스크림이 들어있는 달콤한 크런치 패스트리의 유혹에 거의 저항하지 못한다.

㊒ fight, withstand, defy, oppose, confront

saved [séivd]

a. 구원된, 구제된

Millions of lives have been saved through vaccination injections against endemic diseases in suicide slums.

풍토병을 예방하는 백신 주사를 통해서 빈민가의 수많은 생명들을 살렸다.

㊒ redeemed, rescued

scrupulous

[skrúːpjuləs]

① a. 양심적인

We are looking for someone to work with scrupulous honesty.

저희는 양심적이고 성실한 태도로 일할 사람을 찾고 있습니다.

⑲ honest, upright, moral, ethical

② a. 꼼꼼한

The tax office expects the scrupulous inspection of the firm's accounts.

국세청은 그 회사의 회계에 대한 꼼꼼한 조사가 있을 것으로 보고 있다.

⑲ meticulous, careful, painstaking, thorough, exact

serious

[síəriəs]

a. 중대한

Meningitis is a serious, sometimes fatal infection causing inflammation of the membranes that protect the brain and spinal cord.

뇌막염은 뇌와 척수의 보호막을 감염시켜 심하면 사망케도 하는 중대한 병입니다.

⑲ important, significant, consequential, crucial

staple

[stéipl]

① n. (pl.) 주요 산물, 중요 상품

People consider that processed foods are premium products not staples because of the sluggish economy.

경기 침체로 인해 사람들은 가공 식품을 필수품이 아닌 고급 제품으로 인식한다.

⑲ natural fiber, basic item

② a. 기본적인, 주요한

Rice is the staple diet in many Asian countries including Korea.

쌀은 한국을 포함하여 많은 아시아 국가의 주식이다.

⑲ chief, primary, main, principal

subservient
[səbsə́:rviənt]

a. 보조적인, 부차적인

Everything else is subservient to the child's education.

다른 모든 것은 그 아이의 교육보다 부차적이다.

😀 helpful, subordinate, servile

subterranean
[sʌ̀btəréiniən]

a. 지하의, 숨은

The subterranean shopping mall is doing a roaring business every day.

지하 상점은 연일 성황을 이루고 있다.

😀 underground, underneath, subsurface

utterly
[ʌ́tərli]

adv. 완전히

She utterly failed to convince me of her honesty.

그녀는 자기가 정직하다는 것을 내게 납득시키는 데 완전히 실패했다.

😀 completely

valid
[vǽlid]

a. 근거가 확실한, 타당한

It is a valid generalization that the regular diet promotes good health.

규칙적 식사가 건강을 증진시킨다는 것은 타당한 일반론이다.

😀 sound, reasonable, logical, authentic

venture
[véntʃər]

v. 위험을 무릅쓰고 ~하다

He ventured deep into the jungle to save animals that need medical care.

그는 의학적 치료가 필요한 동물을 구하기 위해 위험을 무릅쓰고 정글 깊이 들어갔다.

😀 dare, hazard, risk

wonder
[wʌ́ndər]

n. 놀라움, 경이

They were filled with wonder at a bleak, hostile environment.

그들은 황량하고, 해가 되는 환경을 보고, 놀라움에 기가 찼다.

😀 awe, surprise, astonishment, amazement

abstract
[æbstrǽkt, ⌐-]

a. 추상적인

Her head's full of abstract ideas about love and friendship.

그녀의 머리는 온통 사랑과 우정에 관한 추상적인 생각들로 꽉 차있다.

㈜ theoretical, conceptual, notional, metaphysical

adopt
[ədápt]

v. 채용(채택)하다

It is the first time for APEC members to adopt an initiative against bird flu.

APEC 회원국들이 조류 인플루엔자에 관한 성명을 채택한 건 이번이 처음이다.

㈜ take up, choose

affliction
[əflíkʃən]

n. 고뇌, 고통

The rest of his life was plagued by this affliction.

그의 여생은 이 시련으로 곤경에 처해졌다.

㈜ trouble, distress, woe, pain, misery

array
[əréi]

v. 정렬시키다, 배열하다

He arrayed his men in three sections.

그는 부하들을 세 그룹으로 정렬시켰다.

㈜ arrange, display

attachment
[ətǽtʃmənt]

n. 애착, 애정

Most parents feel a strong attachment to their children.

대부분의 부모는 자식들에게 강한 애착을 느낀다.

㈜ fond regard, emotional connection

curative

[kjúərətiv]

a. 치유적인

It is not considered curative, but can be very helpful in controlling the disease.

그것은 치유력이 있다고 여겨지지 않지만, 병을 통제하는 데 매우 도움이 될 수 있다.

유 healing, healthful

design

[dizáin]

v. 의도하다, 계획하다

After a meticulous planning process over months, the prisoner designed to break prison.

여러 달에 걸친 치밀한 계획 과정을 거친 후, 죄수는 탈옥을 계획했다.

유 intend, aim, devise, plan, mean, destine

divest

[divést, dai-]

v. 제거하다, 박탈하다

The financial bankruptcy divested him of all his hopes for the future.

경제적 파산으로 그는 미래에 대한 모든 희망을 잃었다.

유 strip, deprive, remove

era

[íərə, érə]

n. 연대, 시대

Launch an artificial satellite inaugurated a new era in space exploration.

인공위성 발사는 우주 탐험에 새 시대를 열었다.

유 epoch, period, age

furnish

[fə́ːrniʃ]

v. 공급하다, 제공하다

The police furnished convincing proof that the accused could have been at the scene of the crime.

경찰은 피고인이 범죄 현장에 있었음을 보여줄 수 있는 설득력 있는 증거를 제시했다.

유 provide, supply, equip, offer, give

futile

[fjúːtl, -tail]

a. 헛된, 효과 없는

He does things to annoy her, which could be a futile attempt to hide his true feelings for her.

그는 그녀를 괴롭히는 일들을 했는데, 그것이 그녀에 대한 그의 진심을 숨기려는 헛된 시도일 수 있다.

유 useless, unproductive

hang
[hǽŋ]

v. 매달리다

She found her monkey sleeping in a hammock hanging between two trees.

그녀는 그녀의 원숭이가 두 나무 사이에 매달려 있는 그물 침대에서 잠자고 있는 것을 발견했다.

유 dangle, suspend

hide
[háid]

v. 숨기다, 감추다

He could not hide his irritation that he had been cut from the team.

그는 팀에서 제외된 것에 대해 짜증스러움을 감추지 못했다.

유 camouflage, conceal, disguise, secrete, obscure
반 reveal, disclose

impair
[impέər]

v. 약하게 하다, 손상시키다

Negative feelings may impair your ability to self-healing.

부정적 생각은 자가 치유 능력을 약하게 할지도 모른다.

유 damage, mar, deteriorate

inflate
[infléit]

v. 팽창하다, 부풀다

Because the airbag is inflated so fast, the pressure caused can hurt individuals riding in the front seats.

에어백이 너무나 빠르게 부풀기 때문에, 발생된 그 압력이 앞좌석에 탄 사람을 죽일 수도 있다.

유 blow up, expand, puff up, swell   반 deflate

joint
[dʒɔ́int]

v. 접합하다, 이음매로 이어지다

Egyptian dolls were sometimes jointed so that their limbs could move realistically.

이집트 인형들은 때로는 이음매로 이어져 있어서, 그들의 팔다리는 실제로 움직일 수 있었다.

유 connect, combine

landscape
[lǽndskèip]

n. 풍경

It's amazing that such a barren landscape can support many different animal groups.

그렇게 척박한 풍경이 많은 다른 동물 집단도 먹여 살리다니 놀랍다.

유 scenery, scene

native
[néitiv]

a. 토착의, 타고난

A large number of people emigrated to America and gone completely native.

많은 사람들이 미국으로 이민을 가서 완전히 토착화 되었다.

㊤ indigenous, inborn, inherent, innate, instinctive

nevertheless
[nèvərðəlés]

adv. 그럼에도 불구하고

This failure was predicted in advance but it is disappointing nevertheless.

이 실패는 미리 예견되던 것이지만, 그럼에도 불구하고 실망스럽긴 했다.

㊤ however, but, still, yet, though, in any case

novelty
[návəlti]

n. 진기함, 신기로움

As a novelty item, campaign buttons are part of the hobby of collecting.

신기한 품목으로서, 선거운동 배지들은 수집 취미의 일부분이다.

㊤ originality, freshness

operate
[ápərèit]

v. 움직이다

This equipment can not operate properly at night and in rainy or foggy weather.

이 기기는 야간, 우천시 그리고 안개시 제대로 작동하지 못한다.

㊤ work, function, go, run, act

passive
[pǽsiv]

a. 수동적인, 소극적인

Numerous writers have criticized the Authors' League measure for being too passive.

많은 수의 작가들은 저작가 협회의 조치가 너무 미온적이라며 비난을 퍼부었다.

㊤ inactive, docile, amenable, submissive ㊦ active

plunge
[plʌ́ndʒ]

v. 던져 넣다

He plunged the spear through the target board.

그는 과녁판에 창을 던져 꽂았다.

㊤ throw, cast, pitch

presence
[prézns]

n. 존재

The visible presence of Korean retailers in America is modest to nonexistent.

미국에서 한국 소매업체의 존재는 극히 미미한 정도다.

윤 existence, being, beingness

progressively
[prəgrésivli]

adv. 점차적으로

His rough appearance is becoming progressively better.

그의 우악스러운 외모는 점점 더 좋아지고 있다.

윤 increasingly

remainder
[riméindər]

n. 나머지, 잔여

Some elementary student stay on after school for extracurricular activities, the remainder go home.

일부 초등학생들은 방과 후 과외 활동을 하기 위해 학교에 남고, 나머지 학생들은 집으로 간다.

윤 remnant, residue, leftover, balance, surplus

reputation
[rèpjutéiʃən]

n. 평판, 명성

The response boils down to Islamists feeling their reputation is at stake.

그 반응은 자기네 평판이 위험에 처했다는 이슬람교인들의 감정으로 요약된다.

윤 fame, image, profile, name
반 obscurity

risky
[ríski]

a. 위험한

Some poll experts even said that he was conducting unethical and risky experiments.

일부 여론 전문가들은 그가 비윤리적이고 위험한 실험을 하고 있다고까지 말했다.

윤 perilous, hazardous, dangerous, precarious
반 safe, secure

sensitive
[sénsətiv]

a. 민감한, 민감하게 반응하는

Help-wanted ad in the newspaper has proven to be sensitive to labor market conditions.

신문에 난 구인 광고는 노동 시장 여건에 민감하게 반응하는 것으로 나타났다.

유 responsive, susceptible

shelter
[ʃéltər]

v. 보호하다

The thick wall sheltered the soldiers from the gunshots.

그 두꺼운 벽 때문에 총격으로부터 군인들은 보호를 받았다.

유 protect, shield

soar
[sɔ́ːr]

v. 급상승하다

I turned on the heater, and the room temperature soared into the thirties.

내가 히터를 켜자, 실내 온도는 30°까지 급상승했다.

유 shoot up

surge
[sə́ːrdʒ]

v. 증가하다

Goods exports surged 18.7 percent this year, reviving demand in other important export markets.

상품 수출은 기타 주요 수출시장의 수요회복에 힘입어 올해 18.7퍼센트 급증하였다.

유 increase, rise, arise, go up

upbraid
[ʌpbréid]

v. 비판하다, 꾸짖다

The employer upbraided his employee for his sloppy work.

고용주는 그의 직원이 일을 대충한다고 꾸짖었다.

유 reproach, scold

veracious
[vəréiʃəs]

a. 정직한, 진실한

Even politicians sound more veracious on the radio.

심지어 정치인들도 라디오에서는 좀더 정직하게 소리를 낸다.

유 true, accurate, truthful

alight
[əláit]

v. 내리다

Constanze and her son alighted with other passengers.
콘스탄스와 그녀의 아들은 다른 승객과 함께 내린다.

⊕ land, climb down, settle

atmosphere
[ǽtməsflər]

n. 공기, 분위기

The colors and smells provide a carnival atmosphere.
빛깔과 냄새가 축제 분위기를 제공한다.

⊕ ambiance, air

completely
[kəmplí:tli]

adv. 완전히

It plans to abolish the clauses completely by the end of the year.
연말까지 이 조항들을 완전히 폐지할 계획이다.

⊕ totally, entirely, perfectly   ⊞ partly

consecutive
[kənsékjutiv]

a. 연속적인

Public-sector jobs have dropped three consecutive months.
공공 부문의 일자리는 3개월 연속 감소했다.

⊕ successive, continuous, ordered, uninterrupted

deter
[ditə́:r]

v. 그만두게 하다, 단념시키다

The high price of the service could deter people from seeking advice.
그 서비스의 높은 가격이 사람들로 하여금 자문을 구하는 것을 단념시킬 수도 있다.

⊕ discourage, preclude, inhibit
⊞ persuade

diminish
[dimíniʃ]

v. 줄이다

The government expects the cigarette sales to diminish because of the cost burden and a growing need to take care of one's health.

정부는 가격 부담과 건강에 대한 염려로 담배 수요가 줄어들 것으로 기대한다.

유 decrease, lessen, fall   반 increase

elegant
[éligənt]

a. 품위있는, 우아한

Luxurious, elegant styles were still strong as shown by established fashion houses.

패션 업체들이 선보이고 있는 바와 같이 고급스럽고 우아한 스타일이 여전히 강세를 보이고 있다.

유 graceful, delicate, sophisticated

estimate
[éstəmət, -mèit]

v. 평가하다

The teacher estimated his student's intellect too highly.

그 교사는 자신의 학생의 능력을 지나치게 높이 평가했다.

유 evaluate, gauge, assess, judge

examine
[igzǽmin]

v. 조사하다

The company is examining potential sites around the country's capital.

그 회사는 그 나라의 수도 근처에 공장 후보자를 조사하고 있다.

유 research, investigate, inspect

facet
[fǽsit]

n. 면, 국면

These consumption trends can be found in every facet of our lives.

이러한 소비 추세는 우리 생활의 모든 면에서 찾아볼 수 있다.

유 aspect, phase

foliage
[fóuliidʒ]

n. 잎

The mountain is noted for the mottled purple-brown foliage.

그 산은 자주색과 갈색이 얼룩덜룩하게 뒤섞인 나뭇잎들로 유명하다.

유 leaf, leafage

gist
[dʒíst]

n. 요점, 핵심

I don't think this was the gist of it, but if it was, it was quite wrong.

나는 이것이 그것의 핵심이라고 생각하지 않는다. 하지만 그렇다면, 그건 꽤나 잘못된 것이다.

⟐ effect, essence, burden, core

gleaming
[glí:miŋ]

a. 반짝반짝 빛나는

They've spent most of their time in the gleaming skyscrapers in Dubai that nobody lives in.

그들은 아무도 살지 않는 두바이의 빛나는 마천루에서 대부분의 시간을 보냈다.

⟐ bright, shining, luminous

hobby
[hábi]

n. 취미

The ideal age to start a child on a coin collecting hobby is at six years old.

어린 아이가 동전 모으는 취미를 시작하는 이상적인 나이는 여섯 살이다.

⟐ leisure activity, pastime, recreation

inborn
[ínbɔ́:rn]

a. 타고난, 선천적인

Gout is inborn, however the symptoms do not occur until middle age.

통풍은 선천적인 것이지만 그 징후들은 중년이 되서야 나타난다.

⟐ acquired, innate, native

incentive
[inséntiv]

n. 자극, 동기

They don't work very hard all through the year, but then there's no incentive.

그들은 연중 내내 아주 열심히 일하지 않는데, 게다가 자극제도 없다.

⟐ motivation, inducement, incitement, stimulus, encouragement

influential
[ìnfluénʃəl]

a. 영향력이 있는

She wanted to work for a bigger and more influential accounting firm.

그녀는 좀 더 크고 좀 더 영향력 있는 회계 회사에서 일하고 싶었다.

⟐ important, powerful, potent, prestigious

insight
[ínsàit]

n. 통찰, 통찰력

The fortuneteller had the insight to predict what would happen.

그 점술술가는 앞으로 일어날 일을 예견하는 통찰력이 있었다.

유 intuition, understanding, perception, awareness

intend
[inténd]

v. 의도하다

After the media event, he became a celebrity, which he didn't intend.

매스컴 보도 이후, 그는 본래 의도하지 않았던 유명 인사가 되었다.

유 plan, mean, aim, propose

intent
[intént]

n. 의지, 의향

They have expressed negotiating intent, but there has been no response.

그들은 협상 의향을 비췄지만, 아무 반응이 없었다.

유 intention, purpose, design

intertwine
[ìntərtwáin]

v. 서로 얽히게 하다

Education is concentrated in the city, and education is deeply intertwined with the real estate.

교육은 도시에 집중되어 있고, 교육은 또 부동산과 깊이 관련되어 있다.

유 interlace, interweave

intervention
[ìntərvénʃən]

n. 개입, 간섭

Political influence and other unnecessary intervention should be root out.

정치적 영향력과 불필요한 개입은 근절되어야 한다.

유 influence, mediation, interference, intrusion

item
[áitəm]

n. 종목, 품목

The business partner told me that this was the hottest item in Tokyo.

사업 파트너는 이것이 도쿄에서 가장 인기있는 품목이라고 말해 주었다.

유 article, object

jeopardize

[dʒépərdàiz]

v. 위태롭게 하다

The alleged corruption could jeopardize his chances of becoming the next president.

그 비리 의혹은 그가 차기 사장으로 승진하는 것을 위태롭게 할 수 도 있다.

⊞ endanger, threaten, menace

join

[dʒɔ́in]

① v. 결합하다

The president would be able to create synergy in the industry by joining together a whiskey business with a wine distiller.

그 사장은 위스키 사업과 와인 사업을 결합해 업계 시너지 효과를 창출하고자 했다.

⊞ attach, tie, bind, couple, connect
⊞ detach, separate

② v. 만나다, 합류하다

In a few moments, you will pass through this corridor and join your family.

몇 분 후에, 여러분들은 이 복도를 지나면 가족들을 만나게 될 것입 니다.

⊞ meet, combine

oath

[óuθ]

n. 맹세

I swear by heaven hat I will carry out this oath to the best of my ability and judgment.

천지신명께 맹세하건대 나의 능력과 판단력을 다해 이 서약을 지킬 것을 맹세합니다.

⊞ sworn, statement, vow, promise, pledge

outrage

[áutrèidʒ]

v. 화나게 하다

The whole nation was outraged by the inconsistant policy.

그 일관성 없는 정책에 전 국민이 분노했다.

⊞ anger, offend

pattern
[pǽtərn]

n. 도안, 무늬

The walls are papered with black and white checkered patterns and other symbols.

벽지에는 흑백의 체크 무늬와 기타 상징물 도안이 사용되었다.

㈜ decoration, design, figure, motif

propel
[prəpél]

v. 추진하다, 나아가게 하다

If the musician continue performing well, he could be propelled onto center stage.

그 음악가가 계속 잘해 나갈 경우, 독일의 중심 무대로 진출할 수 있다.

㈜ push, impel

research
[risə́:rtʃ, rí:sə:rtʃ]

v. 연구하다, 조사하다

The team plans to conduct more research on excercise for the most effective results.

그 팀은 어떻게 운동해야 가장 효과적인 결과를 얻을 수 있는지를 더 조사할 계획이다.

㈜ investigate, analyze, study, examine

shudder
[ʃʌ́dər]

n. 떨림, 전율

The elevator rose with a shudder.

그 엘리베이터는 진동하면서 올라갔다.

㈜ tremor, shiver, shake

slight
[sláit]

a. 근소한, 적은

This slight growth of grass-eating animals is not unusual, and lies well within the range of natural variation.

초식 동물의 소폭 증가는 특이현상이 아니며, 흔히 자연적인 변화의 범위 내에 속한다.

㈜ small, little, tiny, minute, subtle

speculate about

phr. ~에 대해 추측하다

It is troublesome to speculate about what might have happened that day.

그날 무슨 일이 있었겠는지를 추측해보는 것은 골치 아픈 일이다.

㈜ hypothesize

standpoint
[stǽndpɔ̀int]

n. 견지, 관점

I think that from the standpoint of parenting, the high school years are the most difficult by far.

나는 부모의 관점에서 볼 때, 고등학교 시절이 가장 힘들다고 생각한다.

㈜ point of view, perspective, viewpoint, opinion

standstill
[stǽndstìl]

n. 정지, 답보

After World War I, construction industry came to a complete standstill.

1차 세계대전 후, 건설업은 완전히 답보상태에 이르렀다.

㈜ halt, stop, pause, cessation, stand

unwonted
[ʌnwɔ́ːntid-
wóunt-]

a. 보통이 아닌, 예사롭지 않은

He sprang to the finish line with unwonted vigor.

그는 보통 때와 달리 힘차게 결승점으로 뛰어갔다.

㈜ uncommon, unusual, extraordinary

vexing
[véksiŋ]

a. 성가신, 짜증나게 하는

Lack of space is one of the vexing problems of the library.

자리 부족은 도서관의 짜증나게 하는 문제들 중 하나이다.

㈜ annoying, disagreeable, displeasing

votary
[vóutəri]

n. 신자, 신봉자

Votaries are to be found in every city and town of the civilized world.

신봉자들은 모든 도시와 문명화된 세계의 시내에서는 찾아볼 수 있다.

㈜ religious, devotee, admirer

Day
43

abide
[əbáid]

v. 머물다, 체류하다

He abided in the middle of the desert for forty days.
그는 40일 동안을 사막 한 가운데에서 생활했다.

유 stay, dwell, remain, inhabit 반 leave

accomplished
[əkámpliʃt]

a. 뛰어난, 능란한

He is an accomplished pianist and arranger who also studied at Cambridge.
그는 캠브리지 대학 출신의 뛰어난 피아니스트이자 편곡자이다.

유 proficient, complete, skilled, settled

avail
[əvéil]

v. 쓸모가 있다, 도움이 되다

Employees should avail themselves of the opportunity to buy cheap products in the company.
직원들은 회사의 싼 상품을 살 수 있는 기회를 이용해야 한다.

유 be of use

blend
[blénd]

v. 섞다

This cleanser blends with make-up and dirt and rinses away easily with water without irritating the skin.
이 세안제는 화장과 먼지와 잘 섞여 피부를 손상하지 않고 물로 손쉽게 세안할 수 있다.

유 mix, combine, merge

cast
[kǽst, kά:st]

v. 던지다

The aid worker cast off his clothes and dove into the ocean.
구조원은 옷을 벗어던지고 바다로 뛰어 들었다.

유 throw, project, hurl, hurtle

charge
[tʃáːrdʒ]

v. (임무를) 지우다

The new unit takes charge of regional defense and coastline guard missions.

그 새 부대는 지역 방위와 해안 경계 임무를 맡고 있다.

윤 entrust

compelling
[kəmpéliŋ]

a. 강제적인, 흥미를 돋우는

This argument would be more compelling if these medical institutions were actually producing therapies.

이러한 의료 기관들이 실제로 각종 치료법을 개발할 경우 이 같은 주장은 더욱 큰 설득력을 지니게 될 것이다.

윤 irresistible, fascinating, constrained, convincing

constellation
[kànstəléiʃən]

n. 별자리

Nine light years from Earth is the fourth largest constellation Cetus.

4번째로 큰 별자리인 고래자리는 지구에서 9광년 떨어진 곳에 있다.

윤 configuration

contemptuous
[kəntémptʃuəs]

a. 남을 얕잡아 보는

Some people are contemptuous of others they are deemed less intelligent.

일부 사람들은 덜 총명하게 생각되는 사람들을 얕잡아 본다.

윤 scornful, scathing, mocking, withering, derisive

countervail
[kàuntərvéil]

v. 대항하다, 상쇄하다

It has all the disadvantages without any of the countervailing advantages.

그것은 상쇄되는 이득이 전혀 없는 모든 불리한 점들을 가지고 있다.

윤 count against, oppose, resist, offset

curiously
[kjúəriəsli]

adv. 이상하게(도)

Curiously enough, I did the same thing to my brother only yesterday.

대단히 이상하게도, 내가 그와 꼭 같은 일을 바로 어제 내 형에게 했다.

㊀ surprisingly

deploy
[diplɔ́i]

v. 배치하다

Despite the troops being deployed to keep peace in the area, tensions are still high.

군대가 평화를 유지하기 위해 이 지역에 배치되어 있지만, 긴장감은 여전히 높다.

㊀ set up

discernible
[disə́ːrnəbl, -zə́ːrn-]

a. 보고 알 수 있는, 식별할 수 있는

The only discernible difference is the costume.

유일하게 식별할 수 있는 차이점은 의상이다.

㊀ noticeable, perceptible

disinterested
[disíntərèstid, -tríst-]

a. 사심 없는, 공평한

The petitioner should get advice from a disinterested third person.

청원자는 사심이 없는 제 3자에게서 충고를 얻어야 한다.

㊀ unbiased, impartial, detached, objective

duration
[djuréiʃən]

n. 지속, 지속 기간

All the students had to stay indoors for the duration of the thunder and lightning.

학생들 모두는 천둥과 번개가 지속되는 동안 실내에 머물러 있어야만 했다.

㊀ length, continuance

endless
[éndlis]

a. 끝이 없는

The vet has endless patience with the pet.

그 수의사는 애완동물에 대해서 한없는 인내력을 가지고 있다.

㊀ unlimited, unending, infinite, continual

enterprise
[éntərpràiz]

n. 모험적인(중요한) 사업

We must be prepared for the serious crisis in any enterprise.

어떤 사업에 있어서나 심각한 위기에 대해 각오하지 않으면 안 된다.

윤 business, undertaking

fame
[féim]

n. 명성

The scandal will cause damage to his fame.

그 스캔들로 그의 명성은 큰 타격을 입었다.

윤 celebrity, renown, reputation

found
[fáund]

v. ~의 기초를 세우다, 설립하다

Founded in 1534, Cambridge University Press is the world's oldest publishing house.

1534년에 설립된 캠브리지 대학 출판소는 세계에서 가장 오래된 출판사이다.

윤 establish, creat, set up, plant, constitute

further
[fə́:rðər]

a. 그 이상의, 여분의

He denied further connection to the case, saying that he did not take the money in any way.

그는 어떤 식으로든 그 돈은 받지 않았다며 이 사건에 더 이상의 관련은 부인했다.

윤 additional, extra

jolt
[dʒóult]

n. 충격, 요동

Her stomach would give a little jolt, and the tips of her fingers would tingle.

그녀의 위는 약간의 요동이 있을 것이고, 그녀의 손가락 끝은 얼얼할 것이다.

윤 jar, jounce, shock

onset
[ánsèt, ɔ́:n-]

n. 착수, 개시

In many cases, the sign of fever is the onset of the seizure.

대부분의 경우에, 열이 있는 것은 발병의 징후이다.

윤 start, beginning, oncoming

pinnacle
[pínəkl]

n. 산봉우리, 정상

The pinnacle of the mountain contrasted with
the blue sky.
산봉우리가 푸른 하늘과 뚜렷이 대조를 이루고 있었다.

⊞ height, elevation, peak, summit

praise
[préiz]

v. 칭찬하다

American, Japan, and even Iranian negotiators
all praised the talks.
미국, 일본, 심지어 이란 협상 대표들까지 이구동성으로 회담을 칭찬
했다.

⊞ congratulate, hail, applaud, acclaim

refine
[ri:fáin]

v. 개선하다

Most companies reported improved earnings
from refining and marketing operations.
대부분의 업체가 제품 개선 및 마케팅 활동을 통해 수익이 증가했다고
보고했다.

⊞ improve, alter, modify

residue
[rézədjù:]

n. 잔여

The detergent will pull a lot of the paint residue
out of the mat and make the next step easier.
그 세제는 많은 페인트 잔여물을 매트로부터 빼내고, 다음 단계를 훨
씬 쉽게 한다.

⊞ remainder, remnant, remain

resort to

phr. ~에 의지하다

He promised he would not resort to anything
as extreme as borrowing money.
그는 대출 같은 극단적인 방법에는 의존하지 않겠다고 약속했다.

⊞ turn to

roam
[róum]

v. 걸어다니다, 배회하다

The goats had got out of the field and were
roaming in the road.
염소들이 들판을 빠져 나와 길에 돌아다니고 있었다.

⊞ wander, rove, ramble, meander, drift

string
[stríŋ]

n. 일련

She'd been single for two years after a string of broken romances.

연이은 실연 이후에 그녀는 2년 동안 독신이었다.

⟨유⟩ chain, series

subtle
[sʌ́tl]

a. 미묘한

Some subtle differences in sounds are hard to recognize.

몇 가지 미묘한 음의 차이는 알아차리기 어렵다.

⟨유⟩ elusive, delicate, faint, understated

sustenance
[sʌ́stənəns]

n. 양식, 영양물

There's not much sustenance in a bowl of soup.

수프 한 그릇에는 영양이 많이 없다.

⟨유⟩ nourishment, food, nutrient

tangled
[tǽŋgld]

a. 얽힌

The man smells like ashes, his hair is all tangled.

그의 몸에서 냄새가 몹시 나고, 그의 머리는 온통 엉켜 있다.

⟨유⟩ twisted, knotty, matted, entangled

tedious
[tíːdiəs, -dʒəs]

a. 지루한

This can be a rather tedious job, and can take a great deal of time.

이것은 다소 지루한 작업이 될 수 있고, 엄청나게 많은 시간이 걸릴 수 있다.

⟨유⟩ wearying, tiresome, tiring, fatiguing

temporary
[témpərèri]

a. 일시적인, 임시의

The rest see the dollar's ascent as a temporary phenomenon.

나머지 업체들은 달러 강세가 일시적 현상인 것으로 보았다.

⟨유⟩ momentary, makeshift, transient
⟨반⟩ permanent

terrestrial
[təréstriəl]

a. 지상의, 속세의

DVB-H depends on both terrestrial broadcasting and third-generation networks.

DVB-H 방식은 지상파 방송과 제 3세대 네트워크 모두에 의존한다.

㈔ earthly, worldly, onshore, overland

traditional
[trədíʃənl]

a. 전통의

In Korea traditional attitudes of keeping a homogeneous race are still prevalent.

한국에는 단일민족 결혼을 고집하는 전통적 태도가 여전히 강하게 남아 있다.

㈔ customary, accustomed, conventional, usual

underpinning
[ʌndərpíniŋ]

n. 기초, 기반

The building is held by white marble underpinning.

그 건물은 하얀 대리석 토대로 지탱되어 있다.

㈔ basis, foundation

unparalleled
[ʌnpǽrəlèld]

a. 견줄 나위 없는, 비할 바 없는

The ship is perfectly manufactured with unparalleled reliability and safety, not to mention its appealing and luxurious design.

그 배는 사람의 눈길을 끄는 화려한 디자인은 말할 것도 없고 견줄 데 없이 높은 신뢰성과 안전도를 가지고 완벽하게 제조되었다.

㈔ incomparable, uncomparable, unique

version
[və́:rʒən, -ʃən]

n. 번역, 번역물

The most important undertaking, of course, was the English version.

물론 가장 중요한 작업은 영어본 책자였다.

㈔ translation, interlingual rendition, rendering

aggressive
[əgrésiv]

a. 공격적인

A diamond ring can bring forth aggressive reactions in both the wearers and the people around them.

다이아몬드 반지는 착용자는 물론 그 주변 사람 모두에게 공격적인 반응을 불러일으킬 수 있다.

유 offensive, hostile, belligerent, combative
반 peaceable, friendly

apprehend
[æprihénd]

v. 이해하다

The child apprehended the involved sentence very quickly.

그 아이는 복잡한 문장을 매우 빨리 이해했다.

유 understand, comprehend, grasp,

bare
[bέər]

a. 발가벗은, 노출된

She walked in bare feet, as was the custom in those days.

그녀는 맨발로 걸어 다녔는데, 그것은 당시의 관습이었다.

유 naked, uncovered, exposed, unclothed

block
[blák]

n. 장애물

His stubborn attitude was a block to further meetings.

그의 완고한 자세가 추후 만남을 가로막는 장애물이었다.

유 obstacle, blockage

chiefly
[tʃíːfli]

adv. 주로

She's chiefly known for her midnight hair, good mood, and smile.

그녀는 주로 그녀의 칠흑 같은 머리카락과, 유쾌함, 그리고 미소로 알려져 있다.

유 mainly, principally, primarily

count for nothing

phr. 쓸데없다, 허사다

I am not going to make thirty months of effort count for nothing.

나는 30개월 간의 노력을 허사로 만들지 않을 것이다.

㋴ be unimportant

couple
[kʌ́pl]

n. 한 쌍, 부부

One out of seven couples is infertile, according to the Ministry of Health and Welfare.

보건복지부에 의하면 부부 7쌍 중 한 쌍이 불임이라고 한다.

㋴ pair, duo

decorated
[dékərèitid]

a. 훌륭하게 꾸민

The boss drives a British classic Austin-Healey and buys a new, lavishly decorated apartment.

그 사장은 영국제 클래식 모델인 오스틴 힐리를 몰고 새로 지은 화려하게 장식한 아파트를 구입한다.

㋴ buttony, raised, mounted
㋵ unadorned

despite
[dispáit]

prep. ~에도 불구하고

Despite such efforts, the country continues to suffer from a shortage of funds and employees.

그런 노력에도 불구하고, 그 나라는 자금과 인력 부족 현상으로 고전을 계속하고 있다.

㋴ regardless of, in spite of, notwithstanding

erroneous
[iróuniəs]

a. 잘못된

They created an erroneous impression of their characters.

그들은 자신들의 성격에 관한 그릇된 인상을 심어주었다.

㋴ wrong, incorrect, false

exalted
[igzɔ́:ltid]

a. 고귀한, 지위가 높은

No politicians, however exalted, was allowed to speak from the hustings.

아무리 지위가 높이도, 어떤 정치인도 연단에서 연설하지 못하게 되어 있었다.

㈌ noble, superior, praised

flight
[fláit]

n. 도주, 도피

Capital flight from Russia quadrupled last year.

작년 러시아의 자본 도피는 4배 급증했다.

㈌ escape, running away

for the sake of

phr. ~를 위하여

He's going to live in the city for the sake of his children's education.

그는 자식들의 교육을 위해 시골에서 살 생각이다.

㈌ for the purpose of

free
[fríː]

v. 자유롭게 하다

Long summer vacations freed me to spend more time with the children.

긴 여름 휴가 덕분에 나는 아이들과 더 많은 시간을 자유롭게 보낼 수 있었다.

㈌ release, liberate, emancipate, discharge

fusion
[fjúːʒən]

n. 융합, 통합

The best interest of all fusion is to select the positive aspects of different things.

융합의 최고의 이익은 다른 것들의 긍정적인 면만을 선택한다는 것이다.

㈌ union, merger, unification

hire
[háiər]

v. 고용하다, 빌리다

You can either hire someone to do it for you or you can do it yourself.

당신은 당신을 위해 그것을 할 누군가를 고용하든지 아니면 직접 그것을 할 수 있다.

㈌ employ, engage, borrow

huge
[hjúːdʒ]

a. 거대한

Capital investments mostly failed and left many farmers saddled with huge debts.

자본 투자의 대부분은 실패했고 수많은 농민들이 빚더미에 올라앉게 되었다.

유 enormous, gigantic, immense, tremendous, vast

improper
[imprápər]

a. 부적당한

He admitted his improper behavior overall even though he said some media exaggerated the incident.

그는 비록 일부 언론이 사건을 과장 보도하기는 했지만 자신의 부적절한 행동을 대체로 인정했다.

유 inappropriate, indecorous, unfitting

inhabitant
[inhǽbətənt]

n. 주민

'Yankee' means an inhabitant from New England or from any of the northern states of America.

'양키' 란 뉴잉글랜드 주민 혹은 미국 북부 여러 주의 사람들을 가리킨다.

유 occupant, resident, dweller, citizen

instant
[ínstənt]

n. 즉시, 순간

At that instant, I realized that people who avoided me just didn't like me.

그 순간, 나는 나를 피하는 사람이 단순히 나를 싫어해서였음을 깨달았다.

유 moment, point

invariably
[invέəriəbli]

adv. 변함없이, 으레

While religion invariably involves a belief system, not all belief systems are religion.

종교가 으레 신앙 체제를 수반하지만, 신앙 체제들이 모두 종교인 것은 아니다.

유 always, without exception

layer
[léiər]

n. 층

The middle layer trap air and keep the person under the quilt warm.

중간 층은 공기를 가두어 그것을 덮은 사람을 따뜻하게 해 준다.

유 structure

livelihood

[láivlihùd]

n. 생계, 직업

Fishing and Agriculture are the two main sources of livelihood.

어업과 농업이 생계의 두 가지 주요 원천이다.

㈜ support, keep, living, job, occupation

medium

[mí:diəm]

n. 수단, 매개물

The diseases such as avian influenza are transmitted through the medium of air.

조류 인플루엔자와 같은 전염병은 공기를 매개로 전염된다.

㈜ means

more or less

adv. 다소, 어느 정도

I am also more or less responsible for possible misconduct.

나도 비리 혐의에는 다소 책임이 있다.

㈜ fairly, pretty, rather, somewhat

negligible

[néglidʒəbl]

a. 무시해도 좋은

The expenses on dining out and drinking can in no way be negligible.

외식비도 주대도 결코 무시할 수 없다.

㈜ trivial, trifling, insignificant, paltry

overpower

[òuvərpáuər]

v. 압도하다

Police finally managed to overpower the gunman.

경찰은 마침내 총기 휴대자를 압도해냈다.

㈜ overwhelm, overcome, subdue, conquer

overwhelm

[òuvərhwélm]

v. 압도하다

These pigment layers are overwhelmed during the spring and summer by an abundance of chlorophyll, which is green.

이러한 색소층은 봄과 여름철 녹색을 띠고 있는 풍부한 엽록소에 의해 압도당한다.

㈜ overpower, overcome, conquer, vanquish

phenomenon
[finάmənàn, -nən]

n. 사건, 현상

This chronic phenomenon renders the domestic economy vulnerable to external changes.

이런 고질적인 현상으로 국내 경제가 외부 변화에 취약하게 되었다.

⊕ occurrence, physical process

rear
[ríər]

v. 기르다

We reared our children to share in the housework.

우리는 우리 아이들이 집안일에 동참하도록 길렀다.

⊕ raise, bring up, nurture, parent

reciprocal
[risíprəkəl]

a. 상호간의

He promoted low tariffs and reciprocal trade agreements.

그는 낮은 관세와 상호 무역 협정을 증진시켰다.

⊕ mutual, shared, correlative

sense
[séns]

n. 의미, 뜻

Analysts also said a stock purchase would lack any commercial sense.

애널리스트들은 주식 매수는 사업적 의미를 결여한 행동이 될 거라고 말했다.

⊕ meaning, signification

statue
[stǽtʃuː]

n. 상, 조각상

The bird statue took on life in the sculptor's skilled hands.

그 새 조각상은 조각가의 훌륭한 솜씨에 생기를 얻는 것처럼 보였다.

⊕ figure, sculpture

subdued
[səbdjúːd]

a. 억제된, 완화된

When men of higher social standing are present, the game becomes much more subdued and polite.

사회적 지위가 높은 사람들이 있으면 경기는 훨씬 더 완화되고 정중해진다.

⊕ reduced, tame, restrained

sustainable

[səstéinəbl]

a. 지탱할 수 있는, 지속할 수 있는

The government is drawing up plans for sustainable development that would preserve nature.

정부는 자연을 보존할 수 있는 지속가능한 개발을 위한 계획을 세우고 있다.

㈌ endurable

telling

[téliŋ]

a. 효과적인, 강력한

Eventually the most telling blows came from a most unexpected source.

결국 가장 강력한 일격이 가장 예상 못한 분야로부터 왔다.

㈌ effective, helpful, informative, persuasive

transfer

[trænsfə́:r, ←–]

v. 이동하다, 옮기다

We had to transfer from the south to the north terminal to catch a plane to Hong Kong.

홍콩으로 가는 비행기를 타려면 남부 공항에서 북부 공항으로 이동해야 한다.

㈌ convey, move, shift, carry, transport

unbridled

[ʌnbráidld]

a. 억제되지 않은, 난폭한

I think this unbridled fanaticism is similar in many ways.

나는 이 억제되지 않은 열광이 여러 면에서 흡사하다고 생각한다.

㈌ unrestrained, unrestricted

voluble

[váljubl]

a. 말이 유창한, 입심 좋은

Evelyn was very voluble on the subject of women's rights.

에린은 여성 권리의 주제에 대해서 매우 입담이 좋았다.

㈌ talkative, chatty, loquacious   ㈌ taciturn

whole

[hóul]

a. 전체의, 완전한

The whole process of learning philosophy has helped him to change from within.

철학을 배우는 전체 과정이 그가 안으로부터 변화하는 데 도움이 되었다.

㈌ entire, total, all, gross

Day **45**

ascend
[əsénd]

v. 오르다, 올라가다

However, he did not really ascend to the throne because his father was still alive.

하지만 그는 그의 아버지가 아직 살아있기 때문에 실제로 왕위에 오르지 못했다.

🔄 go(move) up, climb, mount, rise

awe
[ɔ́ː]

n. 경외심

My brother was much taller and cleverer than me so I always held him in awe.

형은 나보다 훨씬 키도 크고 똑똑해서 나는 항상 형에게 경외심을 가졌다.

🔄 amazement, wonder, astonishment

beneath
[biníːθ, bə-]

a. ~할 가치가 없는, ~답지 않은

This shoddy workmanship is beneath criticism.

이 조잡한 솜씨는 비평할 가치가 없다.

🔄 below

beneficial
[bènəfíʃəl]

a. 유익한

That trip wasn't cheap, but it was beneficial in many ways and actually saved me a lot of money.

그 여행은 싸지는 않았지만, 여러 면에서 유익했으며 실제로는 많은 돈을 절약해 주었다.

🔄 helpful, advantageous, profitable, salutary

boom
[búːm]

v. 갑자기 경기가 좋아지다, 인기가 좋아지다

Asia, mostly countries like China, Korea, and Japan is the booming economy of this century.

중국, 한국, 일본과 같은 국가들을 비롯한 아시아는 21세기에 번창할 경제 지역이다.

🔄 flourish, thrive, prosper, enhance, succeed

caption
[kǽpʃən]

n. 표제, 제목, 설명문

I thought it was a red cabbage leaf
before I read the caption.

나는 설명문을 읽기 전까지는 그것을 붉은 양배추로 생각했다.

⊕ subtitle, illustration

channel
[tʃǽnl]

v. 수로로 나르다, 보내다

We had to channel their energy into
research and development

우리는 그들의 정력을 연구개발로 돌려야 했다.

⊕ transmit, provide, direct

complicated
[kámpləkèitid]

a. 복잡한

The math problems are further
complicated by class.

수학 문제는 급수가 올라갈수록 더 복잡해진다.

⊕ complex, intricate

compound
[kámpaund]

n. 혼합물, 합성물

The performance was an odd mixture, a
compound of humor and appalling
behavior.

그 공연은 이상한 혼합물로서 유머와 소름끼치는 행동의 복합
체였다.

⊕ mixture, combination, fusion, blend

count
[káunt]

v. 가치가 있다, 중요하다

What should really be counted is what
they are going to do and what kind of
people are in the group.

정말로 중요한 것은 그들이 앞으로 할 일이 무엇이고 그룹이 어
떤 인물들로 구성되느냐 하는 것이다.

⊕ matter, weigh

countless
[káuntlis]

a. 수많은

She is, as countless stories about her
attest, deeply attached to him.

그녀에 관한 수많은 이야기가 증명하듯이 그녀는 그를 깊이 사
모하고 있다.

⊕ unnumbered, many, innumerable, numberless

emphasize
[émfəsàiz]

v. 강조하다

Parents emphasize that children should not answer back to their parents.

부모는 아이들이 부모에게 말대답해서는 안 된다고 강조한다.

㊀ stress, punctuate, accent, accentuate

escalate
[éskəlèit]

v. 확대되다

The government is deliberately escalating the damage of the war for political reasons.

정부가 정치적 이유로 전쟁의 피해를 의도적으로 확대시키고 있다.

㊀ increase, heighten, intensify, accelerate

favor
[féivər]

① n. 호의, 친절

Germans may be upset to people who expect special favors of treatment.

독일인들은 특별한 호의나 대우를 받기를 바라는 사람을 보면 불쾌해 할 수도 있다.

㊀ kindness, benignity

② n. 지지, 찬성

The Prime Minister casts a ballot in favor of the motion.

수상은 그 제안에 찬성하는 투표를 했다.

㊀ support, approval, blessing

final
[fáinl]

a. 마지막의

All are well done and the final decision will be very objective.

제출된 작품들이 모두 다 훌륭하며 최종 결정은 매우 객관적인 것이 될 것이다.

㊀ last, terminal, ultimate, eventual

gratify
[grǽtəfài]

v. 만족시키다

It was gratifying that she lived to see her son rise in the world.

그녀는 살아 생전에 자신의 아들이 출세하는 것을 볼 수 있게 되어서 다행스러웠다.

㊀ please, make happy, satisfy, appease

guide
[gáid]

v. 안내하다

The official said he guides passengers to get tickets and change their money.

그 직원은 승객들의 티켓 구입과 잔돈 교환을 안내한다고 말했다.

㊠ lead, direct, conduct

impartial
[impáːrʃəl]

a. 치우치지 않은, 공명정대한

They were known for their impartial judgment and high sense of justice.

그들은 그들의 공명정대한 판단력과 높은 정의감으로 유명하다.

㊠ disinterested, objective, unbiased, detached

inaction
[inǽkʃən]

n. 활동하지 않음, 게으름

The district office is receiving protest at official inaction from its residents.

구청은 주민들로부터 근무 태만에 대한 항의를 받았다.

㊠ idleness
㊝ action, activity

incoherent
[ìnkouhíərənt,
 -hér-]

a. 조리가 서지 않는, 모순된

This portion of your question is nearly completely incoherent.

당신 질문의 이 부분은 거의 완전히 두서가 없다.

㊠ confused, disordered, scattered, unconnected

instrument
[ínstrəmənt]

n. 기계, 기구

Unfailing perseverance in handling the instruments is required for this task.

이 작업은 기계를 다루는 데 한결같은 인내심이 요구된다.

㊠ tool, appliance, device

intention
[inténʃən]

n. 의향, 의도

He recently expressed his intention to step down as a chairman.

최근 그는 회장직을 그만 둘 의사를 표명하기도 했다.

㊠ purpose, willingness, intent, aim, design

manufacture
[mæ̀njufǽktʃər]

v. 제조하다

The company manufactures mobile communication devices.

그 회사는 모바일 통신 장비를 제조한다.

⊕ produce, build, turn out, mass-produce

merge
[mə́ːrdʒ]

v. 융합시키다

We can merge the two companies into a larger, more profitable one.

우리가 그 두 업체를 통합하여 더 크고 수익성 있는 하나로 만들 수 있다.

⊕ combine, blend, fuse, mingle, mix

nocturnal
[naktə́ːrnl]

a. 야간에 활동하는, 야행성의

Nocturnal animals such as bats and owls only come out at night.

박쥐와 올빼미 같은 야행성 동물은 밤에만 나온다.

⊕ nightly, at night, night-loving

overall
[óuvərɔ́ːl]

a. 포괄적인, 전반적인

Consumer markets are an important indicator of the overall direction of the economy.

소비 시장은 경기의 전반적인 흐름을 알려주는 중요한 지표다.

⊕ general, complete, comprehensive, universal

peaceful
[píːsfəl]

a. 평화스러운, 평온한

Police said they expected demonstrations to be large but generally peaceful.

경찰은 집회가 대규모로 열리겠지만 대체로 평화적일 것으로 예상한다고 말했다.

⊕ pacific, serene, peaceable, peace-loving

permanent
[pə́ːrmənənt]

a. 불변의, 영구적인

I was originally just looking after the puppy for my daughter but it seems to have become a permanent fixture.

내가 처음에는 딸을 위해 강아지를 돌봐 줬는데, 그것이 이제 영구적인 붙박이가 된 것 같다.

⊕ everlasting, constant, persistent, endless

point
[pɔ́int]

n. 요점

The magazine overlooked some key points in this politically charged debate.

그 잡지는 정치적으로 가열된 이 논쟁에서 몇 가지 핵심 요점을 간과했다.

⊕ issue, essential

prohibitively
[prouhíbitivli]

adv. 엄청나게, 터무니 없이

The amount of taxes is becoming prohibitively expensive.

조세 부담액이 점점 더 엄청나게 비싸지고 있다.

⊕ extremely

proprietor
[prəpráiətər]

n. 소유자

Please address all complaints to the landed proprietor.

모든 항의는 토지 소유주에게로 해 주십시오.

⊕ owner, possessor, title-holder

rapidly
[rǽpidli]

adv. 빨리, 급속히

The epidemic spread rapidly during that period.

전염병이 그 기간 중에 급속히 확산되었다.

⊕ fast, quickly   ⊜ slowly

reinforcement
[rìːinfɔ́ːrsmənt]

n. 보강, 강화

The building needs painting and some reinforcement.

이 건물은 페인트 칠과 약간의 보강이 필요하다.

⊕ support, reenforcement

rent
[rént]

v. 임대하다

They rented the office last year and left it more trashed than any rental client ever has.

그들은 지난 해에 사무실을 임대했는데 다른 임대 손님들이 남겼던 쓰레기보다 더 많은 쓰레기를 남겼습니다.

❀ borrow, lease

satire
[sǽtaiər]

n. 풍자

Some parts of the book can be seen as a kind of social satire.

그 책의 일부분은 일종의 사회적 풍자로 볼 수 있다.

❀ sarcasm, irony, caustic remark

source
[sɔ́ːrs]

n. 원천, 근원

Religion is a source of friction in our family because we all have different religious faiths.

우리 식구는 모두 다른 종교를 가지고 있기 때문에 종교는 우리 가족들에게 불화의 근원이다.

❀ cause, origin, root, derivation

speed
[spíːd]

v. 급속하게 진행하다

The good news will help speed her recovery.

이 기쁜 소식은 그녀가 빨리 회복하는 데 도움이 될 것이다.

❀ rush, hasten, hie, race

subsequently
[sʌ́bsikwəntli]

adv. 이후에

They subsequently heard the celebrity had left the city.

이후에 그들은 그 유명인이 그 도시를 떠났다는 소식을 들었다.

❀ later, afterward

unencumbered
[ʌ̀ninkʌ́mbərd, -en-]

a. 방해 없는

He wants only to live a quiet, unencumbered life from now on.

그는 단지 앞으로는 조용하고, 방해 없는 삶을 원한다.

❀ clear, free, unburdened, unmortgaged

abandonment
[əbǽndənmənt]

n. 포기, 유기

She was troubled by the fear of
abandonment in old age.

그녀는 노후에 버림받을 것에 대한 두려움으로 괴로워했다.

⊕ desertion, defection

arrange
[əréindʒ]

v. 정돈하다, 배열하다

We arranged the seating with the women
to the left and the men to the right.

우리는 자리를 여성은 왼쪽, 남성은 오른쪽으로 배열하였다.

⊕ order, array, set out, sort, organize, classify

as well as

phr. ~와 마찬가지로, 또한

The company blamed soaring costs of
dairy, sugar and other raw materials, as
well as distribution.

업체는 유통 비용은 물론 낙농제품, 설탕, 기타 원자재 가격의
인상을 비난했다.

⊕ in addition to

available
[əvéiləbl]

a. 이용할 수 있는

These limited edition items are available
through the end of this year.

이 한정판 품목들은 올해 말까지 구입할 수 있다.

⊕ accessible, unoccupied, free, usable, ready

contour
[kántuər]

n. 윤곽

I have memories of the smooth contours
of a sculpture.

나는 조각품의 매끄러운 굴곡이 기억난다.

⊕ outline, shape, form, configuration

depose

[dipóuz]

v. 물러나게 하다

Although the coup was internationally condemned, no attempt was made to depose the new leader.

비록 쿠데타는 국제적으로 비난을 받았지만, 새 지도자를 물러나게 하려는 어떤 시도도 없었다.

🟰 expel, oust, throw out

dilemma

[dilémə]

n. 진퇴양난, 궁지, 딜레마

Before the new security code is in full operation, however, constituted authorities will have to deal with a dilemma.

하지만, 새로운 보안 규칙이 완전히 시행되기에 앞서 관계 당국이 해결해야 할 한가지 딜레마가 있다.

🟰 difficult choice, predicament, plight, difficulty

documented

[dákjuməntid]

a. 기록된

The detective passed along the suspect's documented evidence.

수사관은 피의자가 기록한 증거를 넘겼다.

🟰 recorded

ferry

[féri]

v. 현지까지 수송하다

Parents tend to ferry their young children to and from school.

부모들은 그들의 어린 자녀들을 등하교 시키는 경향이 있다.

🟰 transfer, convey

from time to time

phr. 때때로

It's worthwhile to re-examine one's abilities and values from time to time.

때때로 자신의 능력과 가치를 재검토해보는 것은 가치있는 일이다.

🟰 now and then

green hand

phr. 미숙한 사람

The actor is a green hand at the comic performance.

그 배우는 코믹 연기에 미숙한 사람이다.

⟲ inexperienced person

hunt
[hʌ́nt]

v. 찾다

There are many more facets to my life than hunting a job.

제 인생에는 직업을 찾는 것보다 더 중요한 일이 많습니다.

⟲ scour, seek, search, look for

inhospitable
[inhɑ́spitəbl, ìnhɑspít-]

a. 손님을 냉대하는, 불친절한

Her speech was unrefined and inhospitable.

그녀의 말투는 거칠고 불친절했다.

⟲ unfavorable, unfriendly, desolate

lading
[léidiŋ]

n. 적재, 화물

My mother said, she wants to see the bills of lading.

엄마는 지폐가 쌓여있는 것을 보고 싶다고 말했다.

⟲ cargo, freight, load

neat
[níːt]

a. 산뜻한, 단정한

Comb and brush your hair, it must look neat and nice.

네 머리를 빗으면, 틀림없이 단정하고 멋져 보일 것이다.

⟲ tidy, orderly, trim, smart, organized
⟳ disorderly, untidy

nourish
[nə́ːriʃ, nʌ́r-]

v. 기르다

By investing in education, we nourish the talents of our children.

교육에 투자함으로써, 우리는 우리 아이들의 재능을 기른다.

⟲ feed, nurture, care for, take care of, bring up, rear

occasion
[əkéiʒən]

n. 특별한 일, 행사

Chinese restaurants at the eastern end of the area are offering a 10 percent discount for the occasion.

그 지역 동쪽 끝에 있는 중국 음식점들은 이번 축제 기간 중 10% 할인행사를 벌인다.

⟨유⟩ event, affair

omnipresent
[àmnipréʒənt]

a. 편재하는, 어디에나 있는

These days the media are omnipresent.

오늘날에는 언론은 어디에나 존재한다.

⟨유⟩ ubiquitous, present

override
[òuvərráid]

v. 번복하다, 무효로 하다

The result of the talks is invalid because it overrides the principle of majority voices.

그 회담의 결과는 다수결의 원칙에 반하기 때문에 무효이다.

⟨유⟩ cancel, reverse

oversee
[òuvərsíː]

v. 감독하다

He is responsible for overseeing day-to-day business.

그는 일상적 업무의 감독을 책임지고 있다.

⟨유⟩ supervise, superintend, manage

preoccupation
[priːakjupéiʃən]

n. 몰두, 열중

The human nature is one of the preoccupations of modern philosophy.

인간 본성은 현대 철학의 중대 관심사 중 하나이다.

⟨유⟩ fascination, absorption, engrossment

produce
[prədjúːs]

v. 생산하다

Its actual purpose was to produce more nuclear weapons.

그 시설의 실제 목적은 더 많은 핵무기를 생산하는 것이었다.

⟨유⟩ bear, bring forth, supply, provide, furnish

profusion
[prəfjúːʒən]

n. 풍부

They first appear as pink buds but turn to a profusion of white flowers.

그것들은 처음에는 분홍색 꽃봉오리로 나타나지만, 풍성한 하얀 꽃으로 변한다.

㈜ abundance, copiousness

prophetic
[prəfétik]

a. 예언적인

His words were prophetic, but he was out of the job within months.

그의 말은 예언적이었지만, 그는 몇 달이 지나서 무직자가 되었다.

㈜ predictive, fateful, prognostic

pure
[pjúər]

a. 깨끗한

Making, advertising, and packing what we eat can cost a lot in pure water, air, and soil.

우리가 먹는 것을 만들고, 광고하고 포장하는 것은 깨끗한 물, 공기, 그리고 토양에 많은 희생을 치르게 한다.

㈜ clean, unpolluted, untainted, unadulterated

ripe
[ráip]

a. 익은, 원숙한

Ripe fruit can also be found all year round, but is more common over the summer.

잘 익은 과일은 또한 일 년 내내 찾아볼 수 있지만, 여름 한창에 좀 더 흔하다.

㈜ mature, mellow

sizable
[sáizəbl]

a. 상당한 크기의, 꽤 큰

You can save a sizable amount of money by avoiding commissions.

당신은 수수료를 내지 않음으로써, 상당한 양의 돈을 절약할 수 있다.

㈜ large, big, considerable

stand for

phr. ~를 상징하다, 나타내다

The T stands for "tree," and "won" is the Chinese character for garden.

여기서 'T' 는 나무를 의미하고 '원' 은 한자로 정원을 나타낸다.

㈜ symbolize, represent

strip

[stríp]

v. 박탈하다, 제거하다

The government will strip Dr. Smith of his status as the country's pre-eminent scientist and other official titles.

정부는 스미스 박사의 최고 과학자 지위와 기타 모든 공직을 박탈하기로 했다.

유 deprive, divest

---

territorial

[tèrətɔ́:riəl]

a. 영토의

An unidentified fishing boat violated our territorial waters.

국적 불명의 어선 한 척이 아국 영해를 침범하였다.

유 regional, sectional

---

tie

[tái]

n. 인연, 관계

In recent years, economic ties between the two states have been thrived.

최근에는 양국간의 경제 관계가 번성했다.

유 relation, relationship

---

touch off

phr. ~을 유발하다

Experts say that it could touch off a human influenza pandemic.

전문가들은 그것이 인간 전염의 인플루엔자를 유발할 수 있다고 말한다.

유 trigger, initiate, start, set off

---

touching

[tʌ́tʃiŋ]

a. 감동적인

The end of his event culminated in a touching and powerful speech.

그가 진행하는 행사의 끝은 감동적이며 강한 연설로 절정에 이르렀다.

유 moving, impressive, affecting, emotive

---

tract

[trǽkt]

n. 지역, 지대

In 1918, the Andersons purchased a large wooded tract of coastal land in Ocean Springs.

1918년에, 앤더슨은 오션 스프링스에 있는 해안가의 거대한 삼림 지대를 구입했다.

유 area, region, zone, stretch, expanse, district

underlying
[ʌ́ndərlàiiŋ]

a. 근원적인

Economic damage may be an underlying cause of the rising crime rate.

경제적 어려움이 증가하는 범죄율의 근본적인 이유인지도 모른다.

㊤ fundamental, basic, primary, prime, elementary

unreachable
[ʌ̀nríːtʃəbl]

a. 도달할 수 없는

In a dream, everything is attainable and there is no unreachable goal.

꿈에서는 모든 것을 다 얻을 수 있고, 도달할 수 없는 목표는 없다.

㊤ inaccessible, inconvenient, unattainable

unwilling
[ʌ̀nwíliŋ]

a. 마음 내키지 않는

His wife suffered a heart attack in November 1957, and he was unwilling to leave without her.

그의 부인은 1957년 11월 심장 마비를 겪었고, 그는 그녀를 두고 떠나고 싶지 않았다.

㊤ reluctant, unintentilnally, disinclined, unenthusiastic, involuntary

vein
[véin]

n. 정맥

The doctor injected some drug into the patient's vein.

의사는 어떤 약물을 환자의 정맥에 주사했다.

㊤ blood vessel

vociferous
[vousífərəs]

a. 고함치는, 집요한

This group of fans provide particularly vociferous support for the team.

이 팬 그룹은 특별히 그 팀에 대해 특별히 집요한 지지를 보낸다.

㊤ noisy

Day 47

acute
[əkjúːt]

a. 격렬한, 심한

For acute wounds, the most important aspect of care is to control bleeding.
심한 상처에 가장 중요한 치료법은 출혈을 통제하는 것이다.

유 intense, severe, fierce, violent

admit
[ædmít, əd-]

v. 들이다, 넣다

Apartment should be built so as to admit plenty of sunlight as well as of fresh air.
아파트는 신선한 공기와 햇빛이 많이 들어오도록 지어져야 한다.

유 receive, let in, allow, permit, give access to
반 exclude

affiliation
[əfìliéiʃən]

n. 제휴, 결연, 합병

The school colors are red and black, and the school has no religious affiliation.
그 학교 지정색은 빨간색과 검은색으로, 종교 결연은 없다.

유 relationship, association, tie-up

capitalize on

phr. ~을 이용하다

The company hopes to capitalize on the growing interest in home-shopping.
그 업체는 홈쇼핑에 대한 관심 증대를 이용하기를 희망한다.

유 take advantage of

consumption
[kənsʌ́mpʃən]

n. 소비, 소모

Electricity and gas consumption always increases in cold weather.
추운 날씨에는 전기와 가스 소비가 항상 증가한다.

유 using up, waste, expenditure

converse
[kənvə́:rs, kánvə:rs]

n. 반대

He thinks he's very kind to fellow, though in fact the converse is the case.

그는 자기가 동료에게 친절하다고 생각하지만, 사실은 그 정반대이다.

윤 opposite, reverse, backward

crust
[krʌ́st]

n. 겉, 표면

Bake for another 6 to 8 minutes or until crust has turned golden.

다시 6분에서 8분 정도 혹은 표면이 누렇게 될 때까지 구우세요.

윤 exterior, surface

dependent
[dipéndənt]

a. 의지하는, 의존하는

Your house's value is greatly dependent on the value of the houses around you.

당신의 집의 가치는 당신 주위에 있는 집들의 가치에 크게 좌우된다.

윤 reliant, helpless, subordinate
만 independent

dimension
[diménʃən]

n. 치수, 넓이

The room is 120 cubic meters in dimension.

그 방은 치수가 120 입방미터입니다.

윤 magnitude, size, length, height

disgusting
[disgʌ́stiŋ]

a. 역겨운, 정말로 싫은

I have never received an apology for your disgusting behaviour and I do not expect to.

나는 당신의 혐오스러운 행동에 대해 사과를 결코 받은 적이 없으며, 기대하지도 않는다.

윤 repulsive, offensive, sickening, hateful

diverge
[divə́:rdʒ, dai-]

v. 분기하다, 갈라지다

The coastal road diverges from the freeway just north of Santa Monica.

해안 도로는 산타모니카 바로 북쪽에서 고속도로와 갈린다.

윤 divide, part, separate, split

diversity
[divə́ːrsəti, dai-]

n. 다양성

I thought world peace groups would be more open to diversity and respecting difference.

나는 세계 평화 단체가 다양성과 다름을 존중하는 데 더 개방되어 있다고 생각했다.

윤 variety

enable
[inéibl, en-]

v. 할 수 있게 하다

Their small legs enable them to move on dry land for short periods of time.

그것들의 작은 다리는 그들로 하여금 짧은 기간 동안 건조 지역을 이동할 수 있게 한다.

윤 allow, permit 반 disable

erect
[irékt]

① a. 똑바로 선, 직립한

The tail is often held erect or waved from side to side.

꼬리는 종종 똑바로 서거나 좌우로 흔들린다.

윤 upright

② v. 세우다

They plan to demolish the house next door and erect a building in its place.

옆집에서 집을 허물고 그 자리에 빌딩을 세울 계획이다.

윤 construct, build

exposition
[èkspəzíʃən]

n. 전시회, 박람회

Only a small quantity of these coins were sold at the Exposition at $1 per coin.

이 동전들의 단지 적은 양만이 전시회에서 동전 하나당 1달러에 팔렸다.

윤 exhibition, expo

extraneous
[ikstréiniəs]

a. 이질적인, 관계없는

We shall ignore factors extraneous to the problem.

우리는 그 문제와 관계없는 요소들은 무시할 것이다.

윤 irrelevant, extrinsic, adulterant, adulterating

fragrant
[fréigrənt]

a. 향기로운

It blooms from summer to fall, producing fragrant flowers.

그것은 여름부터 가을까지 피며, 향기로운 꽃을 피운다.

유 aromatic, scented, redolent, perfumed

impartially
[impáːrʃəli]

adv. 공정하게

We cannot impartially examine and critique your case if we have never seen it.

우리가 그것을 결코 보지 못한다면, 우리는 당신의 경우를 공정하게 조사하고 분석할 수 없습니다.

유 fairly

indeed
[indíːd]

adv. 실로, 참으로

At this dental clinic, a patient is indeed a customer to serve.

이 치과에서는, 환자가 정말 고객다운 대접을 받고 있다.

유 in fact, truly, actually, really, certainly, surely

mysterious
[mistíəriəs]

a. 신비한, 불가사의한

The mysterious disappearance of deputy mayor upset everyone.

부시장의 불가사의한 실종은 모든 사람의 마음을 흔들었다.

유 incomprehensible, puzzling, inexplicable

pervade
[pərvéid]

v. 널리 퍼지다, 배어들다

Various kinds of discrimination and prejudice pervade the plot.

다양한 종류의 차별과 편견이 줄거리에 스며들어 있다.

유 spread, penetrate

phase
[féiz]

n. 단계

The nation's economic situation is entering a critical phase.

그 나라의 경제적 상황은 위험한 단계에 접어들고 있다.

유 stage, part, step, chapter, period

portion
[pɔ́ːrʃən]

n. 일부, 부분

Food and beverage sales make up a significant portion of the revenue of small neighborhood stores.

식품과 음료 매출은 동네 슈퍼 전체 매출의 상당 부분을 차지하고 있다.

유 part, segment

prepare
[pripέər]

v. 준비하다

Our society is not prepared to accept these requests at all.

우리 사회는 이런 요구들을 수용할 준비가 전혀 되어있지 않다.

유 get(make) ready, arrange, develop, assemble

prestige
[prestíːʒ, -tíːdʒ]

n. 위신, 명성

There is a lot of prestige attached to owning a car like this.

이와 같은 차를 소유하는 사람에게는 많은 위신이 따른다.

유 kudos, influence, status, reputation, eminence

prosperous
[práspərəs]

a. 번영하는

Argentina used to be one of the most prosperous nations in South America.

과거 아르헨티나는 남아메리카에서 가장 번영하는 국가들 가운데 하나였다.

유 thriving, flourishing, well-off, well-to-do, opulent
반 poor, penniless

sanction
[sǽŋkʃən]

n. 인가, 시인

His works were translated without the sanction of the author.

그의 작품들은 저자의 허가 없이 번역되었다.

유 permission, approval, authorization, acceptance

scour
[skáuər]

v. 바쁘게 찾아다니다

I'm going to scour around the web and see if I can find instructions on how to make them.

나는 웹사이트를 찾아다니면서 그것들을 어떻게 만드는지에 대한 설명을 찾을 수 있는지 알아볼 것이다.

유 search, hunt

spring up

phr. 튀어 오르다, 갑자기 나타나다

In the 1980s many urban contemporary stations began to spring up.

1980년대에 많은 도시형 현대 역들이 속속 들어서기 시작했다.

유 appear suddenly

subjective
[səbdʒéktiv]

a. 주관의

But the only evidence you can provide is your own subjective experience.

하지만 당신이 제시하는 유일한 증거는 당신 개인의 주관적 경험입니다.

유 personal, prejudiced, unverifiable, unobjective
반 objective

suggestion
[səgdʒéstʃən]

n. 암시

When she discussed this paper with others, she may have been looking for suggestions.

그녀가 이 논문을 남들과 상의했을 때, 그녀는 몇 가지 암시를 찾아내려고 했을 것이다.

유 insinuation, hint, implication, intimation, clue

swiftly
[swíftli]

adv. 신속히,

Then they claimed that they did it because they needed to act swiftly.

그리고나서 그들이 신속하게 움직여야 하기 때문에 그렇게 했다고 주장했다.

유 quickly

throughout
[θruːáut]

adv. 도처에

It's sad that innocent children throughout the world go hungry.

전세계적으로 죄없는 아이들이 굶주린다는 것은 슬픈 일이다.

유 everywhere

trade
[tréid]

v. 교환하다

Before money was invented, mankind used the barter system of trading objects for other objects or services.

돈이 발명되기 전에, 인류는 어떤 물건을 다른 물건이나 용역과 교환하는 물물 교환을 이용하였다.

유 barter, exchange, interchange

unchanged
[ʌntʃéindʒd]

a. 변하지 않은

The colors of the team were blue and white and have remained unchanged.

그 팀의 색은 파란색과 흰색이었는데, 여전히 변하지 않았다.

유 even, unmoved, same

unsurpassed
[ʌnsərpǽst]

a. 매우 뛰어난, 비길 데 없는

The beauty of the white marble structure is unsurpassed.

흰 대리석 구조물의 아름다움은 비길 데가 없다.

유 best, superior

vicinity
[visínəti]

n. 근처, 부근

There is a merchant ship wreck in the vicinity of the island.

섬 부근에는 난파된 상선이 있다.

유 closeness, area, neighborhood, district

weak
[wíːk]

a. 약한

Looking strong in the local market no longer makes up for thinking weak abroad.

국내 시장에서 강해 보이는 것은 이제 해외에서 약한 것으로 간주되는 것을 더 이상 보상하지 못한다.

유 feeble, infirm, frail, fragile, delicate, shaky, faint

Day 48

---

air
[ɛ́ər]

n. 분위기

The air was alive with music and dancing, which was warming up minute by minute.

분위기는 음악과 춤으로 활기찼으며, 그것은 시간이 갈수록 열기가 달아올랐다.

윤 feeling, atmosphere, aura, mood

---

allow
[əláu]

v. 허용하다, 허락하다

Economic modernization has allowed some peasant women to control their own fertility and take part in democratic politics.

경제 성장과 현대화 개발은 일부 농촌 여성이 자신의 출산을 조절하고 민주 정치에 참여하는 것을 허용했다.

윤 permit, let, authorize, sanction
반 prevent, forbid, prohibit

---

antecedent
[ǽntəsíːdnt]

n. 선행자, 선조

Many people pay close attention to find out about their antecedents.

많은 사람들이 자신들의 조상에 대해 알아내는 것에 큰 관심을 갖는다.

윤 forerunner, predecessor

---

assault
[əsɔ́ːlt]

v. 급습하다

These days, instead of assaulting their trees with scissors, farmers simulate stress with chemicals.

요즘에는 가위로 나무들을 공격하는 대신, 농부들은 화학 물질을 뿌려서 스트레스 효과를 만들어 냅니다.

윤 attack, assail, set on

bias
[báiəs]

n. 선입견, 편견

Your bias caused you to hear what you wanted to hear, not what was said.

선입견은 당신으로 하여금, 말해진 것이 아닌, 당신이 듣고 싶어하는 것을 듣도록 했습니다.

윤 prejudice

cease
[síːs]

v. 중지하다

Without conservation, many natural forests would cease to exist.

보존을 하지 않으면, 많은 천연림들이 존재하지 못할 것이다.

윤 end, stop, finish, terminate

counsel
[káunsəl]

v. 조언하다

I will counsel my children and friends to avoid the crowds.

제 아이들과 친구들에게도 혼잡한 시간을 피하도록 조언할 작정입니다.

윤 advise, recommend, advocate

dam
[dǽm]

v. 막다, 억누르다

Some of the branches have been dammed up to lower the risk of flooding.

나뭇가지 몇 개가 범람의 위험을 낮추기 위해 막고 있었다.

윤 block, obstruct, close up

detract
[ditrǽkt]

v. 감하다, 손상시키다

The poor service detracted from my enjoyment of shopping.

서비스가 안 좋아서 나의 쇼핑의 즐거움이 감소되었다.

윤 reduce, cut, diminish, trim

drill
[dríl]

n. 연습, 훈련

The kind of technology that makes war drills just might be picked up by action film, too.

전쟁 훈련을 방불케 하는 이 기술을 액션 영화에도 적용할 수 있을 것입니다.

윤 exercise, practice

ease
[íːz]

v. 진정시키다, 완화시키다

They will use this as a chance to ease the growing tension with the U.S.

그들은 증가하고 있는 미국과의 긴장 완화를 위한 기회로 이것을 이용할 것이다.

유 relieve, alleviate, soften, allay

efface
[iféis]

v. 지우다, 말살하다

After centuries of power and prosperity, strangely they were effaced from history.

국력과 번영의 수 세기가 지난 후에, 이상하게도 그들은 역사에서 지워졌다.

유 destroy, exterminate, remove, eradicate

endow
[indáu, en-]

v. 재산을 증여하다, 기부하다

Another $2,000 was given to endow a scholarship named after him.

추가 2,000달러가 그의 이름을 딴 장학금으로 기부되었다.

유 provide, give, present, confer, supply

extol
[ikstóul, -tal]

v. 크게 칭찬하다, 찬양하다

The students have posted hundreds of videos extolling the virtues of wind power.

그 학생들은 풍력의 가치를 찬양하는 비디오를 수 백 편 게시했다.

유 applaud, praise, exalt, glorify, proclaim

figure
[fígjər]

n. 값, 합계

The figure represents some 15 percent of the country's total imports.

이러한 수치는 그 나라 전체 수입액의 15%에 해당한다.

유 cost, price, amount, value, sum

habitual
[həbítʃuəl]

a. 습관적인

The problem with habitual liars is that eventually it is impossible to separate truth from fiction.

상습 거짓말쟁이들의 문제는 궁극에는 사실과 허구를 구분하는 것이 불가능해진다는 것이다.

유 customary, usual, regular

inauspicious
[ìnɔːspíʃəs]

a. 불길한

You should also avoid walking towards the bad or inauspicious directions.

좋지 않거나 불길한 방향으로 걸어가는 것을 또한 피하십시오.

유 unfavourable, unpromising, ominous

inquiry
[inkwáiəri]

n. 연구, 조사

We have sent an official request of inquiry on this case but haven't received a word yet.

이 사건에 대해 공식적으로 조사 요청을 했지만 아직 회신을 받지 못했다.

유 examination, scrutiny, research

issue
[íʃuː]

n. 논(쟁)점

The members of the National Assembly took issue with the subject of the disarmament.

국회의원들은 군비 축소 문제에 대해서 논쟁을 했다.

유 matter, question, problem, subject, topic, controversy

maturity
[mətʃúərəti]

n. 성숙(기), 완성(기)

Males usually reach sexual maturity much younger, between the ages of 11 and 14 years old.

남성들은 보통 성적 성숙이 11살에서 14살 사이로 훨씬 어릴 때 도달한다.

유 adulthood

penetrate

[pénətrèit]

v. 꿰뚫다

When an X-ray light penetrates the body, part is absorbed and part passes through.

X-레이 광선이 몸을 관통할 때, 일부는 흡수되고 일부는 통과한다.

유 pierce, bore, stab, prick

prey

[préi]

n. 먹이, 희생

They prefer to kill their prey with a single bite to the back of the neck.

그것들은 자신들의 먹잇감을 목 뒤에서 한 번에 물어서 죽이는 편이다.

유 victim, quarry, target

prized

[práizd]

a. 중요한, 가치 있는

This Chinese porcelain is prized for its color.

이 도자기는 그 색채 때문에 귀하게 여겨진다.

유 prominent, valued, outstanding

rotate

[róuteit]

v. 회전시키다

All players rotate positions throughout the game so that they can experience the differences between each position.

모든 선수는 게임 내내 위치를 교대하기 때문에 그들은 각각의 위치 간의 차이점을 경험할 수 있다.

유 turn, alternate, revolve, go around

share

[ʃέər]

n. 몫, 주

It is natural that everyone should pay a fair share of taxes.

모든 사람이 자기 몫의 공평한 세금을 내야 한다는 것은 당연하다.

유 division, quota, portion, part, allowance

stretch
[strétʃ]

① v. 늘이다, 펴다, 기지개를 켜다

Some researchers think stretching may act as a stretch for the head and neck.

일부 학자들은 기지개가 머리와 목을 이완시키는 역할을 한다고 생각합니다.

⑪ shift, stir, dislodge, budge

② n. 범위

This stretch was once owned by the powerful Stanley family.

이 지역은 한때 세력있는 스탠리 가의 소유였다.

⑪ reach, area

surmount
[sərmáunt]

v. 극복하다

Instead, if you encounter problems, work to solve them or surmount them.

대신에 당신이 문제에 직면했다면, 그것들을 해결하려고 하거나, 극복하십시오.

⑪ overcome, get over, subdue

sweat
[swét]

n. 땀

The director saw something in me, but every time the red light went on, I'd get really nervous and sweat.

감독은 내게서 자질을 발견했지만 빨간 불이 켜질 때마다 나는 당황하며 땀을 흘렸다.

⑪ perspiration, sudor

therefore
[ðɛərfɔ́ːr]

adv. 그러므로, 그 결과

We have a growing population, therefore we need more resources.

우리는 인구가 증가하고 있다. 그러므로 우리는 더 많은 자원이 필요하다.

⑪ consequently, as a result, thus, accordingly

tricky

[tríki]

a. 어려운, 까다로운

This is a bit tricky, so if you have questions, please feel free to e-mail me.

이것이 약간 까다로우니, 질문이 있으면 나에게 언제든지 이메일을 보내세요.

㈜ difficult, hard, complicated

utilize

[júːtəlàiz]

v. 이용하다, 소용되게 하다

The Romans were the first to utilize concrete as a building material.

로마인들은 최초로 건축 자재로 콘크리트를 이용하였다.

㈜ make use of, use, employ

vice

[váis]

n. 악덕

Virtue and vice are basic components of our world.

덕행과 악덕은 우리 세계의 기본적 요소이다.

㈜ sin, wrongdoing, immorality

vow

[váu]

n. 맹세, 서약

The employee made a solemn vow not to be late again.

그 직원은 두 번 다시 늦지 않기로 굳게 맹세했다.

㈜ pledge, swear, promise, vouch, resolve

wielding

[wíːldiŋ]

a. 휘두르는, 행사하는

A rugged face man burst in wielding a hammar.

험악한 얼굴의 한 남자가 망치를 마구 휘두르며 뛰어 들어왔다.

㈜ using

Day 49

added
[ǽdid]

a. 추가된, 부가된

The newly added Asian Gallery covers Chinese, Japanese, and Korean ancient artifacts, promoting cultural diversity in the Asian region.

새로 추가된 아시아 갤러리에는 아시아 지역의 문화적 다양성을 홍보하기 위해 중국, 일본, 한국의 고대 공예품이 전시되어 있다.

유 extra, additional

application
[æ̀pləkéiʃən]

n. 적용

They demonstrated the new invention that will have a variety of applications in industry.

그들은 산업에 다양하게 적용될 새 발명품을 우리에게 시연했다.

유 use, employment

augment
[ɔːgmént]

v. 증가시키다

You will also find that it will augment your enjoyment of the project.

당신은 또한 그것이 그 프로젝트에 대한 흥미를 증가시킬 것이라는 것을 알게 될 것이다.

유 increase, add to

benefit
[bénəfit]

n. 이익, 이득

Participation in play during the school year brings practical benefits to each individual throughout their life.

학창 시절 동안 연극에 참여하는 것은 그들의 삶을 통해서 개인에게 실용적인 이득을 가져다 준다.

유 advantage, help, aid, assistance, interest

cherished

[tʃériʃt]

a. 소중히 여겨지는

He gave her his most cherished possession, the red baby blanket that he was swaddled in as an infant.

그는 그가 가장 소중히 여기는 소지품인, 그가 아기였을 때 포대기로 썼던 빨간 아기용 담요를 그녀에게 주었다.

⟮ 옛 ⟯ valued, valuable, favorite

commission

[kəmíʃən]

n. 위탁, 위임

We would allow a commission of 15 percent calculated on the amount of sales.

위탁 판매를 하시게 되면 판매액의 15%를 수수료로 드립니다.

⟮ 옛 ⟯ hire, employ

debatable

[dibéitəbl]

a. 논쟁의 여지가 있는

It is debatable whether such activities should be officially banned.

그러한 행동들을 공식적으로 금해야 하는지는 논쟁의 여지가 있다.

⟮ 옛 ⟯ controversial, questionable, contestable

deflect

[diflékt]

v. 비끼다, 빗나가다, 방향을 돌리다

All attempts to deflect attention from his private life have failed.

그의 사생활이 실패했다는 관심을 돌리려는 모든 시도는 실패했다.

⟮ 옛 ⟯ divert, distract, deviate

determine

[ditə́ːrmin]

v. 결심하다, 결의하다

However much it costs, I am determined to take the dress.

그것이 아무리 비싸다 하더라도, 나는 그 원피스를 사기로 결심했다.

⟮ 옛 ⟯ decide, make up one's mind

diverse
[divə́:rs]

a. 다른 종류의, 다양한

The musician is just enjoying trying and
exploring diverse musical styles.

그 음악가는 시도를 즐기고 다양한 음악적 스타일을 실험하고 있다.

윤 various, dissimilar, varying, distinctive
반 identical, similar, like

encounter
[inkáuntər, en-]

v. 마주치다

If a wild wolf is encountered, it is better to
step back from it.

야생 늑대와 우연히 마주치게 되면, 피하는 것이 낫다.

윤 meet by chance, run into, run across

ephemeral
[ifémərəl]

a. 순식간의, 덧없는

Tadpole development is relatively short,
due to the ephemeral nature of the pools in
which they dwell.

올챙이의 성장은 그들이 살고 있는 웅덩이의 순간적으로 변화하는
특성 때문에 상대적으로 빠르다.

윤 impermanent, momentary, evanescent

evolve
[iválv]

v. 서서히 발전시키다

It constantly changes and evolves, with
new expressions popping up on a yearly, if
not daily, basis.

언어는 지속적으로 변화 발전해나가며, 매일마다는 아니더라도 매
년 새로운 표현이 생겨나고 있다.

윤 develop, grow, progress

exaggerate
[igzǽdʒərèit]

v. 과장하다

It isn't that he lied exactly, but he did tend
to exaggerate.

그가 반드시 거짓말하는 것은 아니지만, 그는 과장하는 경향이 있다.

윤 overstate, enlarge, embellish, inflate

execute
[éksikjù:t]

v. 실행하다

Now that we got the OK to continue, we can execute the scheme as previously agreed.

이제 계속해도 된다는 허락을 받았으므로, 우리는 예전에 합의한 대로 계획을 실행에 옮길 수 있다.

⊕ carry out, accomplish, perform, achieve

extreme
[ikstrí:m]

a. 극도의, 심각한

But shortfalls were extreme in other spare parts.

하지만 다른 예비 부품의 경우는 심각한 부족 현상을 보였다.

⊕ intense, uttermost, supreme, severe, ultimate

gap
[gǽp]

n. 틈, 구멍

In each case, a gap about 30 by 40 centimeters was the cut in the greenhouse.

비닐하우스 각각에는 절단으로 생긴 약 30에서 40센티미터 정도의 구멍이 있었다.

⊕ breach, hole

global
[glóubəl]

a. 세계적인

Scientists agree that environmental disaster will become a global issue.

과학자들은 환경오염이 세계적 문제가 되리라는 데 의견이 같다.

⊕ worldwide, international, round, circular

have nothing to do with

phr. ~와는 아무런 관계가 없다

They have nothing to do with particular operating environment.

그들은 특정 운영 환경과는 아무런 관계가 없다.

⊕ be not related with

hover
[hʌ́vər]

v. 공중을 맴돌다

The unemployment among young adults has hovered around 10 percent for years.

청년 실업률은 여러 해 동안 10%대를 맴돌고 있다.

⊕ fly, drift, rise, arise

irreversible
[ìrivə́:rsəbl]

a. 거꾸로 할 수 없는, 되돌릴 수 없는

This disease is irreversible and severe cases often require a lung transplant.

이 질병은 되돌릴 수 없고, 심각한 경우엔 종종 폐 이식이 필요하다.

⊕ permanent　⊟ reversible

merit
[mérit]

n. 장점

He may be mean and unreliable, but his one merit is his good-looking.

그가 비열하고 믿을 수 없는 사람일는지 모르지만, 그의 한 가지 장점은 그의 외모가 뛰어나다는 것이다.

⊕ value, worth

notwithstanding
[nàtwiðstǽndiŋ]

prep. ~에도 불구하고

Notwithstanding some major financial problems, the school has had a successful year.

약간의 주요한 금융 문제들이 있었음에도 불구하고, 그 학교는 성공적인 한 해를 보냈다.

⊕ despite, in spite of

owing to

phr. ~ 때문에

Owing to lack of funds, and little demand, services are irregular.

자금의 부족과 적은 수요 때문에, 서비스는 고르지 못했다.

⊕ because of

potentially

[pətén∫əli]

adv. 가능성 있게, 어쩌면

Don't e-mail people who you don't know, it could be potentially dangerous.

당신이 모르는 사람에게 이메일을 보내지 마세요, 그것은 어쩌면 위험할 수 있습니다.

⟨유⟩ possibly

precious

[pré∫əs]

a. 귀중한, 값비싼

They were formed from precious metal and set with expensive stones.

그것들은 귀금속으로 만들어졌고, 비싼 보석이 박혀있었다.

⟨유⟩ valuable, worthy, loved, artful

recast

[rì:kǽst]

v. 고쳐 만들다

The film has been completely recast newly.

그 영화는 완전히 새롭게 바뀌었다.

⟨유⟩ remold, tranform

right

[ráit]

adv. 줄곧, 곧장

I took that anger right up to my neighbor's house with me.

난 화가 나서 옆집으로 곧장 돌진했다.

⟨유⟩ all the way

snatch

[snǽt∫]

v. 와락 붙잡다

I was brought up to share, not to snatch things away from other people.

나는 함께 나누라며 키워졌지, 다른 사람의 것을 낚아가라고 키워지지 않았다.

⟨유⟩ seize, clutch, snap

spread
[spréd]

v. 퍼뜨리다, 유포시키다

The animals also spread many types of diseases to humans and other animals.

그 동물들은 또한 여러 종류의 질병을 사람과 다른 동물들에게 퍼뜨린다.

유 distribute, extend, transmit 반 shrink

surrounding
[səráundiŋ]

n. 주변, 환경

From the station tower you can get a splendid view of the village and the surrounding countryside.

역에서는 마을과 그 주변 전원 지역의 훌륭한 전경을 볼 수 있다.

유 environment, situation

trap
[trǽp]

n. 덫, 함정

We kill mouses and cockroaches with traps and an insecticide.

우리는 덫과 살충제로 쥐와 바퀴벌레를 잡는다.

유 snare, net, mesh, ambush, pitfall

unsuitable
[ʌnsúːtəbl]

a. 부적당한

Nobody would expect to find a toy in a toy shop that was unsuitable for children.

아무도 아이들에게 부적당한 장난감 가게에서 장난감을 찾으려 하지 않을 것이다.

유 inappropriate, unfitting, inapt, unacceptable

urgent
[áːrdʒənt]

a. 긴급한

The families of the victims are in urgent need of our help.

희생자 가족들은 우리의 시급한 도움을 필요로 한다.

유 pressing, burning, compelling

Day 50

abort
[əbɔ́ːrt]

v. 실패하다, 중단되다

If the wrong password is given the program aborts.
잘못된 패스워드가 입력되면, 프로그램이 중단된다.

⊕ quit, revoke, rescind, put an end

affordable
[əfɔ́ːrdəbl]

a. 감당할 수 있는, (가격이) 알맞은

There are a lot of different kinds of England cheese to choose from, and they are relatively affordable.
영국산 치즈는 종류가 매우 다양하며 가격도 비교적 저렴하다.

⊕ cheap, inexpensive

aggregation
[ӕ̀grigéiʃən]

n. 집단, 집합

They are often seen in large aggregations but mass beachings are not unusual.
그들은 종종 거대한 무리로 눈에 띄지만, 대규모로 해변에 나타나는 것은 흔하지 않다.

⊕ group, mass, crowd, flock

alternate
[ɔ́ltərnèit, ǽl-]

v. 교체하다, 번갈아 일어나다

The voters for the election alternate between supporting us and opposing us.
유권자들은 우리들을 지지했다가 반대했다가 한다.

⊕ interchange, rotate, tack, switch

amazing
[əméiziŋ]

a. 놀랄 만한

It is quite amazing how short Korean people's memories are.
한국인들이 얼마나 빨리 잊어버리는지 정말 놀라울 정도다.

⊕ remarkable, astonishing, awesome, miraculous, stunning

arise from

phr. ~ 에서 일어나다, 기인하다

All these are examples of frustration arising from the individual's carelessness.

이 모든 것들이 한 개인의 부주의에서 일어날 수 있는 좌절의 예들이다.

⊕ emerge from, originate from

as a result

adv. 따라서, 그러므로

As a result, it is much easier for those unfamiliar with the musical to follow and enjoy the plot as well as music.

따라서, 뮤지컬에 친숙하지 않은 이들이 스토리 전개와 음악을 이해하고 즐기기가 훨씬 더 쉽다.

⊕ therefore, hence, accordingly

ascertain
[æsərtéin]

v. 확인하다, 확정하다

If it's in a newspaper article, you know they at least attempted to ascertain the facts.

만약 그것이 신문 기사에 있다면, 당신은 그들이 최소한 사실을 확인하려고 하는 시도를 했다는 것을 알고 있다.

⊕ determine, find, find out, realize

beckon
[békən]

v. (손짓으로) 부르다, 신호하다

The neon lights on the strip beckon tourists into casinos.

도로상의 네온 불빛은 여행객들을 카지노로 부른다.

⊕ invite, gesture, motion, wave

bombard
[bambá:rd]

v. 포격하다, 퍼붓다

Anyway, I have a lot more questions but I won't bombard you with them all at once.

어쨌든, 나는 더 많은 질문들이 있지만, 한꺼번에 당신에게 질문을 퍼붓지는 않을 것이다.

⊕ hit, strike, attack, assail

branch
[bræntʃ, brɑ:ntʃ]

n. 분야

Dentistry is a branch of medicine.

치과학은 의학의 한 갈래이다.

⊕ aspect, division, section, department

concern
[kənsə́ːrn]

v. 걱정하다, 염려하다

Citizens are increasingly concerned about the disruption caused by frequent strikes.

잦은 파업으로 인해 작업에 중단이 생기는 것을 걱정하는 국민이 늘어나고 있다.

⊕ worry, bother, trouble

constituent
[kənstítʃuənt]

n. 성분, 요소

Cholesterol is a natural and necessary constituent of our body.

콜레스테롤은 자연적인 것으로 우리 몸의 필수 요소이다.

⊕ component, factor, ingredient

euphoria
[juːfɔ́ːriə]

n. 행복감

In addition, what remained of the initial euphoria over Campbell quickly wore off as the campaign progressed.

게다가, 캠벨 사령관에 대한 초반의 도취감으로 남아있던 것은 캠페인이 진행되면서 빠르게 없어졌다.

⊕ extreme happiness ⊖ dysphoria

exert
[igzə́ːrt]

v. 쓰다, 행사하다

A civilian government is likely to have trouble exerting its authority over the U.N.

민간 정부는 유엔에 권위를 행사하는 데 어려움을 겪을 가능성이 있다.

⊕ exercise, apply, employ, use

genuinely
[dʒénjuinli]

adv. 진정으로

We are genuinely still in love, and neither of us regrets that we're married.

우리는 여전히 진정으로 사랑하고 있고, 우리 중 어느 누구도 우리가 결혼한 것을 후회하지 않는다.

⊕ actually, really, very

hamper
[hǽmpər]

v. 방해하다

The excessive heat hampered their progress.

지독한 더위가 그들의 전진을 방해했다.

⊕ obstruct, hinder, impede, restrain, hold back, block

heir
[ɛ́ər]

n. 상속인, 후계자

Some of the humans think she may be the next heir to their throne.

일부 사람들은 그녀가 그들 왕위의 다음 후계자일지도 모른다고 생각한다.

⊕ beneficiary, legatee, inheritor, successor

high
[hái]

a. 강렬한, 격심한

If you want a high adventure, travel on a freight boat.

강렬한 모험을 하고 싶으면, 화물선으로 여행하세요.

⊕ intense, extreme, powerful, severe

idiosyncrasy
[ìdiəsíŋkrəsi, -sín-]

n. 특징, 개성

There is no standard, and each artist is allowed his own idiosyncrasies.

기준 없이, 각각의 예술가들은 그들 자신의 개성이 허락된다.

⊕ peculiarity, oddity, singularity

impact
[ímpækt]

n. 영향, 효과

The strength of the dollar has raised concerns over the negative impact on the country's economic growth.

달러화의 강세가 국가 경제에 미칠 악영향에 대한 우려가 제기되고 있다.

⊕ influence, effect

imply
[implái]

v. 의미하다

Increases in salaries usually imply an increase in the number of overseas travel.

봉급 인상은 보통 해외 휴가 수가 증가함을 의미한다.

⊕ mean, indicate, signify, denote, betoken

in fact

adv. 실제로, 사실

In fact, every drop of dairy products has natural hormones in it that comes naturally from the cow.

실제로, 모든 유제품에는 젖소에서 생산되는 천연 호르몬이 함유돼 있다.

⊕ actually, really, in truth, indeed

incipient
[insípiənt]

a. 시작의, 초기의

The classification of the Bantu languages is still in an incipient state.

반투어군 언어의 단계는 여전히 초기 상태에 있다.

유 early, beginning, initial, elementary

inordinate
[inɔ́ːrdənət]

a. 과도한

It also consumed an inordinate amount of fuel.

그것은 또한 과도한 양의 연료를 소비했다.

유 excessive, extreme, extravagant, lavish

intrinsic
[intrínsik, -zik]

a. 본질적인

Coins do have some intrinsic value as metal, but generally far less than their face value.

동전은 어느 정도 금속으로서의 실제 가치를 가지고 있지만, 일반적으로 그것들의 액면가보다는 훨씬 낮다.

유 inherent, inborn, natural, built-in

jettison
[dʒétəsn, -zn]

v. 내던지다, 버리다

People jettisoned cherished possessions in the storm to make the ship lighter.

사람들은 폭풍 속에서 배를 가볍게 하기 위해 아끼던 소지품들을 바다에 내던졌다.

유 release, throw away, cast, unload

justified
[dʒʌ́stəfàid]

a. 납득이 되는, 이치에 맞는

But the evil ways of the world is never morally justified.

그러나 악풍은 도덕적으로 결코 합리화 될 수 없다.

유 right, even, logical, reasonable

perforate
[pə́ːrfərèit]

v. 구멍을 내다, 꿰뚫다

The thin top layer can easily be scratched or perforated.

얇은 맨 위층은 쉽게 긁히거나 구멍이 난다.

유 penetrate, pierce, drill, bore, puncture

perish
[périʃ]

v. 죽다, 사라지다

God wants none to perish too, but people still go to hell.

신은 어느 누구도 또한 죽기를 바라지 않았다. 하지만 인간은 여전히 죽는다.

☞ die, lose one's life, disappear, vanish, decay, decompose

portrait
[pɔ́:rtrit, -treit]

n. 초상(화)

A stunning beauty commissioned an artist to paint her portrait.

굉장한 미인이 자신의 초상화를 그려달라고 화가에게 의뢰했다.

☞ picture, description, depiction

pose
[póuz]

v. (문제를) 제출하다, 제기하다

If the director were a woman, these questions would not be posed over and over and over again.

만일 감독이 여자였더라면, 이런 의문이 계속 반복적으로 제기되지 않았을 겁니다.

☞ present

pragmatic
[prægmǽtik]

a. 실용적인

In fact, the Hungarians had more pragmatic reasons in mind.

사실상, 헝가리인들은 좀더 실용적인 이유들을 마음에 생각하고 있었다.

☞ practical, realistic

premise
[prémis]

n. 전제, 가정

The second premise is that we should vote for whoever is likely to win.

두 번째 전제는 우리가 승리할 것 같은 누군가에게 투표를 해야만 한다는 것이다.

☞ assumption, presumption

remain
[riméin]

n. 잔재, 유물

Among the remains of the Aztec civilization, unique-shaped plants can be found.

아즈텍 문명의 유물 가운데에는 독특한 모양의 식물들이 발견된다.

유 remnant, rest, leavings

susceptible
[səséptəbl]

a. 영향을 받기 쉬운, 감염되기 쉬운

Dogs are more susceptible to the heat with their thick coats of fur than are humans.

개는 인간보다 그들의 두꺼운 털 때문에 열에 더 영향을 받기 쉽다.

유 vulnerable, temptable, impressible, subject

undisputed
[ʌndispjúːtid]

a. 논의의 여지가 없는, 당연한

The first undisputed sighting of Australia by a European was made in 1606.

오스트레일리아의 논쟁할 여지가 없는 최고의 관광지는 유럽인들에 의해 1606년에 만들어졌다.

유 accepted as true, uncontroversial

unshakable
[ʌnʃéikəbl]

a. 흔들리지 않는, 확고부동한

Speak or act with a pure mind and happiness will follow you as your shadow, unshakable.

순수한 마음으로 말하거나 행동하면, 행복은 당신을 당신 그림자처럼 확고부동하게 따라다닐 것입니다.

유 firm, steady, unwavering

vehicle
[víːikl, víːhi-]

n. 매체, 전달 수단

Shaking hands is a vehicle for the spread of disease.

악수는 병을 전파시키는 매개체이다.

유 means, method

Part 03

출제 빈도 3순위
어휘 익히기

Day 51 ~ Day 57

Day **51**

apply
[əplái]

v. 쓰다, 사용하다

The foreigner applied some words to an idea different from its ordinary sense.

그 외국인은 어떤 단어들을 일반적인 뜻과 다른 뜻으로 사용했다.

㊭ use, exercise, operate, utilize, employ

as a whole

phr. 전체적으로, 전반적으로

This scandal is bound to reflect badly on the government's policies as a whole.

이 스캔들은 필시 정부 정책에 전반적으로 나쁜 영향을 초래하게 될 것이다.

㊭ generally, all together

archive
[á:rkaiv]

n. 기록(공문서) 보관소, 문서국

I found this old book in the family archives.

나는 이 오래된 책을 우리 가족사 보관소에서 발견했다.

㊭ store, deposit, library

barge
[bá:rdʒ]

n. 짐배, 거룻배

In order to control the water pollutants the government could monitor the barges and boat transports closely.

수질 오염 물질을 억제하기 위해서 정부는 짐배와 수송선들을 면밀히 감시할 수 있었다.

㊭ boat, ship

be aware of

phr. ~을 알아채다, 알다

Once you make an effort to be aware of your reading style, you'll discover how many words you read at a time.

당신의 책 읽는 방식을 알려고 노력한다면, 당신은 자신이 한 번에 얼마나 많은 단어들을 읽는지를 알게 될 것이다.

㊭ be familiar with

being
[bíːiŋ]

n. 존재, 생물

Painting is the reason for his being.
그림을 그리는 것이 그의 존재 이유이다.

㊒ creature, living thing

carry
[kǽri]

v. 나르다, 전하다

About 6 million citizens ride the subways everyday, and it carries one third of the all transportation users.
매일 약 6백만 명의 시민이 지하철을 이용하며 지하철은 전체 교통수단 이용자의 3분의 1을 실어 나른다.

㊒ transport, transmit, convery, transfer

cling
[klíŋ]

v. 달라붙다, 집착하다

Her body has never been found, and her parents still cling to the hope that she may be alive.
그녀의 몸이 결코 발견되지 않자, 그녀의 부모들은 여전히 그녀가 살아있을 거라는 희망을 고수하고 있다.

㊒ adhere, stick, cleave, hold tightly

congregate
[kǽŋgrigèit]

v. 모이다

Young people often congregate in the main square in the evenings.
젊은이들은 종종 야간에 주 광장에 모인다.

㊒ accumulate, gather, assemble

correct
[kərékt]

a. 정확한, 옳은

The team members had one minute to discuss in order to find the correct answer.
그 팀원들은 정답을 알아내기 위해서 의논하는 데 1분을 가졌다.

㊒ accurate, right, true, actual, exact
㊙ incorrect, wrong

cozy
[kóuzi]

a. 편안한, 아늑한

This area also has a lot of cozy guest houses and villas for those who want to get away from the city.

이 지역에는 또한 도시의 일상생활에서 떠나고 싶어하는 사람들을 위한 아늑한 숙소들과 빌라들이 많이 있습니다.

㈇ comfortable, snug, easy

devote to

phr. ~에 전념하다

The center is devoted to research related to Japanese culture.

그 연구소는 일본 문화와 관련된 것을 조사하는 데 주력하고 있다.

㈇ concentrate on, dedicate to, commit to

dissuade
[diswéid]

v. 단념시키다

None of their warnings could dissuade her going to live abroad.

그들의 어떠한 경고도 그녀가 해외로 살러 가는 것을 단념시킬 수 없었다.

㈇ persuade

ensure
[inʃúər, en-]

v. 확실하게 하다, 보증하다

Continuity is ensured by wearing the same clothes in successive scenes.

이어지는 장면에 동일한 의상들을 쓰면 연속성이 확보된다.

㈇ make sure, guarantee, assure, see to it that

exclusively
[iksklú:sivli]

adv. 배타적으로, 오로지

They were willing to offer him $500 a month if he would write exclusively for their magazines.

그들은 그가 오로지 자신들의 잡지에만 글을 쓴다면 그에게 한달에 500달러를 제공할 것이다.

㈇ entirely, solely, only

exhausted
[igzɔ́ːstid]

a. 지친

I feel so exhausted these days that getting out of bed feels like a major task.

나는 요즘 매우 피곤해서, 잠자리에서 일어나는 것이 주요 과제처럼 느껴진다.

⊕ tired out, used up, worn out, fatigued, weary

fascinate
[fǽsənèit]

v. 매혹하다

I was always fascinated by the French Revolution.

나는 늘 프랑스 혁명에 매료되었다.

⊕ attract, intrigue, bewitch, captivate, beguile, charm
⊖ repel, bore

fervor
[fɔ́ːrvər]

n. 열렬

The revolution's fervor had played itself out.

혁명의 열기가 다해 버렸었다.

⊕ feeling, passion, zeal

fragile
[frǽdʒəl]

a. 부서지기 쉬운, 깨지기 쉬운

Canal boats were very much quicker, could carry large volumes, and were much safer for fragile items.

운하용 보트는 훨씬 빠르고, 많은 짐을 운송할 수 있고, 부서지기 쉬운 물품들에 훨씬 안전하다.

⊕ easily broken, delicate, brittle

frankly
[frǽŋkli]

adv. 솔직히

Frankly, I get quite enough of that, thank you very much.

솔직히, 나는 그걸로 매우 충분합니다. 정말 감사드립니다.

⊕ actually, really, truly

frigid
[frídʒid]

a. 몹시 추운

The urine produced steam as it hit the ground, for the weather was so frigid.

날씨가 몹시 추운 날씨에는 소변이 바닥으로 떨어질 때 김이 난다.

⊕ cold, unloving, chilly, freezing

house
[háus]

v. 수용(수납)하다

This winter we will begin construction on a whale exhibit, which will house not just one or two whales, but an entire pod.

올 겨울에 우리는 고래 전시관을 착공할 예정입니다. 이 전시관에는 한 두 마리 정도가 아니라 이 고래 종류 전체가 수용될 예정입니다.

⦿ contain, place, accommodate, lodge

immobile
[imóubəl]

a. 움직일 수 없는, 고정된

Their ultimate goal is to help immobile, disabled children move.

그들의 궁극적 목표는 움직일 수 없고, 장애가 있는 아이들을 움직이도록 도와주는 것이다.

⦿ stationary, motionless, static, fixed

insufficient
[ìnsəfíʃənt]

a. 부족한

Insufficient human knowledge may make things that actually are useful seem useless.

부족한 인간의 지식은 실제로 유용한 것들을 쓸모없는 것으로 보이게 할지도 모른다.

⦿ inadequate, deficient, scarce, lacking

luminous
[lú:mənəs]

a. 빛을 내는, 밝은

The bike was once again only offered in one color, luminous blue.

자전거는 또 다시 한번 형광 파랑의 한 색깔로만 제공되었다.

⦿ bright, brilliant, shining, gleaming

net
[nét]

a. 결국의, 최종적인

The net result of all this is that when shooting gets moving again, it will be a very different movie from the one we knew before.

이에 대한 최종 결론은 그 촬영이 다시 재개될 경우, 우리가 전에 알던 것과는 아주 다른 영화가 될 것이라는 점입니다.

⦿ final

noticeable
[nóutisəbl]

a. 눈에 띄는, 현저한

The most noticeable change was the lack of advertisements in the magazine.
가장 현저한 변화는 잡지에 광고가 부족해진 것이었다.

유 observable, appreciable, remarkable, visible

other than

phr. ~이외에, ~를 제외하고

We can't collect salary other than by suing the employer.
고용자를 고소하는 것 이외에는 봉급을 받을 방법이 없다.

유 apart from, excluding, except for

point out

phr. ~을 지적하다

They also point out it would place a substantial burden on the excessive spending.
그들은 또한 그것이 과도한 지출에 더욱 부담이 될 것이라고 지적한다.

유 indicate, refer, bring up

proportion
[prəpɔ́:rʃən]

n. 부분, 몫

A larger proportion of their income goes to paying the tax.
그들 수입의 상당 부분이 세금을 내는 데 쓰인다.

유 ratio, amount, degree, extent

respond
[rispánd]

v. 응수하다, 반응하다

The patient's failure to respond to medication was discouraging.
환자가 약물 요법에 반응을 보이지 않아 실망스러웠다.

유 react, take, answer, receive

scenic
[sí:nik]

a. 경치의

The lake is surrounded with scenic beauty of nature.
그 호수는 자연의 풍경미로 둘러싸여 있다.

유 beautiful, impressive, spectacular, dramatic

select
[silékt]

v. 선택하다, 고르다

We selected him from among many members.

우리는 많은 회원들 중에서 그를 선택했다.

⊕ choose, pick, single out, opt for, prefer, favor

stationary
[stéiʃənèri]

a. 움직이지 않는

Over 50% of the accidents involve a stationary object.

사고의 50% 이상이 고정된 물체와 관련된다.

⊕ fixed, unmoving, nonmoving

tacit
[tǽsit]

a. 말로 나타내지 않은, 묵시적인

We have a tacit agreement with the market participants about the matter.

우리는 시장 참가자들과 그 일에 대한 암묵적인 합의가 있었다.

⊕ implied, implicit, inexplicit

tantalize
[tǽntəlàiz]

v. 감질나게 하다, 애먹이다

It is tantalizing to hear it but not be allowed to see it.

들을 수 있을 뿐 보지 못하니 정말 애가 탄다.

⊕ annoy, tempt

wiggle
[wíɡl]

v. 흔들다

Sit down, stand up, wiggle your foot and try all you can to put the new stiff boots on your foot.

앉았다가, 일어나고, 발가락을 움직여서 뻣뻣한 새 부츠를 당신 발에 맞추기 위해 할 수 있는 모든 것을 해 보십시오.

⊕ move up and down, move from side to side

address
[ədrés, ǽdres]

n. 인사말, 연설

In his New Year address, president urged the people not to give up hope.

신년 인사에서, 대통령은 국민들에게 희망을 버리지 말라고 촉구했다.

⟲ speech

although
[ɔ:lðóu]

conj. 비록 ～일지라도, ～이기는 하지만

Although it is a terminal disease, people with AIDS can live many more years after infection if he or she takes the treatments regularly.

비록 에이즈가 불치병이긴 하지만, 에이즈 환자가 정기적으로 치료만 받으면 더 오래 동안 살 수 있다.

⟲ while, whereas, though, when

amiss
[əmís]

adv. 잘못되어

A little exercise would not go amiss.

운동해서 나쁠 건 없을 것이다.

⟲ inappropriately, mistakenly, erroneously, wrongly
⟳ perfectly

appropriate
[əpróuprièit]

a. 적당한, 어울리는

I could not find appropriate clothing for my 3-year-old daughter in here.

이곳에서는 3살짜리 딸에게 입힐 적당한 옷을 구할 수가 없다.

⟲ fit, suitable, suited, proper

battle
[bǽtl]

v. 싸우다

They battled for centuries, using vast powers in their attempts to destroy each other.

그들은 서로를 멸하기 위한 시도로 엄청난 군사력을 이용하면서 수 세기 동안 싸웠다.

⟲ struggle, combat, compete, fight

breed
[briːd]

v. 기르다

Scientists bred the mouse and, much to their surprise, half of its babies were also completely resistant to any form of flu development.

과학자들은 이 쥐들을 기웠고, 놀랍게도 이 쥐의 모든 새끼들 중 거의 절반이 감기에 완전한 저항력을 보였습니다.

㈜ raise, rear, nurture, bring up, train, develop

coat
[kóut]

v. 덮다, 입히다

Baked salmon is coated with a simple mixture of oyster sauce and salad dressing.

구운 연어는 굴소스와 샐러드 드레싱의 간단한 혼합물로 입혀져 있다.

㈜ cover, overlay, sheet, overlie

cohesive
[kouhíːsiv]

a. 결합성의

We had to unite the two competing groups into a cohesive whole.

우리는 다투고 있는 두 그룹을 하나의 통합된 집단으로 결속해야 했다.

㈜ sticking to, united, adhesive

convey
[kənvéi]

v. 나르다, 전달하다

The title to the building was conveyed the seller to the buyer through a real estate agent.

그 건물의 소유권은 부동산 매매 중개인을 통해서 판매자에서 구매자로 이전되었습니다.

㈜ transport, send, communicate, impart

delight
[diláit]

n. 기쁨

Study, meditation, and pure delight are the basis of his teachings.

학문, 명상, 그리고 순수한 기쁨은 그의 가르침의 기초이다.

㈜ joy, pleasure

demolition

[dèməlíʃən, dì:-]

n. 파괴

By the middle of the 1950s, the village had suffered severe decline, many of the old properties being threatened with demolition.

1950년 중반까지 그 마을은 심한 쇠퇴를 겪었고, 많은 오래된 자산들은 철거 로 위협받았다.

㈜ destruction, devastation

dense

[déns]

a. 밀집한, 빽빽한

I've always believed that the population is more dense in the South of England.

나는 항상 영국의 남쪽 지방에 인구가 더 밀집되어 있다고 믿었다.

㈜ compact, thick, close, crowded

evaluate

[ivǽljuèit]

v. 평가하다

Teachers would also evaluate other teachers' work on teaching methods, and curricula.

교사들끼리도 서로의 교수법이나, 교과 과정을 평가하게 된다.

㈜ judge, assess, appraise, gauge, estimate, calculate

fluid

[flúːid]

a. 유동적인

The definitions of race and peace have rarely been more fluid.

인종과 평화의 정의는 좀처럼 유동적으로 바뀌지 않았다.

㈜ changeable, alterable, modifiable, malleable

form

[fɔ́ːrm]

v. 형성하다

We will try to form a genuine partnership with neighboring country through continuous development of efforts.

계속적인 노력의 진전으로 이웃나라와의 진정한 동반자 관계를 형성하도록 노력하겠다.

㈜ create, shape, construct, manufacture

however
[hauévər]

conj. 그러나, 어떤 방법(방식)이라도

However short the journey is, you always get something to drink on this airline.

여정이 아무리 짧아도, 이 비행기에서는 항상 마실 무언가가 나온다.

⊕ although, though

inadvertently
[ìnədvə́:rtntli]

adv. 우연히, 무심코

He brought back her book which he had inadvertently put in his bag.

그가 무심코 자기 가방에 넣었던 그녀의 책을 돌려 주었다.

⊕ unintentionally, accidentally, without knowing

insert
[insə́:rt]

v. 끼워 넣다, 삽입하다

Finally, if you want to use a straw, insert straw into drink container.

마지막으로 빨대를 사용하려 한다면, 빨대를 음료 용기에 끼워 넣으면 됩니다.

⊕ add, inject, fit in, insinuate

irksome
[ə́:rksəm]

a. 진저리 나는, 지루한

He found it irksome to have to catch a jam-packed bus to work.

일터에 가는 만원 버스를 타야 하는 것이 넌더리 나는 것이라는 것을 그는 알아차렸다.

⊕ annoying, tedious, uninteresting, boring

likelihood
[láiklihùd]

n. 있음직함, 가능성

The longer you leave it, the more the crack will spread, and the less the likelihood of a successful repair.

그것을 더 오래동안 방치할 경우, 그 틈은 점점 퍼져나갈 것이고, 완전하게 수리될 가능성은 점점 줄어듭니다.

⊕ probability, possibility, likeliness

malleable
[mǽliəbl]

a. 융통성 있는, 순응성 있는

Women are more malleable than men.
여자가 남자보다 더 순응성이 있다.

유 flexible, adaptable

mobility
[moubíləti]

n. 이동성, 운동성

The service is seen as a great help to
commuters, long-distance drivers, and
readers with limited mobility.
그 서비스는 통근자, 장거리 운전자들, 그리고 제한적인 이동성을
갖는 독자들에게 큰 도움으로 간주되고 있다.

유 movement
반 immobility

peripheral
[pərífərəl]

a. 주위의, 주변의, 부수적인

Music performance is peripheral to their
main activities.
음악 공연은 그들의 주된 활동에 부차적인 것이다.

유 outer

posit
[pázit]

v. 긍정적으로 가정하다, 단정하다

Most religions posit the existence of life
after death.
대부분의 종교는 사후 세계의 존재를 단정한다.

유 propose, hypothesize, conjecture, suppose

prefer
[prifə́ːr]

v. 오히려 ~을 더 좋아하다, 선호하다

Nowadays, many children prefer playing
computer games to reading.
요즘에는, 많은 아이들이 독서보다도 컴퓨터 게임을 선호한다.

유 favor, like better, incline, go for, select

prototype
[próutətàip]

n. 원형, 견본

Entrance to the subway is restricted, at least until the prototype is finished.

원형이 완성될 때까지는 지하철 입구로의 출입이 제한된다.

⨁ archetype, model, original

refuse
[rifjúːz]

n. 폐물, 쓰레기

Before you drop a bottle or can in a blue or green refuse bin, ask yourself if recycling really saves resources.

유리병이나 깡통을 청색이나 녹색 쓰레기통에 넣기 전에, 쓰레기 재활용이 실제로 각종 자원을 절약할 수 있을지 스스로에게 물어 보라.

⨁ waste, garbage, junk, trash

sculpture
[skʌ́lptʃər]

n. 조각품, 무늬

At this Art Center next month, you will be able to see new sculptures & paintings by Tom Wesselmann.

여러분은 이곳 미술관에서 다음 달에 탐 웨슬만의 새 조각품과 그림들을 감상하실 수 있을 것입니다.

⨁ shape, pattern

skeptical
[sképtikəl]

a. 의심 많은, 회의적인

Analysts were skeptical about the new government forecast.

분석가들은 새 정부에 대한 전망에 회의적이었다.

⨁ incredulous, distrustful, questioning

spontaneous
[spantéiniəs]

a. 자발적인, 자연적인

Animals and plants were thought to have arisen by spontaneous generation.

동물과 식물은 자연 발생으로 생겨난 것으로 여겨졌다.

⨁ unplanned, impromptu, impulsive, off-the-cuff

supposedly
[səpóuzidli]

adv. 추측건대, 아마도

She was supposedly born in Paris, France and taught magic by her mother, but she has yet to reveal her true origins.

그녀는 추측건대 프랑스 파리에서 태어나 그녀의 어머니로부터 마술을 배운 것으로 알려지고 있지만, 그녀의 실제 근본은 아직 드러나고 있지 않고 있다.

㈌ seemingly, presumably, perhaps, theoretically

tension
[ténʃən]

n. 긴장

Stretching exercises can free your body of tension.

스트레칭 운동을 하면 몸에서 긴장을 풀 수 있다.

㈌ strain, stress, pressure, anxiety, disquiet

tilt
[tílt]

v. 기울이다

Take a deep breath, and bend at the waist, and tilt your head forward.

깊게 숨을 들이쉬고, 허리를 숙이고, 머리를 앞으로 숙이세요.

㈌ incline, lean, tip, slope, slant, angle

trumpet
[trʌ́mpit]

v. 떠들썩하게 치켜 세우다

The man pitched his desert tent on a castle lawn and trumpeted his lead in promoting world peace.

그 남자는 성 잔디밭에 사막 텐트를 치고 세계 평화를 위한 자신의 행동을 과시했다.

㈌ praise

unintentionally
[ʌ̀ninténʃənli]

a. 무심코, 무의식적으로

In fact, many people unintentionally move their ears when they raise their eyebrows.

실제로, 많은 사람들이 그들의 눈썹을 치켜 올릴 때 그들의 귀를 무의식적으로 움직인다.

㈌ accidentally, undesignedly, involuntarily

Day
53

advancement
[ədvǽnsmənt]

n. 진보

The thirteen-year-old, the adult thinks, does not care about holidays or professional advancement.

어른들은 13살짜리 아이는 휴가나 승진에 대해서 신경쓰지 않는다고 생각한다.

유 progress, promotion, elevation, upgrading

allude
[əlúːd]

v. 암시하다

Many of the drama series' characters have names which allude to something.

드라마에서 많은 캐릭터들은 무언가를 암시하는 이름들을 갖고 있다.

유 suggest, hint, imply, indicate, intimate

apart from

prep. ~은 별도로 하고

Apart from the initial spending, there are other costs to be considered when buying a house.

집을 구입할 때는 초기 투자 비용 외에 다른 비용들도 고려해야 한다.

유 aside from, except for, but, besides

brisk
[brísk]

a. 활발한

There is a brisk demand for super-premium whiskeys.

수퍼프리미엄 위스키에 대한 수요가 활발하다.

유 active, energetic, fast, invigorating

burst
[bə́ːrst]

v. 폭발하다, 파열하다

When the pipe burst, the woman had the wits to turn off the water at the main.

관이 터졌을 때, 그 여자는 주 수도관을 잠그는 기지를 가지고 있었다.

㊂ break open, explode, blow up, detonate

conceive
[kənsíːv]

v. 상상하다, 생각하다

He conceives of society as a jungle where only the strongest survive, the hunter becomes the hunted.

그는 사회를 오직 가장 강한 자만이 살아남고, 사냥꾼이 사냥되어지는 정글이라고 생각한다.

㊂ imagine, think, believe, consider

cornerstone
[kɔ́ːrnərstòun]

n. 초석

They regard freedom of speech as the cornerstone of free societies.

그들은 언론의 자유를 자유 사회의 초석으로 여긴다.

㊂ basis, base, foundation, fundament, groundwork

craft
[krǽft, krάːft]

n. 기술, 재능

Roughly 20 chefs who learned their craft in top hotels are competing with each other.

일류 호텔에서 기술을 익힌 약 20여명의 요리사들이 서로 경합을 벌이고 있다.

㊂ skill, expertise, talent, ability, mastery, art

dainty
[déinti]

a. 우아한

She was a dainty, white-gloves lady, not a muscular brute.

그녀는 근골의 짐승같은 사람이 아니라, 우아한 흰 장갑을 낀 숙녀였다.

㊂ delicate, petite, neat, exquisite, refined, elegant

defend
[diɡénd]

v. 방어하다, 지키다

It is time to defend our companies and economy from foreign capital.

외국 자본으로부터 우리의 기업과 경제를 지켜야 할 때가 되었다.

유 protect, save, sustain, preserve, guard

eager
[íːɡər]

a. 열망하는

I have a waiting list of people eager to move into my building.

나는 나의 빌딩으로 들어가고 싶어하는 대기자 명단을 가지고 있다.

유 enthusiastic, anxious, ardent, avid, fervent, yearning
반 indifferent, uninterested, apathetic

earn
[áːrn]

v. 획득하다, 얻다

His works have earned him both praise and condemnation.

그의 작품들로 그는 칭찬과 비난 둘 다를 얻었다.

유 get, acquire, gain, win, attain

equivalent
[ikwívələnt]

n. 동등물, 상당하는 것

Each token has a cash equivalent of $25.

각각의 토큰은 현금 25달러에 상당하는 것이다.

유 balance, counterpart, parallel, your opposite number

excercise
[éksərsàiz]

v. 사용하다, 발휘하다

When you solve these problems, excercise your common sense.

이 문제들을 문제를 풀 때, 상식을 활용하세요.

유 use, bestow, employ, apply, exploit

firm
[fáːrm]

a. 견고한

It is important also for your stomach muscles to be firm and strong.

또한 배 근육들을 단단하고 강하게 하는 것이 중요하다.

유 stiff, rigid, solid, frozen, fixed, secure

flattery
[flǽtəri]

n. 아첨

You are too stupid to fall for anything his flattery.

당신은 아주 어리석어서 그의 아첨하는 말에 넘어갈 것이다.

⟳ praise, compliments, adulation, overpraise

leisurely
[líːʒərli, léʒ-, léiʒ-]

adv. 느긋하게, 유유히

The student was late for class, because he walks leisurely across campus.

그 학생은 캠퍼스를 느긋하게 걸어서, 수업에 지각했다.

⟳ slowly, tardily

long for

phr. ~을 갈망하다

Almost all Muslims seem to long for spiritual fulfillment.

거의 모든 회교도들은 정신적인 충족을 갈망하고 있는 것으로 보입니다.

⟳ desire, want, wish, hunger

moreover
[mɔ́ːróuvər]

adv. 게다가, 더욱이

Moreover, the country is a very small market compared to the United States and Japan where internal air travel demand is high.

게다가 그 나라는 국내선 여행수요가 많은 미국이나 일본에 비해 시장이 아주 작다.

⟳ besides, furthermore, as well, what is more, in addition, also

nearly
[níərli]

adv. 거의

That long-distance travel nearly did for me.

그 장거리 여행에 나는 거의 녹초가 되어 버렸다.

⟳ about, almost, more or less

obstacle
[ɑ́bstəkl]

n. 장애물

They should shift obstacles out of the way urgently.

그들은 그 도로의 장애물을 시급히 제거해야 한다.

⟳ bar, barrier, hindrance, obstruction, impediment, interruption

occurrence

[əkə́:rəns]

n. 발생, 사건

Divorce has become a common occurrence in recent years.

최근 들어 이혼은 흔한 일이 되었다.

⊕ event, phenomenon, happening, incident

on the contrary

phr. ~와는 반대로

Latin is not an irrelevant language; on the contrary, it is extremely useful helping students know the origin of speech

라틴어는 쓸모없는 언어가 아니다. 반대로, 학생들이 언어의 기원을 알도록 도와주는 데 상당히 유용하다.

⊕ conversely, in contrast, oppositely

origin

[ɔ́:rədʒin, ár-]

n. 기원, 발생

The origins of the word are still rather obscure.

그 단어의 기원은 아직도 상당히 불분명하다.

⊕ beginning, root, rootage, source

pick out

phr. 분간하다

She couldn't pick out any street signs in the rain and got lost.

그녀는 빗속에서 도로 표지판을 식별할 수 없어서 길을 잃어버렸다.

⊕ identify, distinguish, find, recognize, spot

primordial

[praimɔ́:rdiəl]

a. 원시 시대부터 있는

After the creation of the earth, the gods thought of creating the primordial living being.

지구를 창조한 후, 신들은 원시 생물체를 창조할 생각을 하였다.

⊕ beginning, ancient, early, primitive

react
[riǽkt]

v. 반응하다

She reacts harshly because she takes the jokes too seriously.

그녀는 그러한 농담을 너무 심각하게 받아들이는 바람에 예민하게 반응하고 있다.

㈜ respond, act, answer

reside
[rizáid]

v. 거주하다

Over 100 birds of various species reside within the dome and are allowed to fly free.

100마리가 넘는 다양한 종류의 새들은 둥근 천장 안에 살고 있으며, 자유롭게 날아다닐 수 있다.

㈜ live, dwell, occupy, inhabit, populate

self-sufficient
[sélfsəfíʃənt]

a. 자급자족할 수 있는

Some homesteaders look for other ways to become self-sufficient.

일부 자작 농장주들은 자급자족할 수 있는 다른 방법들을 찾는다.

㈜ independent, closed

solid
[sálid]

a. 견고한, 단단한

We want to build a solid foundation for the next decade by developing new products

우리는 새로운 제품 개발을 통해 다음 10년을 위한 단단한 기반을 다질 것입니다.

㈜ firm, fixed, hard, firm

specified
[spésəfàid]

a. 지정된

Attend on the specified date time and take your state bar exam.

지정된 날짜와 시간에 출석해서 사법고시를 치르십시오.

㈜ stated, defined, indicated, named

steep
[stíːp]

v. 적시다, 담그다

Steep the tea leaves for one minute and then pour the tea into the cups.
찻잎들을 1분 동안 담궜다가, 차를 컵에 부어서 마시세요.

⊕ soak, immerse, saturate, submerge, damp

take place

phr. 발생하다

He ignores what is taking place in agricultural districts today.
그는 오늘날 농촌 지역에서 일어나는 사태를 외면하고 있다.

⊕ occur

unrestricted
[ʌ̀nristríktid]

a. 제한이 없는, 자유로운

Never allow a cat unrestricted access to your car when you're driving.
당신이 운전 중일 때 고양이가 당신의 차로 자유롭게 접근하도록 하지 마세요.

⊕ free, open, unlimited, unmodified

verify
[vérəfài]

v. 증명하다, 입증하다

To the poor, it seems to verify the indifference of the government and the wealthy leaders.
빈곤층에게, 그 사실은 정부와 부유층 지도자들의 무관심을 증명하는 듯이 보입니다.

⊕ confirm, substantiate, endorse, ratify, prove

via
[váiə, víːə]

prep. ~를 경유하여, ~을 통해서

Bribes were relayed to the senior director via secret bank accounts.
뇌물은 비밀 은행 계좌를 통해 수석 국장에게 전달되었다.

⊕ by way of, through, on the way

**abound
in**

phr. ~이 많이 있다, 풍부하다

Coconut trees abound in the Pacific's tropical islands.

코코넛 나무는 태평양 열대섬들에 많이 있다.

윤 be full of, be filled with, teem with

---

affair
[əfέər]

n. 일

The whole affair went off without a hitch.

일 전체가 아무 지장 없이, 순조롭게 진행되었다.

윤 business, matter, responsibility, concern

---

appear
[əpíər]

v. ~인 것 같이 보이다, ~인 듯하다

Despite all the possible drawbacks, the shopping mall appears to be on a good footing.

이런 모든 어려움에도 불구하고, 그 상가는 좋은 입지를 마련하고 있는 것 같다.

윤 seem, sound, look

---

as a rule

adv. 대체로, 일반적으로

The taxi, as a rule, goes out in the evening and returns in the morning.

그 택시는 대개 저녁에 나가서 아침에 들어온다.

윤 generally, in general, consistently, usually

---

boost
[búːst]

v. 증대하다

We must devote greater efforts to economy in consumption and boost saving.

우리는 소비 절약과 저축 증대에 좀 더 많은 노력을 기울여야 한다.

윤 increase, expand, raise, add to, enlarge

capacity
[kəpǽsəti]

① n. 수용력

The storage capacity among the nation's terminals is 1.15 million tons.

국내 터미널의 저장 능력은 115만톤이다.

윤 dimension, volume, space, room, size, largeness, ampleness

② n. 능력

The fortuneteller has more capacity for knowing the past than for knowing the future.

그 점성술사는 미래를 아는 능력보다 과거를 아는 능력을 더 많이 갖고 있다.

윤 ability, talent, aptitude, potential, power

clumsy
[klʌ́mzi]

a. 서투른

She is very intelligent, but fairly clumsy and with little athletic abilities.

그녀는 매우 총명하지만, 꽤 서투르고 운동 능력이 떨어진다.

윤 awkward, unskilled, unwieldy, unmanageable

combine
[kəmbáin]

v. 결합시키다, 통합하다

The two firms combined to maximize profitability with higher margins.

그 두 회사는 더 많은 이윤을 챙겨 수익성을 극대화하기 위해 합병했다.

윤 join, put together, unite, merge

cultivate
[kʌ́ltəvèit]

① v. 경작하다, 재배하다

The village people are mostly farmers, who cultivate corn, wheat, and beans.

그 마을 사람들은 대개 농부들로, 옥수수, 밀, 그리고 콩을 재배한다.

윤 farm, crop, work, grow

② v. 계발하다, 만들다

She tried to cultivate the beauty enhanced by intellect.

그녀는 지성미를 가꾸려고 애썼다.

윤 develop, culture, educate, train, improve

demise
[dimáiz]

n. 서거, 사망

"The demise of the country's communist regime was the greatest geopolitical catastrophe of the century." he declared.

그 나라 공산 정권의 종언은 그 세기 최대의 지정학적 재앙이었다고 그는 선언했다.

⊕ death, decline, decrease, disappearance

disposition
[dìspəzíʃən]

n. 성질, 경향

He has a friendly, childish disposition, and is easily frightened despite his great strength.

그는 그의 엄청난 근력에도 불구하고, 친절하고 유치한 기질을 가지고 있고, 쉽게 겁을 먹는다.

⊕ temperament, character, nature, spirit, tendency

dwindle
[dwíndl]

v. 점차 감소하다

The white race will continue to dwindle in numbers in the United States.

미국에서 백인종은 그 수가 서서히 줄어가기 시작할 것이다.

⊕ decrease, lessen, diminish, shrink, contract

emanate
[émənèit]

v. 나오다

All creation was thought to emanate from the god and to exist within the god.

천지 만물은 신으로부터 발원하고, 신의 영역 내에서 존재한다고 여겨진다.

⊕ emerge, appear, come out, exhale

enduring
[indjúəriŋ]

a. 지속적인

No wonder people have the enduring fascination with Elizabeth Taylor.

엘리자베스 테일러에 대한 사람들의 지속적인 끌림은 당연하다.

⊕ lasting

equilibrium
[ìːkwəlíbriəm, èk-]

n. 평형 상태

Contemplative life is said to restore one's inner equilibrium.

명상 생활은 사람의 내적 균형을 회복시켜 준다고 한다.

윤 balance, equipoise, counterbalance

fund
[fʌ́nd]

n. 자금, 축적

Offering funds to these institutions is just a waste of scarce resources.

이런 기관들에 자금을 제공하는 것은 단지 귀한 자원의 낭비에 불과하다.

윤 money, account, budget, deposit

given
[gívən]

a. 주어진, 정해진

She's great at improvising on a given subject.

그녀는 주어진 주제에 대해 즉흥적으로 지어내는 것에 능숙하다.

윤 specified, particular, acknowledged, inclined

guiltless
[gíltlis]

a. 죄가 없는

None of the workers is entirely guiltless in this matter.

인부들 중 누구든 이 문제에 대해 완전히 결백하지 못하다.

윤 innocent, blameless, clear

havoc
[hǽvək]

n. 파괴

Ethanol could wreak havoc on the environment while increasing greenhouse gases.

에탄올은 온실가스를 증가시키면서 환경 파괴를 일으킬 수 있다.

윤 destruction, devastation, extermination, ruin

help
[hélp]

n. 도움

If she has still this problem, she needs professional help.

그녀가 여전히 이 문제점을 가지고 있다면, 그녀는 전문가의 도움이 필요합니다.

유 assistance, support, aid, service, cooperation

incidentally
[ìnsədéntəli]

adv. 덧붙여 말하자면

Incidentally, this beer goes particularly well with nacho cheese.

말이 나서 하는 말인데, 이 맥주는 나초 치즈와 특히 잘 어울린다.

유 by the way

incursion
[inkə́:rʒən, -ʃən]

n. 침입, 습격

I resent these incursions into my territory.

나는 나의 영역에 침입하는 이러한 것들을 분개한다.

유 invasion, inroad, penetration

laborious
[ləbɔ́:riəs]

a. 힘드는, 고된

Checking the entire production chain for flaws was a laborious business.

결함을 찾아내기 위해 생산 라인을 다 검토하는 것은 힘드는 일이었다.

유 difficult, demanding, severe, arduous

on the other hand

phr. 반면에

Social scientists, on the other hand, emphasize the outsider's perspective.

사회학자들은 반면에 제 3자의 시각을 강조한다.

유 conversely, however

picture
[píktʃər]

v. 그리다, 묘사하다

Roman artists pictured perfect-looking humans as gods.

로마 예술가들은 완벽한 외모의 인간을 신으로 그려내었다.

㊀ figure, image, represent

proceed
[prəsíːd]

v. 나아가다

My teacher described to me how I should proceed.

나의 스승은 내가 어떻게 나아가야 하는지를 설명해 주었다.

㊀ go on, progress, advance, go forward

proponent
[prəpóunənt]

n. 지지자

One proponent is Reuel Gerecht of the American Enterprise Institute.

찬성자 가운데 한 사람이 미국 기업 연구소의 로이엘 게레히트다.

㊀ advocate, exponent, supporter

rank
[rǽŋk]

v. 나란히 세우다, 위치시키다

Rank them in a line in the order that you enjoy them.

당신이 즐기는 순으로 그것들을 한 줄로 나열하세요.

㊀ place, line, rate

regain
[rigéin]

v. 되찾다

The majority of children will regain consciousness and be fine within a minute or two, but some will fall asleep for an hour or so.

아이들의 다수는 1분이나 2분이 지나면 의식을 되찾고 좋아지겠지만, 일부는 1시간 가량 잠들 것이다.

㊀ restore, recover, retrieve, find

respectively
[rispéktivli]

adv. 각각

Winter and summer holiday bookings are up 30% and 40% respectively.
겨울과 여름 휴가 예약은 각각 30퍼센트와 40퍼센트가 증가했다.

유 in that order

retreat
[ritríːt]

n. 퇴각, 은퇴

The first principal made an undignified retreat from his earlier position.
초대 교장은 이전 직에서 불명예스러운 은퇴를 했다.

유 withdrawal, recession, retirement

shard
[ʃáːrd]

n. 사금파리, 파편

The boy was holding a shard of glass and had cut himself.
그 소년은 유리 파편을 들고 있다가 베었다.

유 fragment

shed
[ʃéd]

n. 버리다

Rather than trying to make this right, you should be shedding your money.
이 일을 바로 잡으려고 애쓰는 것보다, 당신 돈을 버려야만 할 것 같네요.

유 discard, cast off, lose, abandon

steady
[stédi]

a. 안정된, 흔들리지 않게

The camera is easy to hold steady and the buttons are all in the right places.
그 카메라는 흔들리지 않게 잡기 쉽고, 버튼들이 모두 적소에 있다.

유 stable, continuous, even, constant

Day 55

ardently
[á:rdəntli]

adv. 열정적으로

But I ardently believe that prohibiting tobacco would be wrong and counter-productive.

하지만 나는 담배를 금지하는 것이 옳지 않고, 역효과를 낼 것이라고 열렬하게 믿는다.

⊞ enthusiastically

asset
[ǽset]

n. 이점, 강점

Agility is a great asset to a athelete.

민첩성은 운동선수에게 커다란 강점이 된다.

⊞ advantage, benefit, blessing, strong point, resource

border
[bɔ́:rdər]

n. 가장자리, 경계

There will be no trouble in reaching agreement with the neighboring country about our common border.

이웃 나라와 국경에 관한 합의에 이르는 데 문제가 없을 것이다.

⊞ boundary, boundary line, brim, edge ⊟ center

dilute
[dailú:t, di-]

v. 묽게 하다

Drink plenty of water to dilute your urine and help flush out bacteria.

소변을 묽게 하려면 많은 양의 물을 마시세요. 그것은 박테리아를 제거하는 데 도움을 줍니다.

⊞ reduce, water down, weaken, thin

disputatious
[dìspjutéiʃəs]

a. 논쟁적인, 논쟁을 좋아하는

They are a bunch of strong-willed and disputatious professionals.

그들은 강한 의지를 가진, 논쟁을 좋아하는 직업군의 사람들이다.

⊞ contentious, aggressive, argumentative

emergence

[imə́:rdʒəns]

n. 출현

It also witnessed the emergence of such new directors as Tatsumi Kumashiro, Masaru Konuma, and Chusei Sone.

또한 구마시로 타츠미, 코누마 마사루, 그리고 소네 추세이와 같은 신규 감독들의 출현을 볼 수 있다.

㊌ appearance, rise, advent, beginning

example

[igzǽmpl]

n. 예, 전형

A good friend of mine was a perfect example of that.

내 친구는 그것의 완벽한 전형이다.

㊌ model, instance, sample, specimen

extremely

[ikstrí:mli]

adv. 극단적으로, 매우

In this area most of the farmers are extremely poor; most children do not go to college, and many die due to lack of medical care.

이 지역에서 모든 농부들은 매우 가난하며 모든 아이들은 대학에 가지 못하고, 많은 이들이 치료를 받지 못해서 죽는다.

㊌ exceptionally, remarkably, exceedingly, strikingly

fade away

phr. 사라지다

Through the 1930s and 1940s, he faded away from the literary world.

1930년과 1940년을 지나면서, 그는 문단에서 사라졌다.

㊌ disappear, vanish

finding

[fáindiŋ]

n. 발견

This is a big step forward to realizing greater possibilities for finding cures to incurable diseases.

이는 많은 불치병에 대한 치료책 발견의 가능성을 키우는 데 큰 진전이 되었다.

㊌ discovery, spotting, detection, uncovering

groundwork
[grὰundwə́:rk]

n. 기초, 토대

His first government did lay the groundwork for future progress.

그의 첫 정부는 미래 진보를 위한 토대를 마련하였다.

⟮유⟯ foundation, basis, base, fundament, cornerstone

ice sheet
[áis ʃíːt]

n. 대륙 빙하

It takes a long time to build and melt an ice sheet, but glaciers can react quickly to temperature changes.

대륙 빙하가 형성되고 녹는 데에는 많은 시간이 걸리지만, 빙하는 온도 변화에 빠르게 반응할 수 있다.

⟮유⟯ glacier

instantly
[ínstəntli]

adv. 즉시, 즉각

At first, he didn't recognize her, but she recognized him instantly.

처음에, 그는 그녀를 알아보지 못했지만, 그녀는 그를 즉각 알아보았다.

⟮유⟯ immediately, promptly, right now

intimidate
[intímədèit]

v. 협박하다

He used his wanted poster to try to intimidate people.

그는 사람들을 협박하기 위해서 그의 수배 전단지를 이용했다.

⟮유⟯ threaten, frighten, browbeat, cow

inventive
[invéntiv]

a. 발명의, 창의력이 풍부한

The success was driven by originality and inventive genius.

성공은 독창성과 발명의 재능에 따르는 것이었다.

⟮유⟯ creative, originative, innovative, clever

kiln
[kíln]

n. 가마, 화로

The kiln generally takes the same amount of time to cool down.

화로는 대개 식는 데 같은 양의 시간이 걸린다.

유 furnace, heater, boiler, oast, muffle

lethargic
[ləθá:rdʒik]

a. 무기력한

If your pet is lethargic and refuses to eat, please contact an animal care professional immediately.

당신의 애완동물이 무기력하고 먹지 않으려 한다면, 동물 관리 전문가에게 즉시 연락을 취하십시오.

유 sluggish, drowsy, languid, dazed

monitor
[mánətər]

v. 감독하다, 감시하다

Such devices could monitor the presence of inferior goods without on-site inspection.

그러한 기계류는 현장 검사를 하지 않고도 불량품의 존재를 감시할 수 있다.

유 check, observe, investigate

put together

phr. 모으다, 합계하다

Your team spent more this year than all the other teams put together.

올해에 당신 팀이 다른 모든 팀을 다 합친 것보다 더 많은 돈을 썼다.

유 cluster, combine, bind, synthesize

rate
[réit]

v. 평가하다

The tip-top quality of stones is rated as worth 50,000 dollars.

그 최고급 보석은 5만 불로 평가된다.

유 judge, classify, categorize, assess, appraise

reassure

[rì:əʃúər]

v. 안심시키다

It is reassuring to note that social security has been improved.

사회 보장이 개선된 것을 보니 안심이다.

유 build confidence of, comfort, console, assure

reverse

[rivə́:rs]

v. 반대로 하다

The company said it does not intend to reverse its own decision a year ago.

그 업체는 1년 전 자체 결정을 번복할 계획이 없다고 말했다.

유 overturn, divert, invert, undo

secluded

[siklú:did]

a. 격리된, 한적한

When they reached the secluded beach, they were able to see the ancient people's footprints on the sand.

그들이 외딴 해변에 도착했을 때, 그들은 모래 위에서 고대인들이 생활한 발자취를 볼 수 있었다.

유 separate, isolated, remote, secret, private

seek

[sí:k]

a. 찾다, 추구하다

It's only human to seek a better future life.

더 나은 미래의 삶을 추구하는 것은 지극히 인간다운 일이다.

유 search, find, look for, try to find

series

[síəri:z]

n. 일련

In the study, the scientists conducted a series of tests.

연구소에서, 과학자들이 일련의 테스트를 실시했다.

유 string, succession, progression, sequence, chain, course

signal

[sígnəl]

v. 신호를 보내다, 알리다

The news also signaled that Mortgage interest rates were likely to rise.

뉴스는 또한 모기지 금리가 인상될 것이라고 말했다.

유 communicate, indicate

sponsor
[spánsər]

v. 후원하다

In an effort to enhance the understanding of foreign culture, the center will sponsor various exhibitions, performances and other cultural campaigns.

외국 문화에 대한 이해를 증진하려는 노력에서, 문화원은 다양한 전시회와 공연 그리고 기타 문화 행사를 후원할 계획이다.

유 support, patronize, finance, promote 반 boycott

strike
[stráik]

① v. 치다

As he is about to strike her, Matt walks in and breaks up the fight.

그가 그녀를 치려고 할 때, 매트가 걸어 들어와서 그 싸움을 멈춘다.

유 hit, knock, punch, beat

② n. 파업

As construction was well underway, a labour strike caused a delay to the building of the tower.

건설이 한창 진행 중일 때, 노동자 파업으로 인해 타워 건설이 지연되었다.

유 walkout

subordinate
[səbɔ́ːrdənət]

a. 종속의

The miners had fears that safety measures were being subordinated to commercial interests.

그 광부들은 안전 대책이 상업적 이익에 종속되고 있다는 두려움을 가지고 있었다.

유 subject, dependent, inferior, secondary, under

tentative
[téntətiv]

a. 불확실한, 임시적인

The United States and Canada announced that they had reached a tentative settlement to end the current dispute.

미국과 캐나다는 그들이 현재의 논란을 종식시키기 위한 잠정적 결론에 이르렀다고 발표했다.

유 uncertain, unsettled, conditional

thanks to

prep. ~덕분에

Thanks to you, I could finish the whole job on time.

당신 덕분에 일을 제 시간에 끝낼 수 있었습니다.

㊬ because of, owing to, by reason of, due to

volume
[válju:m]

n. 부피, 양

According to the recipe, allow the dough to rise until it has doubled in volume.

조리법 대로, 반죽이 부피가 두 배로 부풀어 오를 때까지 두세요.

㊬ amount, measure, quantity

within
[wiðín, wiθ-]

adv. 속에, 안에

The smoke seems to be coming from within the building.

연기가 건물 안에서 나는 것 같다.

㊬ inside, indoors
㊤ outside

wonderful
[wʌ́ndərfəl]

a. 놀라운, 훌륭한

Ten years ago, I married a wonderful artist from a different country, culture, and race.

저는 10년 전에 나라도 다르고 문화와 인종도 다른 한 훌륭한 예술가와 결혼을 했습니다.

㊬ lovely, marvelous, delightful

Day 56

area
[έəriə]

n. 범위, 영역

We should turn the spotlight on another area of the schoolhouse - the playground.

우리는 학교의 또 다른 영역인 운동장에 관심의 초점을 돌려야 할 것이다.

유 scope, field, domain, sphere, realm

at least

adv. 적어도, 최소한

The rate has been going up for at least the last ten years.

이 비율이 최소한 과거 10년 동안은 증가 추세에 있었다.

유 at minimum

authorize
[ɔ́ːθəràiz]

v. 권위를 부여하다, 허가하다

The court did not however authorize construction of a new plant.

법원은 그러나 새 공장의 건설을 허가하지 않았다.

유 empower, commission, enable, certify

betray
[bitréi]

v. 배반하다

She was betrayed by her friend, in whom she placed so much trust.

그녀는 친구에게 배반당했는데, 자기 친구를 너무 믿었다.

유 cheat on, be disloyal to

clever
[klévər]

a. 영리한

She is a very clever girl, and she has her nose in a book.

그녀는 매우 영리한 소녀이고, 책벌레이다.

유 ingenious, intelligent, smart, adroit

commence
[kəméns]

v. 시작하다

The meeting is scheduled to commence at noon.

회의는 정오에 시작될 것으로 예정되어 있다.

㊜ begin, start, initiate

compensate for

phr. ~을 보완하다

The piano provided him with a means of artistic expression to compensate for the speech impediment.

피아노는 그에게 어눌한 말솜씨를 보완하는 예술적 표현의 수단을 제공했다.

㊜ adjust, balance

countryside
[kʌ́ntrisàid]

n. 한 지방, 시골

It is still a nice area to live in and is surrounded by lovely countryside.

그곳은 여전히 살기 좋은 지역이고, 아름다운 지방에 둘러싸여 있다.

㊜ rural area, country, bucolic, rustic

crush
[krʌ́ʃ]

v. 눌러 부수다, 뭉개다

Ali quickly crushed the cigarette with his foot.

알리는 신속히 담배를 발로 눌러 뭉갰다.

㊜ grind, break up, shatter, smash, pound

deject
[didʒékt]

v. 낙담시키다

He was dejected to hear that stock market plunged.

그는 주식 시장이 폭락했다는 것을 듣고 낙담했다.

㊜ depress, sadden ㊥ elate

dim
[dím]

a. 어둑한, 희미한

The street is still lit by very dim Victorian-style street lights.

그 거리는 여전히 빅토리아 스타일의 매우 희미한 가로등으로 비춰지고 있다.

㊜ faint, weak, gloomy, obscure

discharge

[distʃáːrdʒ]

v. 배출하다

The pipe was designed to discharge waste into the sea.

그 파이프는 폐기물을 바다로 배출하도록 고안되었다.

유 release, eject

do not follow that

phr. ~라고 결론내릴 수 없다.

It does not follow that in all or most cases that is a problem.

모든 혹은 대부분의 경우 문제라고 결론 내릴 수는 없다.

유 cannot be concluded that

drastic

[drǽstik]

a. 격렬한, 과감한

The Government should take some drastic measures to revitalize the farming sector.

정부는 농업 부분의 활성화를 위해서 과감한 조치를 취해야 한다.

유 extreme, severe, desperate, radical, harsh

eminent

[émənənt]

a. 높은, 저명한

He is an eminent critic and essayist in this century.

그는 이 시대의 저명한 평론가이자 수필가이다.

유 distinguished, high, superior, notable

endangered

[indéindʒərd, en-]

a. 위험에 처한, 멸종될 위기에 이른

This duck is considered endangered due to a large reduction in populations in the last ten years.

오리는 지난 10년간 수가 크게 감소했기 때문에 멸종될 위기에 이르렀다고 간주되고 있다.

유 threatended, vulnerable   반 abundant, plentiful

grounds

[gráundz]

n. 근거

If you continue to be late like this, you will give them grounds for criticising you.

당신이 이런 식으로 계속 늦으면 그들에게 당신을 비난할 근거를 만들어 주는 것이다.

유 reasons, basis, root

handful
[hǽndfùl]

n. 소수

Thousands of crocodiles have been killed by humans, but only a handful of humans have been killed by crocodiles.

수 천 마리의 악어가 인간에 의해 죽임을 당해 왔지만, 소수의 사람들만이 악어들에게 죽임을 당했습니다.

⊕ few, smattering, small indefinite quantity(amount)

hinterland
[híntərlæ̀nd]

n. 후배지, 오지

The hinterland is the land or district behind the borders of a coast or river.

후배지는 해안이나 강의 경계면 뒤쪽의 육지나 지역을 말한다.

⊕ boondocks, bush ⊖ foreland

hybrid
[háibrid]

n. 혼성물

Cyworld is a hybrid between a blog and personal homepage.

싸이월드는 블로그와 개인 홈페이지의 혼성물이다.

⊕ combination

improbable
[imprάbəbl]

a. 일어날 듯 하지 않은

It seems improbable that the current situation will continue.

현재 상황이 계속될 것 같지 않아 보인다.

⊕ incredible, unbelievable, implausible, inconceivable, unlikely

in all likelihood

phr. 아마, 십중팔구

It's happened plenty of times before, and in all likelihood it will happen again.

그것은 오래 전에 발생했고, 십중팔구 다시는 발생하지 않을 것이다.

⊕ probably, perhaps

peculiarity
[pikjù:liǽrəti]

n. 특색

This peculiarity of the river is always a great attraction for people.

그 강의 특색은 항상 사람들에게 큰 매력이 되고 있다.

⊕ feature, characteristic, distinguishing

primeval
[praimíːvəl]

a. 원시 시대의, 태고의

He was owner of 12 cities, 257 villages, 17 palaces, and two primeval forests.

그는 12개의 도시와 257개의 마을, 17개의 성과 두 개의 원시림의 소유주였다.

㊠ most ancient, of an early for, early

prowess
[práuis]

n. 용기, 용감

Unlike its appearance, the shaggy dog is keen-sighted and maintains its ancient prowess.

외모와는 달리, 삽살개들은 예리한 시력을 가졌고, 그들 조상의 용맹성을 계승하고 있습니다.

㊠ ambition, boldness, bravery

recognize
[rékəgnàiz]

v. 인지하다, 분간하다

I bumped into an old friend, who recognized me at once.

나는 우연히 옛 친구를 만났는데, 그는 나를 즉시 알아보았다.

㊠ identify, realize, see, be aware of, be conscious of, perceive

relay
[ríːlei]

v. 중계하다

I watched the entire ceremony on a broadcast relayed from the stage.

무대에서 중계된 방송으로 전체 행사를 보았다.

㊠ send

relish
[rélij]

v. 즐기다, 기쁘게 생각하다

I don't relish a possiblity on waking up early next morning.

난 내일 일찍 일어나야 할 가능성을 기쁘게 생각하지 않는다.

㊠ enjoy, delight, bask, savor

rugged
[rʌ́gid]

a. 울퉁불퉁한

In contrast, road bicycles are not designed for such rugged terrain.

반면에, 자전거 도로는 그러한 험한 지대에는 설계되지 않는다.

㊠ rough, uneven, irregular, bumpy, rocky, stony

reserve
[rizə́ːrv]

v. 남겨두다

10% of the seats are reserved for special guests.

10%의 좌석들은 특별 손님들을 위해 따로 마련해둔 것이다.

유 restrict, save, keep, hold

sediment
[sédəmənt]

n. 침전물

Most of the liquid in the coffee is drunk, but the sediment at the bottom is left behind.

커피의 액체 대부분은 마셔지지만, 바닥에 침전물은 남는다.

유 debris, remainder, residue, remains

semiarid
[sèmiǽrid]

a. 반건조한

They are typically found in areas with dry or semiarid climates.

그것들은 전형적으로 건조나 반건조 기후를 가진 지역들에서 발견된다.

유 rather dry

slender
[sléndər]

a. 마른

He was tall and slender and his hair and beard remained black until he was very old.

그는 키가 크고 말랐으며 그의 머리카락과 턱수염은 그가 아주 늙었을 때까지 검게 남아있었다.

유 thin, slim

strengthen
[stréŋkθən]

v. 강하게 하다

Stainless steel pins were inserted into his knees to strengthen them.

그의 무릎을 강화시키기 위해 스테인리스 강핀이 삽입되었다.

유 reinforce, intensify, harden, support

subtraction
[səbtrǽkʃən]

n. 빼기, 뺄셈

Two of the most widely used mathematical symbols are addition and subtraction.

가장 널리 쓰이는 수학 기호의 두 가지는 덧셈과 뺄셈이다.

유 decrease, reduction, elimination, diminution

thoroughly

[θə́:rouli]

adv. 완전히, 철저하게

But much to their disappointment, home-grown companies were left out thoroughly.

그러나 아주 실망스럽게도, 국내 기업들은 철저하게 배제되었다.

유 completely, utterly, perfectly, entirely

tranquil

[trǽŋkwil]

a. 조용한, 평온한

With white sand beaches, tranquil green waters and areas of lush vegetation, Hainan has much to offer.

하얀 해변 모래와, 평온한 초록 바다 그리고 울창한 초목 지역들과 같이, 하이난은 여러 볼거리가 많다.

유 peaceful, calm, restful, quiet

true

[trú:]

a. 진짜의

I can say you will see the true me on the job.

근무 중에는 진짜 제 모습을 확실히 보실 수 있을 겁니다.

유 real, genuine, authentic, actual

uniformly

[jú:nəfɔ̀:rmli]

adv. 한결같이, 균일하게

The reaction to that idea was uniformly hostile.

그 아이디어에 대한 반응은 한결같이 적대적이었다.

유 consistently, evenly, regularly

veneration

[vènəréiʃən]

n. 존경, 숭배

The ancient relics were objects of veneration.

그 고대 유물들은 숭배의 대상이었다.

유 admiration, respect, deference, esteem

Day 57

---

above all

adv. 무엇보다도

His French collection was earthy, sensual, funny and, above all, original.

그의 프랑스 콜렉션은 소박하고, 관능적이고, 유머가 있으며, 무엇보다도 독창적이다.

⑧ most important of all, especially, mainly, mostly

---

archaic
[a:rkéiik]

a. 고풍의, 고대의

Sabot is an archaic French word referring to a wooden shoe.

Sabot은 나무 신발을 언급하는 프랑스 고어 단어이다.

⑧ old, primitive, out of date, old-fashioned, outmoded, antique
⑪ new, modern, up-to-date

---

at hand

phr. 가까이에

Such a severe storm led many to believe that the end of the world was at hand.

그러한 심한 폭풍우는 많은 사람들로 하여금 세계 종말이 가까이 왔다고 믿게 하였다.

⑧ nearly, accessible, handy

---

attempt
[ətémpt]

v. 시도하다

Urban geography attempts to combine human impacts with environmental impacts.

도시 지리학은 인류의 영향력과 환경적 영향력들을 통합하려고 시도한다.

⑧ try, seek, act

---

bear in mind

phr. 명심하다

But bear in mind that it really is very very hot in Thailand in April.

하지만 태국의 4월은 정말로 매우 매우 덥다는 것을 명심해야 합니다.

⑧ remember, keep in mind

---

blur
[blə́:r]

v. 흐리게 하다

The tears blurred his eyes and the words
of the book began to run into one another.

눈물이 그의 눈을 흐리게 해서 책에 적힌 글자들이 서로 겹쳐서
보이기 시작했다.

⊕ obscure, cloud, make vague

boast
[bóust]

v. 자랑하다

No other athlete can boast such a record.

어떤 다른 선수도 그런 기록을 자랑할 수 없다.

⊕ show off, brag, swagger, congratulate yourself

broke
[bróuk]

a. 파산하여, 무일푼으로

He was broke when he married
Monivong's daughter.

모니봉의 딸과 결혼했을 때 그는 파산 상태에 있었다.

⊕ poor, destitute, indigent, needy
⊝ intact

burgeon
[bə́:rdʒən]

v. 갑자기 성장하다

The city beefed up the police force to
crack down on burgeoning drunk drive.

당국은 점차 증가하는 음주 운전을 단속하기 위해 경찰력을 증강
시켰다.

⊕ expand, flourish, grow, thrive

casualty
[kǽʒuəlti]

n. 사상자

German casualties from the battle were 42
killed and 127 wounded.

그 전투로 인한 독일인 사상자는 42명 부상자는 127명이었다.

⊕ victim, injured person, loss, fatality

circumvent

[sə̀:rkəmvént]

v. 우회하다

The trends in modern education circumvent or alleviate the problem and its effects.

현대 교육의 추세가 그 문제와 그 영향을 회피하거나 완화시킨다.

❀ detour, go around

complaint

[kəmpléint]

n. 불평, 불만

The move is an attempt to relieve the widespread complaints over the expensive residential area.

이러한 조치는 비싼 거주 지역에 대한 광범위한 불만을 완화시키기 위한 것이다.

❀ protest, grievance, gripe

consist of

phr. ~으로 구성되다

The luxury suite consists of two bedrooms, a bathroom and a sitting-room.

호화 객실은 두 개의 침실, 욕실, 거실로 구성되어 있다.

❀ be made up of, contain, include

crest

[krést]

n. 정상, 절정

A desperate fight between two fighting cocks is on its crest.

두 싸움닭의 사투가 절정에 이르고 있다.

❀ peak, apex, acme, top, summit

deceptive

[diséptiv]

a. 속이는, 믿을 수 없는

Her prolix style is deceptive-what she has to say is very simple.

그녀의 장황한 문체는 사람을 오도하기 쉽다.- 그녀가 하고자 하는 말은 대단히 간단하다.

❀ misleading, fraudulent, dishonest, unreal

dependable
[dipéndəbl]

a. 믿을 수 있는

In 1972 Poway Dam was built to provide a dependable supply of water.

1972년 포웨이 댐은 신뢰할 수 있는 물을 제공하기 위해서 건설되었다.

유 reliable   반 unreliable

derive
[diráiv]

v. 끌어내다, 비롯되다

The belief is entirely derived from the wish for happiness.

그 신앙은 오로지 행복을 바라는 마음에서 비롯된 것이다.

유 deduce, originate, infer, deduct

discount
[dískaunt, -◌]

v. 무시하다, 도외시하다

I pray that this never comes to pass, but don't discount the possibility

나는 이것이 결코 발생하지 않기를 기도하지만, 가능성을 무시할 수는 없다.

유 ignore, diminish, depreciate, disparage

disturbance
[distə́:rbəns]

n. 소란, 혼란

Residents are fed up with the disturbance caused by the motorcycle gang members.

주민들은 폭주족 때문에 발생하는 소동에 진저리를 친다.

유 disorder, commotion, agitaion, confusion

exposure
[ikspóuʒər]

n. 드러냄, 노출

This long journey and the exposure to the sea air changed the coffee's flavor.

긴 여정과 바다 공기로의 노출이 커피의 향을 변하게 했다.

유 betrayal, divulgence, disclosure, relation

frivolous
[frívələs]

a. 사소한

She is known to put off with a frivolous excuse so often.

그녀는 사소한 핑계로 자주 약속을 미루는 걸로 알려져 있다.

유 trivial, trifling, unimportant, petty

gauge
[géidʒ]

v. 측정하다, 재다

We developed precision instruments which can gauge the diameter to a fraction of a millimeter.

우리는 1밀리미터 분의 1의 직경까지 측정할 수 있는 정밀 기구를 개발했다.

㉦ measure, determine, ascertain, scale

in contrast

phr. 반대로

By contrast, the United States had a record deficit in the third quarter.

반대로, 미국은 3분기에 사상최대의 적자를 기록했다.

㉦ on the other hand, however, conversely

infinite
[ínfənət]

a. 무한한

He has an infinite amount of time to do whatever he wants.

그는 그가 무엇을 원하던 간에 할 수 있는 무한한 양의 시간이 있다.

㉦ unlimited, limitless, absolute, boundless

infirm
[infə́:rm]

a. 약한

She's sick and infirm and has to keep to the house.

그녀는 아프고 약하기 때문에 집에 있어야 한다.

㉦ frail, weak, irresolute

innumerable
[injú:mərəbl]

a. 셀 수 없이 많은, 무수한

As an actor he has appeared in innumerable plays and movies.

배우로서, 그는 수없이 많은 연극과 영화에 출연했다.

㉦ countless, myriad, incalculable, numberless

inwardly
[ínwərdli]

adv. 내부에, 마음속으로

She groaned inwardly at the thought of staying up all night.

그녀는 밤을 샐 생각에 속으로 신음 소리를 냈다.

㉦ innerly, on the inside, internally

judge
[dʒʌ́dʒ]

v. 판단하다

Yet in modern societies we still tend to judge people by the way we look.

그럼에도 현대 사회에서는 여전히 사람을 외모로 판단하는 경향이 있다.

유 estimate, calculate, gauge, approximate, guess

lament
[ləmént]

v. 슬퍼하다

He lamented that after he was screwed, not even his family and friends were visiting him.

그는 그가 망한 후, 심지어 그의 가족과 친구들도 그를 방문하지 않는 것을 슬퍼했다.

유 grieve, regret, sorrow

move toward

phr. 접근하다, 지향하다

The couple, though approaching the issue from opposite ends, are moving toward the center.

그 부부는 이 문제에 서로 정반대 쪽에서 접근하고 있지만, 점점 타협점을 찾아가고 있다.

유 approach

obtainable
[əbtéinəbl]

a. 입수 가능한

Good communication is not obtainable without the art of effective listening.

원활한 의사소통은 효율적으로 듣는 기술 없이는 가능하지 않다.

유 available, accessible, attainable

overview
[óuvərvjùː]

n. 개관, 개요

The magazine provides overviews of the current fashion.

이 잡지는 현재 패션 전반에 관한 개요도 제공한다.

유 summary, abstract, essence, survey

perfect
[pə́:rfikt]

a. 완전한

It's the perfect solution if you're looking for a special lunch or light dinner.

특별한 점심이나 간단한 저녁 식사를 찾고 있다면 완벽한 해결책이 있습니다.

⟐ flawless, immaculate, faultless, impeccable, exemplary

press
[prés]

n. 신문, 출판물

There was no comment about the released documents in the press.

신문에는 발표된 문건에 대해 아무런 언급이 없었다.

⟐ newspaper

seldom
[séldəm]

adv. 좀처럼 ~ 않는

Mountain lions and other larger animals live in the area but are seldom seen.

퓨마 그 외의 덩치가 더 큰 동물들은 그 지역에 살고 있지만, 거의 눈에 띄지 않는다.

⟐ rarely, infrequently, scarcely ever, hardly ever
⟑ often, frequently

stylus
[stáiləs]

n. 첨필, 철필, 바늘

It is not a good idea to press the stylus down too hard, nor is it necessary.

철필을 아래로 너무 세게 누르는 것은 좋지 않은 생각이다, 또한 그럴 필요가 없다.

⟐ pen, pencil, needle

surprisingly
[sərpráiziŋli]

adv. 놀랄만큼, 의외로

Surprisingly, most of this Silla Dynasty heroine's viewers have turned out to be teenage girls.

놀랍게도, 신라시대 여성이 주인공으로 나오는 드라마의 주시청자들은 10대 소녀들인 것으로 나타났다.

⟐ specifically, particularly

분야별 단어

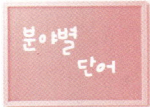
분야별 단어

1. Biology (생물학)

adaption	적응, 순응
aerobic	유산소의
amino acid	아미노산
amphibian	양서류
anabolism	동화
anaerobic	무산소의
animal kingdom	동물계
arthropods	절지동물
asexual reproduction	
	무성생식
biochemistry	생화학
birds	조류
categorize 분류하다(= classify)	
chlorophyll	엽록소
circulation	순환
class	(분류학상의) 강
concentration	농축
conjugation	접합

crustacea	갑각류
egg(cell)	난자, 난세포
enmity	적의, 불화
environment	환경
enzyme	효소
evolution	진화
extinct	멸종한, 사멸한
extinction	멸종
family	(동식물의 분류에서) 과
fat	지방
feature	특징, 자질
ferment	효소 (= enzyme)
fermentation	발효작용
fern	양치류
fertilization	수정
fishes	어류
game	사냥감
genetic	유전의
genus	(분류상의) 속
gland	내분비샘
glucose	포도당
heredity	유전
hermaphrodite	
	자웅 동체, 양성 동물

homeostasis	항상성	naturalist	박물학자
host	숙주	nervous system	신경계
husk	과일이나 땅콩의 마른 껍질	nest	둥지
inactivity	무활동, 휴지	niche	적소, 서식지
infest	(해충이나 병이) 만연하다	nocturnal	야행성의
insects	곤충류	nucleic acid	핵산
intake	섭취	nucleus	핵
invertebrates	무척추동물	offspring	자손
kernel	(과실의) 인	order	(동식물 분류상의) 목
kingdom		organism	유기체
	(자연계를 3대 구분한) 계	pancreas	이자, 췌장
larva	유충	parasitic	기생적인
limb	큰 가지	phylum (division)	문
mammals	포유류	plant kingdom	식물계
mammary	유방의	primate	영장류
membrane	막, 막 조직	protein	단백질
metabolism	물질 대사,	reproduction	생식, 번식
	신진대사	reptiles	파충류
microbe	미생물	respiration	호흡
mineral	무기질	secretion	분비
moose	무스,	sense	감지하다
말코손바닥사슴 (북미산 큰 사슴)		soft tissue	부드러운 조직
mutation	변이, 돌연변이	species	종
natural selection	자연선택	starch	전분

symbiotic	공생하는
taxonomy	분류, 분류법(학)
terminate	끝내다
the cat family	고양이과
trait	특질
trunk	줄기
uniformity	일치
vertebrates	척추동물
yeast	효모

2. Zoology(동물학)

adaptation	적응
aestivate	여름잠을 자다
amphibian	양서류
arachnid	절지동물 중 거미류
	(거미, 전갈 등)
arthropod	절지동물
(곤충, 거미류, 갑각류, 다족류 등)	
bear	(여성, 암컷이 아이를) 낳다
breed	(동물이) 번식하다
bug	갑충류
	(딱정벌레, 개똥벌레 등)
burrow	숨다, 파고 들다
capture	포획하다

carnivorous	육식의
centipede	지네
chambered	실이 있는
coelenterate	강장동물
	(해파리, 말미잘 등)
cold-blooded	냉혈의
crustacean	갑각류
den	굴, 우리
descend	~의 계통을 잇다
dinosaur	공룡
dormant	잠자는, 동면의
female	여성의, 암컷의
fend	방어하다, ~을 부양하다
flock	집단
habitat	번식지, 서식지
hatch	
(알, 병아리를) 까다, 부화하다	
herbivorous	초식의
herd	무리, 떼 (= grouping)
hibernation	동면, 겨울잠
lay	(알을) 낳다
leathery	가죽 같은
live off	~에 기생하다
mammal	포유동물

mate	짝을 짓다	cicada	매미
migrate	이주하다	cockroach	바퀴벌레
mollusk	연체동물 (= shellfish)	cocoon	누에고치
omnivore	잡식동물	dragonfly	잠자리
predator	약탈자, 육식동물	drosophila	초파리
prey	먹이, 희생자	exoskeleton	외골격
reptile	파충류		(갑각류의 겉껍질)
rodent	설치류	endoskeleton	내골격
shell	(알 등의) 껍데기,	firefly	반딧불
	(동식물의) 단단한 외피	flea	벼룩
spider	거미류	fly	파리
spine	등뼈, 척추	fruit fly	광대파리
survival of the fittest	적자생존	grasshopper	여치, 메뚜기
swoop	급습하다 (= grab)	insect	곤충
vertebrate	척추 동물	insecticide	살충제
		ladybug	무당벌레

3. Entomology (곤충학)

		larva	애벌레, 유충
ant	개미	locust	메뚜기
antenna	더듬이	mandible	위턱, 큰 턱
beetle	투구풍뎅이, 딱정벌레	mayfly	하루살이
butterfly	나비	metamorphosis	변태
caterpillar	애벌레	mosquito	모기
centipede	지네	moth	나방
chrysalis	번데기(집)	pollen	꽃가루, 화분

proboscis	(곤충의) 주둥이, 입	inlet	후미, 강 어구
pupa	번데기	latitude	위도
pupate	번데기가 되다	lava	용암
wasp	장수말벌	lava bed	용암층
		limestone	석회암

4. Geology (지질학)

longitude	경도

Antarctic	남극의	magma	마그마
archipelago	군도	mantle	맨틀
arctic	북극의 (the Arctic : 북극)	mass	(흙, 얼음, 구름의) 밀집체
aurora	극광, 오로라	meander	굽이쳐 흐르다
bulge	융기(하다)	metamorphosis	변형 (작용)
canyon	협곡	molten	용해한
cavern	큰 동굴	natural levee	자연제방
corrosion	부식, 침식	Richter scale	
crust	지각		(리히터) 지진계의 눈금, 진도
delta	삼각주	river basin	유역
earthquake	지진	sand dune	사구
earth's axis	지축	seismic intensity	진도
epicenter	진앙, 진원지	stalactite	종유석
erosion	침식	stalagmite	석순
glacier	빙하	submarine ridge	해저산맥
granite	화강암	subterranean river	지하천
hot spring	온천	subtropical	아열대의
iceberg	빙산	swamp	늪, 소택

tectonic plate	지각의 플레이트	dense	밀도가 높은
tremor	진동	dew	이슬
trench	해구	downpour	큰 소나기, 호우
tributary	(강의) 지류 (= feeder)	drizzle	이슬비
volcanic ashes	화산재	droplet	작은 물방울
volcanic eruption	화산 폭발	Fahrenheit	화씨
volcanic zone	화산대	fog	안개
wear away/down/off/out		forecast	예상, 예보
	마멸하다	frost	서리
weather	풍화시키다	geyser	간헐천
		hail	우박

5. Meteorology (기상학)

		hailstorm	우박을 동반한 폭풍
air mass	기단	highland climate	고산성 기후
atmosphere	대기	humidity	습기, 습도
barometric pressure	기압	hurricane	대폭풍, 허리케인
below freezing	영하	inclement	(날씨가) 험한,
Celsius	섭씨		혹독한 (= stormy, harsh)
climate	기후	inverted	거꾸로 된, 역의, 전도된
cloudburst	갑작스런 호우	meteorologist	기상학자
cold front	한랭전선	mist	연무, 옅은 안개
compose	구성하다	moisture	습기, 수분
condense	응축하다	polar climate	극지적 기후
continental climate		precipitation	강우
	대륙성 기후	pressure	압력, 기압

satellite	위성
shower	소나기
sleet	진눈깨비
solidify	굳다, 응고하다
squall	돌풍, 스콜
subarctic climate	아한대 기후
subtropical climate	아열대 기후
temperate climate	온대성 기후
torrential rain	호우
track	추적하다, 찾아내다
tropical climate	열대성 기후
typhoon	태풍
warm front	온난전선
water particle	물의 미립자
weather bureau	기상청

6. Oceanography (해양학)

Antarctic Ocean	남극해
Arctic Ocean	북극해
Atlantic Ocean	대서양
chemosynthesis	화학 합성
circulation	순환
continental shelf	대륙붕
counterclockwise	반시계 방향으로
current	조류
drift	떠다니다, 표류하다
gyre	회전, 소용돌이
Indian Ocean	인도양
mooring	계류, 정박
nekton	유영동물
Northern Hemisphere	북반구
ocean floor	해저
Pacific Ocean	태평양
peak	꼭대기
photic zone	(해면 아래의) 투광대
plain	평평한
plankton	플랑크톤
ridge	능선, 산마루 융기 부분
saliferous	염분을 함유하는, 염분이 생기는
salimeter	염도계
salinity	염분, 염도
seamount	해산

(심해저에서 1,000m 이상 융기한 산)

submersible	잠수할 수 있는
thermocline	
(수온이 급격히 변하는) 변온층	
tidal energy	조수 에너지
tidal wave	해일
tide	조수
trench	해구
tsunami	해일
upwelling	(심해수 등의) 용승
valley	골짜기
wave	파도

7. Astronomy (천문학)

aerospace	항공우주(산업)
air resistance	공기 저항
antimatter	반물질
(반입자로 이루어진 가상물질)	
apogee	원지점 (달, 행성이
지구로부터 가장 멀어지는 지점)	
application satellite	실용 위성
asteroid	소행성
astrology	점성학
astronaut	우주 비행사

astronautics	우주 항공학
atmosphere	대기
atmospheric pressure	기압
axis	축
balloon satellite	기구 위성
blackout	(대기권 돌입시 등의)
통신 두절	
blast-off	(로켓, 미사일의) 발사
booster (rocket)	다단식 추진
로켓의 발사용 로켓	
broadcasting satellite	방송 위성
carrier rocket	운반 로켓
celestial body	천체
celestial sphere	천구
circumlunar flight	달 궤도 비행
cluster	성단
combustion chamber	
(로켓의) 연소실	
comet	혜성
constellation	성좌, 별자리
detect	탐지하다
friction	마찰
galaxy	성운, 은하,
은하수, 은하계	

gravitational	인력의, 중력의	supernova	초신성
gravity	중력	telemetry	텔레미터법,
luminous	빛을 내는		원격측정법
magnetic storm	자기 폭풍	밴앨런대 (약 800km이상에서
meteor	유성, 운석	지구를 둘러싸고 있는 방사선층)
naked eye	육안	variable star	변광성
nebular	성운	white dwarf star	백색왜성
neutron star	중성자별	(밀도가 매우 높고 흰빛을 내는
observatory	관측소	작은 별)
observe	관찰하다, 관측하다		
orbit	궤도 ;	**8. Physics (물리학)**
	~을 궤도를 그리며 돌다	ammeter	전류계, 암페어계
perigee	근지점	anode	양극
planet	행성	application	응용, 적용
proton	양성자	buoyancy	부력
pulsar	펄서(강한 자기장을	cathode	음극
가지고 고속 회전을 하는 천체)	centrifugal force	원심력
red giant star	적색 거성	centripetal force	구심력
(중심핵에서의 수소 연소가 끝난	charge	충전, 전하
진화 단계의 별)	concave lens	오목 렌즈
rotate	회전하다	conduction	전도
solar system	태양계	convex lens	볼록 렌즈
stationary	정지된	deposit	침전하다
stellar	별의	diameter	직경, 지름

discharge	방전	refraction	굴절
dynamics	역학	resonance	공진
elasticity	탄성	semiconductor	반도체
electrode	전극	sound wave	음파
electromagnetic wave		specific gravity	비중
	전자기파	static	정적인
electronics	전자공학	strain	당김, 찌그러짐, 변형
flexibility	신축성	surface tension	표면 장력
fluctuation	파동	terminal	단자
fluid	유동체	theory of relativity	상대성 이론
foundation	기초	torsion	염력, 비트는 힘
friction	마찰	vacuum	진공 (pl. vacua)
generate	발전하다	velocity	속도
inertia	관성	vibration	진동
meson	중간자	wave length	파장
neutralize	중화하다		
neutron	중성자	**9. Chemistry (화학)**	
optics	광학	acid	산
pendulum	진자, 추	alkalinity	알칼리성
quantum	양자	alloy	합금
radiation	방사, 복사선	aluminum	알루미늄
radius	반경	boiling point	비등점
reduction	환원, 환산	cadmium	카드뮴
reflection	반사	capillarity	모세관 현상

carbon	탄소	helium	헬륨
catalyze	촉매 작용을 하다	hydrochloric acid	염산
chemical action	화학 작용	hydrogen	수소
chemical element	원소	lead	납
chemical equation		matter	물질
	화학 방정식	melting	용해
chemical reaction	화학 반응	melting point	융(해)점, 녹는점
chemical symbol	화학 기호	molecular	분자의
circumstance	상황	nitrogen	질소
composition	합성	outcome	결과
compound	화합물	oxidize	산화하다
concentration	농도	oxygen	산소
condense	농축하다	periodic table	주기율표
crystal	결정	property	
element	원소	(어떤 물건 고유의) 특성, 특질	
enzyme	효소	purify	정제하다
evaporation	증발	react	반응하다
exothermic	발열의, 발열성의	saturation	포화, 포화 상태
explosively	폭발적으로	solution	용액
filter	여과하다	stable	(화합물이 화학적으로)
freezing point	어는점, 빙점		안정된
gas/liquid/solid		steam	수증기 (= vapor)
	기체/액체/고체	sulfuric acid	황산
generate	산출하다, 만들어내다	thermometer	온도계

unstable	불안정한
uranium	우라늄
variable	변수
volume	체적
zinc	아연

10. Art History (예술사)

Abstractionism	추상주의, 추상파
aesthetic	미적인, 미학의
avant-garde	전위, 선봉
azure	하늘색
brush stroke	붓칠
brushwork	화풍, 화법
bust	반신상
caricature	풍자화
chiaroscuro	명암법
chromatic	색채의
composition	(미술)구도
connoisseur	(예술품의 감식) 전문가, 감정가
constriction of space	공간의 축소
contour line	윤곽선

copperplate print	동판화
Cubism	입체파
Dadaism	다다이즘

(20세기 초 유럽에서 일어난 문예, 미술상의 운동으로 과거 모든 예술 양식과 가치를 부정한 반합리주의적인 예술경향)

deformation	변형
emboss	도드라지게 새기다
engraving	조각술, 조판술, 판화
Environmental Art	환경 예술

(관객과 빛, 소리, 색채 등 모든 소재로 공간 전체를 채우는 예술 형식)

etching	부식 동판술, 에칭(화)
Expressionism	표현파, 표현주의

(20세기 초에 일어난 예술 운동으로, 특히 독일에서 유행했는데, 주관을 극도로 강조함)

Fauvism	야수파, 포비즘

(20세기 초의 프랑스 회화의 한 유파로, 강렬한 색채의 대비와 거친 필치가 특징임)

fine arts	미술

formative arts	조형미술
fresco	프레스코 화법
Futurism	미래파
	(1910년경 이탈리아에서 비롯된
	예술의 새 양식)
Gothic	
	(건축, 회화 등이) 고딕양식의
hue	색조
illustrate	삽화를 넣다,
	구체적으로 설명하다
impressionism	
	인상주의, 인상파
limpid	투명한
lithograph	석판화
lucent	빛나는, 반투명의
luminous	밝은
lurid	타는 듯이 붉은
luster	광택
monochrome	단색화
motley	잡색의
Op Art	시각적인 착각을
	이용한 추상 예술양식
opaque	불투명한
Performance Art	육체의

	행위를 음악, 영상 등으로 표현하려는
	1970년대에 시작된 예술
pigment	안료, 그림 물감
plaster cast	석고상
Pointillism	
	(신인상파가 쓴) 점묘 화법
pop art	팝아트
	(1960년대 미국에서 발전한 전위적
	미술 운동, 대표화가는 Andy Warhol)
portrait	인물화, 초상화
Post-impressionism	
	후기인상주의
	(세잔, 고호, 고갱 등이 이에 속함)
post-modernism	
	포스트 모더니즘
	(모더니즘의 거부와 반작용으로
	일어난 문학과 예술상의 경향)
profile	측면도
rendering	표현
reproduction	복제
Rococo	로코코 양식
	(18세기 전반에 프랑스에서 발달된
	화려하고 섬세한 건축, 장식 양식)
school	(학)파

still-life painting	정물화
Surrealism	초현실주의
Symbolism	상징파,
	상징주의(운동)
tempera	템페라 화법
vandal	예술품 파괴자
vantage point	관점
washes	담채(화)
watercolor	수채 물감
wood carving	목각(술)
woodprint	목판화

11. Literature (문학)

abridge	(서적, 이야기 등을)
	요약하다
allegory	풍유, 우화,
	비유한 이야기
alliteration	두운(법)
alllusion	암시
annotation	주석 (= gloss)
anonymous	익명의
anthology	시선집, 전집
archaic	(말이나 어법이)

	고어체인
archetype	전형
authenticity	
	출처가 분명함, 진정함
authorship	원작자임
bibliography	저서 목록, 서지학
catharsis	카타르시스
censorship	검열
chronicle	연대기
civilized	문명화된, 세련된
cliche	
	판에 박은 문구, 진부한 표현
colloquial	
	구어체의, 일상 회화의
commentator	주석자
compendium	개요
crib	표절(물)
cynicism	냉소주의
decadence	타락, 퇴폐
deconstruction	탈구축
	(구조주의 문학 이론 이후에
	유행한 비평 방법)
denouement	
	(소설, 희곡의) 대단원

derivative verse	파생적인 운문
dialectic	변증법
dialects	방언, 지방 사투리
draft	초안
elegy	애가, 비가
ellipsis	생략, 생략 부호
empiricism	경험주의
epic	서사시
epigram	경구
epitome	요약
eulogy	찬사, 칭송
excerpt	인용구, 발췌
existentialism	실존주의
flowery	미사여구를 쓴
folklore	민간 전승, 민속(학)
hue and cry	고함 소리, 심한 비난
innuendo	암시, 풍자
installment	(연재물의) 1회분
irony	빈정댐, 풍자, 반어, 빗댐
libel	비방하는 글
lyric	서정시의, 서정적인
macabre horror	섬뜩한 공포
materialism	유물론

metaphysical	형이상학의
ode	송시
paradox	역설, 패러독스 (모순되어 보이나 실제로는 옳은 설)
paraphrase	바꾸어 말하다, 바꾸어 말하기
parody	패러디, 풍자적으로 개작하다
piracy	표절
pirate	저작권 침해자
posthumous	사후의
prose	산문
protagonist	(소설) 주인공
pseudonym	익명, 필명, 가명
punctuate	돋보이게 하다, 구두점을 찍다
rhetoric	수사학, 수사법
sati	풍자, 풍자문학, 풍자작품
setting	(작품의) 배경
sonnet	소네트(14행시)
stereotype	상투적인 문구, 고정 관념
structuralism	구조주의
stylist	문장가, 명문가

subscribe	정기 구독하다	fiddle	바이올린
terse	(문체, 표현이) 간결한	fingering	운지
version	번역(서)	folk tune	민요음
wit	기지, 위트	harmoniously	화음을 이루며,

12 .Music (음악)

			조화롭게
a national anthem	국가	harpsichord	하프시코드
	cf. anthem 성가, 송가	(쳄벨로라고도 불리는 16~18세기에	
accompaniment	반주	쓰인 건반 악기)	
ad lib	즉흥 연주	improvisation	즉흥 연주
arrangement	편곡	inventiveness	독창성
beat	박자	major	장음계의
bow	(현악기를) 연주하다		cf.minor 단음계의
chamber music	실내악	march	행진곡
chromatic	반음계의	marine band	해군 군악대
clef	음자리표	movement	악장
compose	작곡하다	musical literature	음악 서적
	cf.composer 작곡가	musical notation	기보법
composed	침착한, 차분한	note	음표, 음조
composition	(음악) 작곡	piece	작품
conductor	지휘자	pluck	(현악기를) 타다, 뜯다
conservatory	음악학교,	polyphony	다성음악
	예술학교	radical	급진적인, 근본적인
		read music	악보를 읽다
enthusiasm	열정	recorder	피리

(옛날 플루트의 일종)

rhythm and blues

리듬 앤 블루스(R&B)

scale 음계

score 악보

side-blown 옆으로 보는

solemn 장엄한

cf.solemnity 엄숙, 장엄

strike (음, 악기 등을) 때려서

올리다

string (오케스트라의) 현악기

string quartet 현악 4중주

symphonic 교향악의

tone 음색

tune 음조

upbeat n.여린박

a.경쾌한, 빠른

variation 편곡, 변주

word 가사

13. Film(영화)

adaptation 각색

avant-garde 전위적인, 전위의

box office 매표소, 흥행성적

cinematic 영화의

close-up 근접 촬영

commentary 논쟁, 논평

critical 비평가의, 평론가의

dramatist 극작가

dramatize 드라마로 만들다

echo 흉내내다, 반향하다

indie 인디펜턴트 영화,

독립 영화(거대 영화사의 자본이

아니라 소자본으로 만들어진 영화)

montage 몽타쥬(합성 사진)

nouvelle vague 누벨 바그

(1950~60년대 프랑스에서 일어난

영화 운동)

14 U.S. History (미국사)

annex (영토 등을) 병합하다

arid 불모의

benefactor 후원자

bonanza 일확천금, 노다지

Boone, Daniel

(1734~1820) Kentucky/Missouri

지방을 탐험한 개척자

bootlegging (주류) 밀조, 밀매

carpetbagger	남북전쟁 후 이익을 노리고 남부로 건너온 북부 출신자
cavalry	기병대
circuit court	순회 재판소
Confederacy	남부연방
Confederate	(남북전쟁 당시의) 남부연방의, 남부연방을 지지하는
covered wagon	(특히 초기 개척자들이 사용한) 포장마차
crusade	(개혁, 박멸 등의) 운동에 참가하다, 운동을 추진하다
Declaration of Independence	독립선언서
dismemberment	(국토 등의) 분할
doctrine	교의, 주의
(the) Dust Bowl	미국 중남부의 건조한 대초원 지대
electoral college	선거인단
Emancipation Proclamation	노예 해방 선언(1963)
framer	입안자, 고안자
Great Depression	대공항
Indian reservation	인디언 보호 거주지
indiscriminate	무차별의, 닥치는 대로의
institution	제도, 관습
integration	통합, 인종 차별 폐지
itinerant preacher	순회 설교사
Jim Crow laws	(특히 흑인에 대한) 인종 차별 정책
Lewis and Clark	태평양 연안에 도달한 탐험가
Louisiana Purchase	루이지애나 구입(미국이 1803년 프랑스로부터 매입한 루이지애나 지역)
Mexican War	멕시코 전쟁 (1846~48:미국의 텍사스 병합이 전쟁의 발단)
migrate	이주하다
minority	소수민족
muckraker	추문 폭로자

pasture	목초지
patent	특허(권)
philanthropist	박애주의자, 자선가
Pilgrim Fathers	1620년 미국에 이주한 일단의 청교도들
plantation	대농장
Prohibition	금주법(1820~33)
provision	조항, 규정
Pulitzer Prize	퓰리처상

(헝가리 태생 미국 신문업자 Joseph Pulitzer의유언으로 제정)

Puritan	청교도
Quaker	퀘이커교도
racial discrimination	인종차별
ranch	목장
ratify	비준하다
redemptioner	무임 도항자

(일정 기간 노역을 대가로 지불)

renewal	(도시 등의)재개발, 일신
Revolution	미국 독립전쟁
Roaring Twenties	격동의 20년대
segregation	격리, 인종 차별

settlement	정착지
Spanish-American War	미서전쟁(1899)
steel magnate	철강왕
Supreme Court	대법원
Sutter's Mill	서터즈밀

(서터즈밀 부근에서 금이 발견되어 1849년 골드 러시가 생김)

thirteen original colonies	영국에서 최초로 독립한 미국의 13개주
unconstitutional	위헌의
wagon train	큰 짐마차 떼, 포장마차 떼
women's suffrage	여성 참정권

15. Anthropology (인류학)

adaptive	적응하는
adjustment	조절, 적응, 순응
animism	애니미즘, 정령 숭배
biological anthropology	생물학적 인류학
class	계급
cultural anthropology	

문화 인류학

descendant	후손 ↔ ancestor 조상
epic	서사시
folk story	민간설화
hereditary	세습의, 유전의
	↔ acquired 후천적인, 학습된
legend	전설
matrilineal system	모계제도
medieval	중세의
monarchy	군주제
myth	신화
patriarchy	부계제
organism	(유기적 조직으로서의) 사회
phenomena	현상
pluralism	다원론
prehistoric	역사 이전의, 선사 시대의
primitive people	원시인 cf. ape 유인원
radical	근본적인, 급진적인
status	신분
tribe	부족

16. Archaeology (고고학)

anachronism	시대 착오
artifact	인공 유물, 유사 이전의 고기물
Bronze Age	청동기 시대
class-warfare	계급 투쟁
date	연대를 추정하다
deform	변형시키다
diggings	발굴물
excavate	발굴하다 n. excavation 발굴, 출토품
extinct	멸종한
flourish	(문명이) 번영하다
flowering	번영
haft	손잡이
hierarchy	계급 제도
hieroglyph	상형 문자
hominoid	유인원
Ice Age/glacial epoch	빙하기
implement	도구
Iron Age	철기 시대
mammoth-tusk	맘모스 어금니
Mesolithic	중석기 시대의
mound	고분

Neolithic	신석기 시대의
Paleolithic	구석기 시대의
polish	마모시키다
pottery	도자기
prehistory	선사시대사
prevalent	널리 퍼져 있는
primeval	원시의, 태고의
progenitor	(동식물의) 원종, 조상
relics	유물
remain	유물
ruins	유적
scraper	긁어 내는 도구
site	유적지
skeletal	해골의
specimen	표본
Stone Age	석기 시대
stratigraphy	지층학
turmoil	소란, 소동, 소요
unearth	발굴하다

17. Urban Studies (도시학)

alienation	소외
authorities	당국

autonomy	자치(권)
bureaucracy	관료제
	cf. bureaucrat 관료주의자
bystander	방관자
census	인구조사
charity	자선
civic movement	시민운동
collective behavior	집단 행동
community	지역사회
concentrate	집중하다
congestion	혼잡, 과잉
consensus	합의
contrariety	모순점, 불일치
cultural bias	문화적 편견
demography	인구통계학
evolution	발전, 진전
exodus	이주, 이동
expansive	확장해 가는, 거대한
explosion	폭발
immense	거대한
juvenile delinquency	청소년 범죄
	cf. juvenile delinquent 비행 청소년
metropolitan	대도시의

oppression	억압	conservationist	
outer city	외곽 도시	(자연환경 등의) 보호론자	
pollution	공해	consumer	(생태계의) 소비자
population	인구	↔ producer 생산자	
prosperity	번영, 풍요	decomposer	
rapid growth	급진 성장	분해자 (박테리아, 균류 등)	
region	지역	deforestation	삼림 파괴
relocation	이주	desertification	사막화
resident	거주민	domestic	사람에게 길들여진
satellite	위성도시		
social behavior	사회적 행동	ecological efficiency	
suburb	교외	생태 효율 (생태계에서 물질이나	

oppression — 억압
outer city — 외곽 도시
pollution — 공해
population — 인구
prosperity — 번영, 풍요
rapid growth — 급진 성장
region — 지역
relocation — 이주
resident — 거주민
satellite — 위성도시
social behavior — 사회적 행동
suburb — 교외

18. Ecology (생태학)

aboriginal
　　원주민의 (특히 호주에 거주하는)
acid rain — 산성비
air pollution — 대기 오염
biomass — 생물량
(한 지역내에 현존하는 생물의 총량),
바이오매스 (열자원으로서의 식물체
　　및 동물 폐기물)
biosphere — 생물권
catastrophe — 대재해, 파멸

conservationist
　　(자연환경 등의) 보호론자
consumer — (생태계의) 소비자
　　↔ producer 생산자
decomposer
　　분해자 (박테리아, 균류 등)
deforestation — 삼림 파괴
desertification — 사막화
domestic — 사람에게 길들여진

ecological efficiency
　　생태 효율 (생태계에서 물질이나
　　　　에너지의 전이 효율)
ecosystem — 생태계
emission — 방출, 배출
endangered species
　　멸종위기의 동식물
energy flow
　　(생태계의) 에너지 흐름
enforce — 법을 시행하다
exhaust — 배기가스
extinct — 멸종의
　　n. extinction 멸종
food chain — 먹이 사슬

food web	먹이 그물	salvage	해난 구조, 폐품 회수
garbage	쓰레기	sewage	하수
global warming	지구 온난화	soil contamination	토양 오염
greenhouse effect	온실효과	tract	토지의 넓이, 지역
herbivore	초식동물	untreated	처리되지 않은,
industrial waste	산업 폐기물		정화되지 않은
landfill	쓰레기 매립지	vegetation	식물, 초목
noxious	유해한, 유독한	waste water	폐수
oil spill	(해상의) 석유 유출	water pollution	수질 오염
overpopulation	인구 과잉	wild life	야생 동물
ozone hole	오존 구멍		
PCB	폴리 염화 비페닐	**19. Health Science (건강의학)**	
	(polychlorinated biphenyl)	administer	투약하다
pest	해충, 유해 생물	ambidextrous	양손잡이의
photochemical smog		amnesia	기억 상실, 건망증
	광화학 스모그	anatomy	해부학
pollutant	오염 물질	anemia	빈혈
purification	정화	anesthesia	마취
rain forest	열대 우림	antibiotic	항생 물질의
reclamation	재개발, 개간	antibody	항체
recycle	재활용하다	antidote	해독제
replant	다시 심다, 고쳐 심다	antiseptic	방부제, 소독약
reprocess	재생하다,	aorta	대동맥
	재가공하다	artery	동맥

asthma	천식
athlete's foot	무좀
barren	불임의
belly	배, 복부(abdomen)
biovular twins	이란성 쌍둥이
bowel	장
brain fag	신경 쇠약
bronchi	기관지
caesarean section	제왕 절개 수술
carrier	보균자
cerebellum	소뇌
cerebral	(대)뇌의 cf.cerebral death 뇌사 / cerebrum 대뇌
cerebrum	대뇌
chest	가슴뼈 주위의 가슴
choke	숨이 막히다
chromosome	염색체
chronic	만성의
circulatory system	순환기
coma	혼수 상태 cf. narcotism (마취 따위에 의한) 혼수상태
constipation	변비
contagious	전염성의

delivery	분만
dermatology	피부과
diabetes	당뇨병
diagnose	진단하다 n. diagnosis 진단
diarrhea	설사 (diarrhoea)
disinfect	소독하다
dose	(약의) 1회 복용량
epidemic	전염병, 유행병
epidermis	외피, 표피
excrement	배설물
gastric ulcer	위궤양 cf. ulcer 궤양
hereditary	유전(성)의
HIV	인체 면역 결핍 바이러스 (human immunodeficiency virus)
hygiene	위생학
hypnosis	최면
indigestion	소화불량
insomnia	불면증
internal medicine	내과
intestine	창자 cf.small intestine 소장 / large intestine 대장

intoxication	중독	polio	소아마비
latency period	잠복기	psychiatry	정신과
	cf. latent 잠복하는	psychopath	정신병자
leprosy	문둥병	respiratory	호흡의
leukemia	백혈병	saliva	침
limb	팔, 다리, 날개	scurvy	괴혈병
malnutrition	영양 실조	sedative	진정제
marrow	골, 골수	segregation	격리, 분리
membrane	막	sex reversal	성전환
nasal	코의	smallpox	천연두
nausea	구역질	sneeze	재채기
nostril	콧구멍	sore	n.상처,종기
obesity	비만		a.아픈, 부은, 헌
obsession	강박 관념		cf. sore throat 인후염
obstetrics	산부인과	sperm	정자의
orthopedics	정형 외과	spinal cord	척수
ovary	난소		cf. spine 척추
pain-killer	진통제	stethoscope	청진기
paralysis	마비	stroke	뇌졸중
pediatrics	소아과	transfusion	수혈
pharmaceutical	조제의,	vaccination	예방 접종
	약학의, 약제(사)의		cf. vaccine 백신
plastic surgery	성형 외과	vegetable	식물 인간
pneumonia	폐렴	vertigo	현기증

wisdom tooth	사랑니

20. Computer Science (컴퓨터 공학)

access time	
	접속에 걸리는 시간
assembler	부호 번역기
binary code	이진 부호
capability	용량
compatible	호환성이 있는
computer specialist	
	컴퓨터 전문가
CPU	중앙 처리 장치
	(central processing unit)
equivalent	~에 해당하는
hex code	십육진 부호
IC	집적회로(Integrated Circuit)
information retrieval	
	정보 검색
memory bank	기억 장치
memory chip	메모리칩
micro millennium	
	마이크로 시대
microchip	마이크로칩,

	반도체 집적 회로 소자
microcomputer center	
	컴퓨터 센터
microprocessor	
마이크로 프로세서 (중앙 처리 장치의	
기능을 모두 갖춘 초소형 집적 회로)	
office automation	
	사무 자동화(O.A.)
optical memory	광 메모리
peripheral device	주변 장치
portable	들고 다닐 수 있는
store up	저장하다
terminal	단말기
throughput	일정 시간 내에
	처리할 수 있는 작업량
transistor	트랜지스터(증폭장치)
wetware	
(컴퓨터의 소프트웨어를 고안해 내는	
인간의) 두뇌	

21. Engineering (엔지니어링/공학)

abrasion	마모, (물리적) 부식
application	용도
breakthrough	돌파, 타결

compression	압축, 응축
conductor	전도체
	cf.conduction 전도/
	nonconducting 비전도의
conduit	도관
corrosion	(화학적) 부식
cure	n. (수지, 고무의)경화,
	v. (고무 따위를) 경화시키다
elastic	신축전인
galvanic	직류의, 전류의
insulation	단열, 보온
laminate	v.막(박판)을 입히다
	n.얇은 판자 조각, 합판 제품
leakage	누출, 누전
mold	틀, 성형, 금형
obsolete	쓸모없이 된, 구식의
pilot	시험적인
pneumatic	기체의, 공기의
	압축에 의한
polymer	고분자
prototype	시제품
refraction	굴절
reinforcing	강화
resin	수지, 합성수지

soldering	땜질
tensile	장력
thermosetting	열경화성의
thrust	추력

Index

G

J

K

L

M

N